MELHOR TEATRO

DIREÇÃO

SÁBATO MAGALDI

MELHOR TEATRO

DOMINGOS DE OLIVEIRA

SELEÇÃO E PREFÁCIO
JOÃO ROBERTO FARIA

São Paulo
2004

© Domingos Oliveira, 2002

Diretor Editorial
JEFFERSON L. ALVES

Gerente de Produção
FLÁVIO SAMUEL

Assistente Editorial
ANA CRISTINA TEIXEIRA

Revisão
LUIZ GUASCO
ANA CRISTINA TEIXEIRA
SOLANGE MARTINS

Capa
MAURICIO NEGRO
EDUARDO OKUNO

Editoração Eletrônica
ANTONIO SILVIO LOPES

Dados Internacionais de Catalogação na Publicação (CIP)
(Câmara Brasileira do Livro, SP, Brasil)

Oliveira, Domingos
 Domingos Oliveira / seleção e prefácio João Roberto Faria. – São Paulo : Global, 2004. — (Coleção melhor teatro).

 ISBN 85-260-0811-0

 1. Teatro brasileiro I. Faria, João Roberto. II. Título. III. Série.

03-3156   CDD–869.92

Índice para catálogo sistemático:
1. Teatro : Literatura brasileira   869.92

Direitos Reservados

**GLOBAL EDITORA E
DISTRIBUIDORA LTDA.**

Rua Pirapitingüi, 111 – Liberdade
CEP 01508-020 – São Paulo – SP
Tel.: 11 3277-7999 – Fax: 11 3277-8141
e-mail: global@globaleditora.com.br
www.globaleditora.com.br

Colabore com a produção científica e cultural.
Proibida a reprodução total ou parcial desta obra
sem a autorização do editor.

Nº DE CATÁLOGO: **1631**

MELHOR TEATRO

UM TEATRO DO TAMANHO DA VIDA

"O teatro tem o tamanho da vida. E dentro dela podemos, às vezes até ganhando algum dinheiro, exercer a forma mais interessante da sabedoria. Que é a loucura sob controle."

DOMINGOS OLIVEIRA

1

Nos últimos quarenta anos tem sido marcante a presença de Domingos Oliveira no cenário teatral brasileiro. Como dramaturgo e diretor ele vem desenvolvendo um trabalho de inegável qualidade artística que já lhe rendeu o reconhecimento do público e da crítica especializada, além de merecidos prêmios. A reunião de quatro peças de sua autoria no presente volume inscreve-se nessa ordem de fatores e coloca ao alcance do leitor a parte mais substanciosa de sua obra sensível, humana, construída com talento e paixão.

Do fundo do lago escuro, *A primeira valsa*, *Amores* e *Separações* são peças que pertencem ao núcleo central da obra do escritor, caracterizado pela valorização das experiências pessoais como ponto de partida para a criação artística. São dele estas palavras: "A arte, para mim, são depoimentos absolutamente pessoais, de homem para homem (...). Eu também tento passar a minha vivência, talvez na fé absurda de que a minha experiência de vida seja uma coisa útil para o meu semelhante".

Esse ponto de vista em relação à arte nos ajuda a compreender a inclinação de Domingos Oliveira por um tipo de memorialismo que privilegia os costumes ligados ao universo familiar, à vida afetiva e sexual, às crises entre indivíduos. Mas não se pense que em suas peças haja a reprodução exata da verdade dos fatos. A memória é, para ele, uma arma da ficção: "Na verdade, tudo o que um escritor escreve é mentira. Como observou Fellini, a mentira é a alma do negócio. Tudo é mentira, por mais *vivido* ou *autobiográfico* que seja. O escritor sempre mistura muitas coisas em apenas uma, inventa muito, corrige o mundo. Permite, com benevolência, todas as deformações causadas pela individualidade da sua visão do mundo. E, nessa medida, tudo é verdade".

Como se vê, o dramaturgo parte da vivência, transforma-a, enriquece-a com a imaginação e a criatividade. Isso significa que estamos diante de uma saudável mistura de memória e ficção, organizada de maneira a conferir autonomia e organicidade às peças. O resultado não poderia ser melhor: o universo recriado por Domingos Oliveira extrapola a sua história individual para falar à sensibilidade e à emoção de todos nós.

2

Do fundo do lago escuro é um mergulho em fatos que marcaram a infância do autor, uma peça que retrata com cores fortes o estilo de vida de uma família carioca de classe média alta dos anos 50. Toda a ação se concentra num único espaço – um casarão em Botafogo – e em algumas horas de um dia especial: o quarto aniversário da morte do patriarca, data em que deveriam estar reunidos no jantar a viúva, os filhos e os netos para reverenciar a sua memória. Mas a família, que aos poucos se revela desagregada, roída por sentimentos mesquinhos, inveja, prepotência, mentira, estará representada apenas por um pequeno núcleo, suficiente no entanto para que se arme diante dos nossos olhos um amplo painel de costumes e valores de uma classe. Pode-se dizer que há dois protagonistas na peça: Da. Mocinha, a avó viúva, e Rodrigo, seu neto de doze anos. Não há propriamente um confronto exclusivo entre ambos, uma vez que Rodrigo, em sua ânsia desesperada pela verdade – quer saber se sua cachorrinha Kitti morreu ou não –, entra em choque também com a mãe, Conceição. É impressionante como Domingos Oliveira consegue carregar de significações um problema banal, que poderia ser resolvido com uma conversa sincera. Ao ocultar do filho a morte de Kitti e depois ao mentir sobre o modo como morreu, Conceição ratifica um comportamento comum a esse mundo onde reinam as aparências, onde a paz doméstica existe apenas na fachada.

O que é pungente nesse episódio é a descoberta que Rodrigo faz, não da morte do animal de estimação, mas do mecanismo de funcionamento do mundo da sua família. O "reconhecimento", digamos assim, pois o sentimento é de tragédia para o menino, se dá numa cena carregada de tensão: enquanto Conceição diz ao filho que Kitti morreu atropelada e que "não mente", o jardineiro Manoel conta-lhe a verdade em segredo – que a cachorrinha morrera envenenada pela ingestão de naftalinas – e pede-lhe que finja acreditar na mãe. Para uma criança de doze anos, a quem a avó e a mãe haviam prometido não mais colocar naftalinas nos armários, o choque é muito forte. Sensível, delicado, como aliás mostraram as cenas em que manteve diálogos com o jardineiro, com a professora particular e com o primo Ricardo, de quatorze anos, Rodrigo vê seu mundo infantil e inocente desmoronar. Incapaz de desmascarar a mãe, sua reação de impotência, o desmaio, acaba sendo também a queda vertiginosa para o interior do mundo sórdido de sua família, como sugere a última cena da peça. Logo após acordar, um tanto sonolento e mal refeito do desmaio, Rodrigo, que sempre reagira às investidas sexuais do primo mais velho, é levado por ele para brincar no galpão. O que a cena sugere é terrível.

Se na trajetória de Rodrigo o tema é a *descoberta*, na dos adultos a palavra de ordem é *preservação*. Da. Mocinha atua nesse pólo com desenvoltura, acostumada à hipocrisia desde os tempos em que fingia não saber das amantes do marido. Insensível, fria, arrogante, autoritária, ela mantém a ordem familiar com mão de ferro, impondo a todos a sua vontade. São até constrangedoras as cenas em que ela humilha o genro Henrique, que melhorou de vida com o casamento e que não tem forças para romper com a dona da casa onde mora. Também os filhos Orlando e Conceição vivem sob a sua tutela. Ele é um homem fracassado, profundamente triste, que não trabalha e bebe muito. Separado da mulher, tem um filho problemático, Ricardo, com todos os vícios da má educação. Ela é a filha quase sem voz, medrosa, fraca, mas que consegue ser autoritária com os empregados, reproduzindo um comportamento de classe.

Com esses poucos personagens – além de Pinheiro, um amigo de Da. Mocinha, que vem jogar cartas, a arrumadeira Iracema e Adalgisa, professora particular de Rodrigo – Domingos Oliveira criou um drama denso, de atmosfera pesada, crepuscular. "A tarde começa a cair, anunciada pelas cigarras. Há uma grande tristeza no ar". Assim termina o primeiro ato, que, como os outros, desenha um cotidiano banal, sacudido, porém, pela morte da cachorrinha e pela revelação de que Henrique vendera dois apartamentos de Da. Mocinha sem pedir autorização. Esses fatos alimentam a ação dramática, dando-lhe ritmo e movimento. E mais: provocam a revelação dos caracteres que compõem uma típica família burguesa carioca dos anos 50.

Da. Mocinha apresenta ainda uma característica singular: é fã ardorosa de Carlos Lacerda. Apaixonada pela oratória inflamada do líder udenista, ela se prepara para vê-lo à noite, na televisão. O autor enfatiza propositadamente a inclinação política da personagem, deixando em aberto a possibilidade de uma interpretação mais ampla do significado da peça. A vocação golpista da UDN, o vezo autoritário, o elitismo, tudo está de acordo com o temperamento de Da. Mocinha. Assim, o que ela faz, no dia-a-dia, nada mais é do que transformar a política de sua classe social em política doméstica. Daí o resultado final ser um quadro de costumes vigoroso, revelador, convincente. Está claro que o universo familiar recuperado pela memória de Domingos Oliveira se articula dramaticamente com uma realidade maior, a do próprio país, às vésperas do suicídio de Getúlio Vargas.

3

Com *A primeira valsa*, o dramaturgo debruça-se novamente sobre os anos 50, para apreender a entrada na vida adulta, o primeiro casamento. As evidências de que projeta um pouco de si no personagem Rodrigo são muitas: o mesmo nome fictício empregado em *Do fundo do lago escuro*, o curso de engenharia, o nascimento em 1936 e o desejo de ser escritor. Inegavelmente, há pontos de contato entre as duas peças. O mesmo processo de desnudamento das aparências, por exemplo, põe a nu o modo de vida da família burguesa carioca, desta vez menos rica porém mais culta. Mas há mais diferenças que semelhanças.

Em relação ao conteúdo, *A primeira valsa* é menos corrosiva, não tem nenhum personagem com traços negativos tão fortes como os de Da. Mocinha e não apresenta os conflitos de maneira explosiva. Em relação à forma, trata-se de uma peça de estrutura mais aberta, na medida em que a ação não é concentrada no tempo ou no espaço e nem obedece a uma seqüência linear. Além disso, há um narrador que organiza a matéria dramática de acordo com a sua memória dos fatos, propositadamente descontínua e fragmentada. Não encontramos essas características em *Do fundo do lago escuro*, peça de estrutura fechada, linear.

O narrador de *A primeira valsa* é Rodrigo adulto. Sua voz, gravada, dirige-se ao espectador como indivíduo, com quem mantém uma conversa quase íntima, como se estivesse contando a sua história para um velho conhecido. É assim que, distanciado no tempo, o personagem relembra algumas experiências que marcaram profundamente a sua vida, quando andava pela casa dos vinte anos de idade: a descoberta do amor, o casamento desastroso, o deslumbramento com o mundo da cultura e o contato com a morte. Em outros termos, Rodrigo narra o seu envolvimento com uma família que à primeira vista é perfeita. O casal, Cândido e Estela, e a filha, Adriana, são inteligentes, cultos, apreciam música clássica, discutem o cinema moderno e conhecem a obra dos grandes pintores. Na sala, a harmonia do lar seduz o inexperiente Rodrigo. Mais tarde, porém, ele toma conhecimento de que no quarto essa harmonia não existe. Estela e Cândido têm suas vidas sexuais fora do casamento.

A contradição entre aparência e realidade não é, todavia, o aspecto central desenvolvido na peça. Longe de querer julgar o modo de vida do casal, o narrador quer registrar sobretudo os momentos em que conviveu com Cândido no hospital, em sua lenta agonia antes de morrer. São dois homens que expõem seus sentimentos, dúvidas, angústias, unidos por um problema comum: o casamento mal-sucedido. Nas cenas em que dialogam, Domingos Oliveira demonstra sua enorme sensibilidade para abordar um tema vasto e espinhoso, o do relacionamento entre o homem e a mulher. Num outro nível, os diálogos de Rodrigo com a mãe – viúva que jamais assimilou a morte do marido e que faz chantagens emocionais culpando o filho pela solidão em que vive – são repletos de angústia e dor. Assim, a peça põe em cena situações de impasse, crises emocionais, problemas de relacionamento, evitando com argúcia os julgamentos morais e as explicações fáceis. A vida com seus mistérios insondáveis, entre eles o absurdo da morte, é, em suma, a matéria trabalhada pelo autor. Prova disso é também o encontro de Rodrigo com Elisa, amante de Cândido. Frente à frente, duas pessoas tristes, que não se conheciam, falam do morto e, numa mistura de desespero e desejo, fazem amor. Nelson Rodrigues aplaudiria com certeza essa cena que reflete o imponderável, a loucura oculta no cotidiano.

A primeira valsa tem, portanto, um lado amargo, que diz respeito à vida subterrânea, à realidade interior do ser humano – não à toa Dostoievski é o escritor predileto de Rodrigo e Cândido. Em contrapartida, apresenta também o outro lado da moeda. O narrador relembra os momentos felizes que passou ao lado de Cândido, Estela e Adriana, e o quanto aprendeu nas conversas sobre arte e cultura. Numa encenação, aliás, *slides* com "imagens da cultura" – quadros clássicos, esculturas etc. – podem ser projetados para dar uma idéia desse aprendizado. Enfim, com eles Rodrigo discutiu literatura, cinema, música e desenvolveu seu potencial de escritor. Experiências de vida, na alegria e na dor, misturam-se no enredo armado pela memória e pela imaginação do dramaturgo. Nas palavras do narrador, "uma estória, meio verdade, meio mentira... talvez sobre uma amizade, talvez sobre certos valores brilhantes que o mundo sempre arranja um jeito de passar de mão em mão... uma estória da vida, tirada na última hora e da boca aberta dela mesma, a Morte".

4

Se *Do fundo do lago escuro* e *A primeira valsa* são dramas marcados por uma atmosfera pesada, ou porque trazem à tona lembranças amargas ou porque evocam costumes de uma sociedade conservadora e hipócrita, típica dos anos 50, *Amores* e *Separações* são comédias ambientadas nos anos 90. Não é preciso dizer o quanto o país mudou, o quanto os costumes se transformaram depois da revolução sexual dos anos 60. Domingos Oliveira vivenciou profundamente esse período de liberalização dos costumes e, fiel ao seu modo de conceber a dramaturgia como extensão da vida, debruçou-se sobre experiências mais recentes, ligadas ao universo dos relacionamentos afetivos e sexuais. Embora não importe saber o que é verdade biográfica e o que é imaginação nessas comédias, o fato é que elas são fruto de uma observação atenta dos novos comportamentos, valores e padrões morais de uma certa parcela de brasileiros ligados ao meio artístico e intelectual das grandes cidades.

Amores é uma peça ágil, de cenas curtas que se justapõem para contar as histórias de seis personagens, ligados entre si. Domingos Oliveira projeta-se em Vieira, escritor de 59 anos que trabalha na Rede Globo. Cíntia, 20 anos, é a filha um tanto desmiolada, que ele adora. Telma e Luísa, irmãs na faixa dos 30, são as amigas, com quem ele se abre. Telma é casada com Pedro, 35, e Rafael, também 35, é a mais nova paixão de Luísa. O realismo na construção dos personagens é perfeito. Seus problemas são os de todos nós e bem que poderiam ser nossos amigos ou conhecidos. Igualmente realista é a linguagem, que flui com naturalidade, reproduzindo um padrão de oralidade típico da zona sul da cidade do Rio de Janeiro. Por fim, não faltam à peça bom humor, surpresas, diálogos inteligentes e uma trama que prende a atenção do começo ao fim. É preciso mais?

Amores aborda as crises que são comuns na esfera familiar e na vida afetiva dos tempos modernos. Vieira não consegue se entender muito bem com a filha, que é impulsiva, voluntariosa e independente; Pedro e Telma estão com problemas no casamento porque querem ter um filho e não conseguem; Luísa, que no início do primeiro ato está feliz com o namorado Rafael, ao final fica sabendo que ele, bissexual, está com Aids.

Os encontros e desencontros sucedem-se com rapidez no segundo ato, complicando o enredo de tal modo que, nas cinco primeiras cenas do terceiro, os personagens Vieira, Pedro, Telma, Cíntia e Luísa vêm à boca de cena explicar para a platéia os rumos que suas vidas tomaram. O recurso narrativo funciona admiravelmente, porque cada percurso individual revela o quanto nossas atitudes e escolhas, guiadas pelos sentimentos ou pelos impulsos, podem nos trazer tanto a tristeza quanto a felicidade. Cada personagem encara com naturalidade o seu destino, as armadilhas que o acaso nos prega. Assim como o amor pode não ser para sempre, também as separações podem acabar em reconciliações. Uma gravidez inesperada, por exemplo, pode ser um problema, mas também uma solução, dependendo do que se quer da vida. Domingos Oliveira não faz julgamentos morais. Os personagens vivem na plenitude os seus sentimentos e conflitos amorosos, muitas vezes explosivos, o que exige a troca de parceiros, a infidelidade, o risco de uma mudança radical no estilo de vida. Se podemos ver um certo desatino na trajetória de Cíntia, que sai de um relacionamento com um rapaz mais jovem para logo se envolver com Pedro, de quem fica grávida, e de quem se separa em seguida, nada mais natural do que aceitarmos que Telma, separada e carente, transe com o primeiro namorado, uma única vez, e engravide. Sua reconciliação com Pedro, no desfecho, é um achado extraordinário, pois permite ao autor nos dar um retrato bem-humorado da família brasileira moderna, na qual, muitas vezes, homens e mulheres já no segundo ou terceiro casamento reúnem filhos de diferentes relacionamentos. Em *Amores*, a modernidade – para os conservadores o equivalente à dissolução da família – é levada ao paroxismo: Pedro e Telma reconciliam-se, trazendo para casa os filhos que tiveram enquanto estavam separados. A felicidade é possível, sim, quando os velhos parâmetros morais são superados e substituídos pela compreensão de que a vida é dinâmica e por vezes complicada e sofrida, porque os sentimentos são mutáveis e o ser humano inquieto por natureza.

O final feliz de *Amores* foi uma escolha deliberada do autor, que desejou escrever uma "comédia humana e comovente", segundo suas palavras. Ao comentar a adaptação da peça, que fez para o cinema, explicou: "A vida é uma alternância de terrores e glórias. O terror é imenso, seja o terror de ficar sozinho, não ser amado ou de morrer. Mas a glória da vida também. Parece-me que o terror já está muito dito. O moderno é você falar da glória, dos motivos que existem para se viver, da beleza da vida. Isso marca o filme e minha obra de um modo geral".

5

A simpatia de Domingos Oliveira pelos novos tempos, pelos relacionamentos conturbados, mas sinceros, repete-se em *Separações*. Novamente, o registro é o da comédia de costumes, gênero que permite ao dramaturgo tratar as sofridas separações amorosas com certa leveza e bastante bom-humor. Compreenda-se: não estamos diante de sátiras nem de ridicularizações; a comicidade é sempre espirituosa e nasce de situações criadas pela própria vida ou da excentricidade do personagem central ou ainda dos diálogos construídos com muita graça.

A peça se inspira "remotamente" em fatos acontecidos no Leblon, entre o final dos anos 80 e 1995, segundo o narrador do pequeno prólogo, no qual se lê também que "qualquer coincidência com fatos ou pessoas reais é mera coincidência". É evidente a brincadeira do autor, que mais uma vez concilia memória e imaginação para criar um painel da vida moderna que complementa o anterior, exposto em *Amores*. Boa parte das cenas – inclusive a primeira e a última – acontece no bar *Real Astoria*, freqüentado por artistas de teatro e intelectuais, até o dia do seu fechamento, em março de 1995.

Em *Separações*, o *alter-ego* de Domingos Oliveira é Cabral, 54 anos, dramaturgo e diretor de teatro, casado há treze com

Glorinha, 35, atriz e assistente de direção. O casamento é motivo de angústia para Cabral, que ama Glorinha, mas acha que está sem liberdade, sufocado pela presença constante da companheira de casa e trabalho. Inquieto, indeciso, confuso, sem saber o que quer exatamente da vida, cria situações que levam a uma crise conjugal que culmina na primeira das várias separações apresentadas na peça. Aparentemente, não é uma separação para valer: ambos concordam em viver separados por quarenta dias, para "dar um tempo", refletir sobre o relacionamento, antes de uma decisão final. Estabelecido o nó central do texto, o que vemos em seguida são todas as complicações que podem ser desencadeadas a partir dessa situação inicial, até porque outros personagens entrarão em cena, provocando novas aproximações e separações.

Mas para organizar a trama, Domingos Oliveira lança mão de uma engenhosa teoria, exposta já nos primeiros diálogos da peça. Aos amigos reunidos no bar *Real Astoria*, Cabral explica que o "processo interno" dos doentes terminais divide-se em cinco etapas, a partir do conhecimento da doença até o momento da morte: negação, negociação, revolta, aceitação e agonia ou estado de graça. Ele mesmo viverá essas etapas todas, não porque tenha ficado doente, mas porque Glorinha o abandona, ao final dos quarenta dias, para ficar com seu novo amor, Diogo, arquiteto, 40 anos. Para Cabral, ainda apaixonado pela mulher e arrependido pelo erro de tê-la deixado sair de casa, a separação equivale a uma doença terminal.

O fio condutor da peça será, portanto, a trajetória de Cabral, experimentando o sofrimento amoroso nas quatro primeiras etapas e o "estado de graça" na quinta, reconciliado com Glorinha. Dito assim, parece pouco o que *Separações* nos apresenta. Mas a verdade é que esse esqueleto da ação dramática sustenta uma carnação exuberante, seja pela luta do protagonista para reconquistar a esposa, seja pelos aspectos diversos da vida contemporânea que seus diálogos e situações evocam, seja pela trama

17

que se complica com os demais personagens vivendo seus relacionamentos amorosos, seja pelos recursos formais utilizados pelo autor.

Quanto aos três primeiros itens, ressalte-se o retrato convincente do modo de vida de todo um segmento social formado por artistas e intelectuais. Observe-se que todos trabalham muito, embora encontrem tempo para amar, sofrer, beber e conversar com amigos. Nesses momentos, os assuntos vão da filosofia aos problemas familiares, da literatura aos problemas profissionais, do teatro às crises amorosas. Os diálogos são em geral inteligentes, ágeis, e fazem a ação avançar com leveza, mesclando as tristezas e alegrias vividas pelos personagens. A trama, centrada num triângulo amoroso – Cabral, Glorinha e Diogo – apresenta passagens tensas e outras mais divertidas ou mesmo poéticas, graças ao protagonista, que escreve versos para a amada e expõe os seus sentimentos sem pudor, nem medo do ridículo. Além disso, os demais personagens contribuem para a atmosfera de comédia de costumes da peça, trazendo para a cena suas vidas profissionais e amorosas. Juntam-se ao enredo principal outras histórias, a saber: de Cíntia, artista, filha de Cabral, 25 anos, que se separa de Rodolfo e se casa com Ricardo no final; de Ricardo, dramaturgo e encenador, 35 anos, que tem duas namoradas, Roberta e Maribel, de quem se separa; de Maribel, jovem de 22 anos que se separa de Ricardo e se envolve com Cabral, de quem se separa no desfecho da peça; de Diogo, que se separa da esposa para ficar com Glorinha, de quem se separa algum tempo depois.

A habilidade com que Domingos Oliveira tece os fios da trama em *Separações* é invejável. O dinamismo e a fluidez das cenas, por exemplo, resultam da feliz combinação de elementos dramáticos e épicos. Em várias passagens do texto, os diálogos são substituídos por pequenas narrações, nas quais os personagens dirigem-se à platéia, para explicitar os seus sentimentos ou o próprio rumo da intriga. E isso é feito sem prejuízo do ritmo dramático ou da atmosfera desejada pelo autor. O domínio dos recursos formais e a conseqüente eficácia cênica da peça são prova inconteste da sua maturidade como dramaturgo e como homem de teatro que escreve com os olhos voltados para o palco.

6

A obra dramática de Domingos Oliveira, até o momento composta de dezesseis originais, não se prende inteiramente ao memorialismo. Além de dramas e comédias desvinculados de sua biografia, o autor experimentou outras formas teatrais, como o musical, o teatro filosófico e uma rara incursão no gênero policial, com *No brilho da gota de sangue*, uma história de crimes, paixões e ódios envoltos em mistério. Tal versatilidade, porém, não esconde a preferência pelas peças escritas a partir das experiências e lembranças pessoais, como se viu em *Do fundo do lago escuro, A primeira valsa, Amores* e *Separações*. Se nos lembrarmos de que também a primeira peça escrita por ele, *Somos todos do jardim da infância* – encenada em 1963 com esse título e posteriormente com outros dois, *Era uma vez nos anos 50* e *Os melhores anos das nossas vidas* – é um quadro divertido e nostálgico dos tempos em que fez o vestibular para engenharia, não teremos dúvidas acerca do traço mais forte da sua dramaturgia.

O que se percebe nesse conjunto é uma postura do autor, para quem o teatro "talvez não seja a coisa mais bela que o homem inventou... mas talvez seja a que mais se parece com a vida". Daí a vontade de fazer um teatro que seja do tamanho da vida, mas da vida ligada aos sentimentos e emoções interiores. Não é por outra razão que, ao empreender a radiografia dos anos 50, construiu um painel intimista de emoções e sensibilidades, projetado sobre um pano de fundo histórico apenas esboçado. O mesmo se pode dizer sobre as duas peças que se passam nos anos 90 e que radicalizam, pode-se dizer, o olhar sobre a vida afetiva e os conflitos amorosos.

Como dramaturgo, interessa a Domingos Oliveira mais o coração humano que os aspectos exteriores da vida social, mais o indivíduo que a coletividade. Nesse sentido, sua obra distancia-se do memorialismo político que grassou em nossos palcos no final dos anos 70 – e em outras esferas da produção cultural –, quando vários dramaturgos registraram o passado recente em peças explosivas, de forte conteúdo crítico e social. Domingos escolheu outro caminho, não se intimidando com as censuras que lhe foram feitas. Preferiu o memorialismo intimista, fiel à sua índole, quando escreveu os dramas *Do fundo do lago escuro* e *A primeira valsa*. E manteve a mesma atitude, abrindo-se para a comédia, em *Amores* e *Separações*. Seu processo de criação, para as peças aqui reunidas, é cristalino: sem falsos pudores, ele mergulha fundo no lago da memória, banha-se de lembranças pessoais e traz para os seus textos experiências de vida que, retrabalhadas e ampliadas artisticamente, em contextos ficcionais, perdem o seu caráter individual e encontram ressonância em todos nós. É dessa magia que vive o seu melhor teatro. É essa simbiose perfeita entre vivência e imaginação que lhe dá força emotiva e verdade poética.

João Roberto Faria

DO FUNDO DO LAGO ESCURO

(Peça em três atos, com unidade de tempo e de ação)

(Montagem de outubro de 1980, Teatro Ginástico, sob o título Assunto de Família)

PEÇAS

Personagens

RODRIGO
CONCEIÇÃO, sua mãe
HENRIQUE, seu pai
ORLANDO, seu tio, irmão de Conceição
RICARDO, seu primo, filho de Orlando
MANOEL, o jardineiro
IRACEMA, a arrumadeira
ADALGISA, a professora particular
PINHEIRO, um amigo da família
MOCINHA

I ATO

Dedico este trabalho a minha filha Mariana, que um dia o lerá, e a Lenita, companheira, que sempre viu o artista em mim.

Cenário

Uma casa rica e brasileira, em Botafogo, Rio de Janeiro, no princípio dos anos 1950. A casa foi construída talvez dez anos antes. Não ostenta um estilo puro e sim uma mistura do colonial e do *art nouveau*. Ladrilhos portugueses nas paredes, cadeiras de vime, uma fonte com uma caratonha que vomita a água, um pesado vaso, com altos-relevos representando ninfas gregas, derrama samambaias, que são abundantes por toda a varanda. Predomina o branco, depois o verde e o creme. O luminoso ambiente faz supor a casa ampla que há por trás das portas. Em primeiro plano, um jardim, que circunda a casa.

(Cenário iluminado. Atores em cena — inicia-se a peça. O cenário vem surgindo lentamente, como uma recordação que se encontra num esforço. A música é intensa, plena de mistério.)

Canto na voz de um jovem tenor:

Do fundo do lago escuro
Qual bolha de ar puro
Vem um dia ter comigo
Um passado muito antigo... —

Tão fugaz quanto querido...
Foi um gesto? Uma cor? Um grito?
Uma queda no infinito?
Qualquer coisa que não sei
Uma promessa de paz
De alguém que muito amei
De quem não me lembro mais.
... no mergulho mais valente
Na direção mais certa
Tiro o mundo de meus ombros
E descanso finalmente
Entre os escombros do fundo.
Nada sendo e sendo tudo
Boquiaberto e mudo.

MANOEL — Sua avó odeia capim. Se ela vê capim, manda cortar!

RODRIGO — Dá cobra.

MANOEL — Nada, isto é mania de dona Mocinha! Nunca vi cobra por aqui, a não ser uma vez, lá para os lados da estufa.

(O jardineiro Manoel está cortando grama num canto da cena, enquanto o menino Rodrigo observa. Manoel é musculoso, usa uniforme e avental de jardineiro. Rodrigo tem talvez 12 anos e está muito bem vestido: roupa branca, gravata, paletó azul, como um homenzinho, apesar das calças curtas. É que voltou há pouco do cemitério onde foi, com toda a família, visitar o túmulo de seu avô materno. Como ocorre todos os anos nessa mesma data. Agora são cerca de 4 horas de uma bela tarde. Rodrigo parece procurar alguma coisa, enquanto conversa com Manoel.)

RODRIGO — *(Procurando.)* Vovó tem um medo que se pela de cobra.

MANOEL — Ah, isso tem. Nem parece que o pai era fazendeiro. Você sabia que seu bisavô antes de vir para o Rio era fazendeiro?

RODRIGO — Uma vez vovó falou.

MANOEL — Quem me contou foi o falecido seu José, que Deus o tenha. Mal acredito que já está morto há quatro anos... Ele conversava muito comigo, seu José! (*Rindo.*) Aquele gostava de uma prosa! De prosa... e de mulher! Mas isso não é coisa para o menino saber não.

RODRIGO — (*Correndo para um canto de moita.*) Olá! É ela!

MANOEL — O quê?

RODRIGO — (*Decepcionado, pegando uma folha marrom que estava atrás da moita.*) Marrom. Pensei que fosse o rabo da Kitti.

MANOEL — Ah. (*Trabalha.*)

RODRIGO — O senhor viu ela mesmo, não, seu Manoel? Já procurei por tudo, sumiu mesmo! Até dentro dos armários...

MANOEL — (*Saindo do assunto.*) Deve estar por aí mesmo, no jardim.

RODRIGO — (*Preocupado.*) Eu já procurei tudo. Mamãe disse que é capaz da Iracema ter levado ela para fazer compras. Só se foi isso. Estou esperando a Iracema chegar.

MANOEL — Seu avô me contou que sua avó morava na Bahia, na fazenda do pai dela, até os 15 anos de idade, quando casou com ele. E lá tem canavial, tinha cobra. Quando seu José casou com ela ainda quis ficar por lá, ele me contou. Mas dona Mocinha não quis de jeito nenhum! Queria vir para o Rio. Então vieram. Seu José gostava de fazer todas as vontades dela...

(*Entra Conceição, mãe de Rodriguinho.*)
Talvez Conceição não seja fisicamente bonita, mas é bonita de se ver. Há nela uma espécie de força, de tenacidade, que pode ser pressentida à primeira vista.

Autoritária e arrogante como todas as mulheres da família, Conceição veste uma saia preta e uma blusa branca sobriamente rendada, especialmente feita para ir ao cemitério hoje, no aniversário da morte de seu pai.
Conceição traz uma bandeja na mão, com pão, geléia, biscoitos etc.)

CONCEIÇÃO — *(Colocando a bandeja.)* Chega de conversa com o menino, Manoel! Já falei que não quero você de conversa com o menino. *(Para Rodrigo.)* Vem tomar seu lanche, meu filho.

RODRIGO — *(Obediente.)* Sim senhora. *(Vai tomar.)*

CONCEIÇÃO — Depois vai para dentro se vestir que seus primos já estão chegando.

RODRIGO — Quem vem, mãe?

CONCEIÇÃO — Vêm todos, ora essa, lanchar com sua avó! Menos sua tia Cristina, que não vai poder. *(Enquanto passa a manteiga no pão de Rodrigo.)* Manoel, varre tudo bem varrido, que hoje é aniversário de morte de papai e mamãe quer tudo bem varrido. Você sabe que mamãe detesta folha no chão.

MANOEL — Eu varro, dona Conceição, mas cai. É o outono.

CONCEIÇÃO — E o senhor varre de novo, ora! É serviço seu. Mas não dá folhas para Rodriguinho não, o senhor me faça este favor! Outro dia o menino estava debruçado no lago do jardim, brincando de barco com as folhas.

MANOEL — Não fui eu que dei não senhora. Ele pegou.

CONCEIÇÃO — *(Servindo a laranjada.)* Debruça, depois cai.

MANOEL — *(Tentando rir.)* Mas o lago tem essa fundura assim, dona Conceição! Nem um neném se afoga ali!

CONCEIÇÃO — *(Catando ela mesma uma folha no chão, a mesma que Rodrigo pegou.)* Pega um resfriado, eu é que sei.

(Durante esse tempo, Rodrigo toma seu lanche, absorto. É como se ele não ouvisse a conversa, como se não estivesse lá.)

RODRIGO — Que roupa eu ponho, mãe?

CONCEIÇÃO — Põe um suéter, que a temperatura está caindo. A camisa a Iracema está passando...

RODRIGO — *(Num sobressalto.)* A Iracema chegou?

CONCEIÇÃO — Não chegou não, vai. Quando chegar eu chamo. Vai.

RODRIGO — *(Levanta da mesa ainda comendo um pão e vai.)* Meu sapato branco sujou, mãe.

CONCEIÇÃO — *(Arrumando a bandeja.)* Deixa lá que eu limpo.

RODRIGO — Sai.

(Conceição verifica se ele saiu mesmo.)

CONCEIÇÃO — *(Para Manoel.)* Então? Deu sumiço?

MANOEL — Dei sim senhora.

CONCEIÇÃO — Coisa desagradável, logo hoje...

MANOEL — Quando nós vimos a bichinha já estava vomitando sangue, a coitada. Aí acalmou, pensamos que ia melhorar... e morreu. Isso foi naftalina que ela comeu, dona Conceição. O armário estava cheio de...

CONCEIÇÃO — Deviam ter procurado um veterinário!

MANOEL — Não deu tempo, dona Conceição.

CONCEIÇÃO — Você levou para onde?

MANOEL — Enterrei num terreno baldio, sim, senhora.

CONCEIÇÃO — Longe?

MANOEL — Longe.

CONCEIÇÃO — E Rodriguinho? Perguntou?

MANOEL — Pergunta toda hora. Mas eu desconverso.

CONCEIÇÃO — Faz bem. Quando o dia acabar eu mesma falo com ele. De noite, que aí já está na hora de dormir.

MANOEL — Sim, senhora.

CONCEIÇÃO — *(Ia saindo mas volta.)* E outra coisa, seu Manoel. Outra coisa também muito desagradável. Pensei até em pedir a Henrique que falasse com o senhor. É sobre os seus encontros com a Iracema no galpão dos fundos do jardim. É verdade isso?

MANOEL — *(Levando um susto.)* Não, senhora, eu não ia...

CONCEIÇÃO — Não minta! Detesto empregado que mente.

MANOEL — Nós fomos lá só uma vez, dona Conceição, de noite...

CONCEIÇÃO — *(Chamando para dentro da casa.)* Iracema! *(E quase para si.)* Não costumo me meter em vida de empregado, mas tudo tem limite.

(Iracema entra correndo e pára. É uma arrumadeira. Burra e bondosa, seus seios generosos mal cabem no uniforme. Iracema é portuguesa e tem sotaque.)

IRACEMA — Chamou? *(Intimida-se ao encontrar ali o Manoel.)*

CONCEIÇÃO — Iracema, Manoel está negando o que você mesma me contou! Faça o favor de repetir na frente dele.

IRACEMA — *(Muito nervosa.)* Não, dona Conceição, é que...

MANOEL — *(Resolvendo enfrentar a situação.)* Nós nos encontramos às vezes de noite no galpão, sim, senhora.

CONCEIÇÃO — Está proibido! Vou vigiar e conforme for ponho os dois na rua.

MANOEL — A senhora sabe... Eu e a Iracema pretendemos nos casar...

CONCEIÇÃO — Se pretendem ou não pretendem não tenho nada com isso. E não justifica, é pouca vergonha.

(Iracema chora.)

CONCEIÇÃO — Pouca vergonha não admito, tinha cabimento. E não quero choradeira! *(Para Iracema.)* Leva a bandeja. *(Sai.)*

(Ficam Iracema e Manoel. Manoel avança disposto a descer umas bofetadas em Iracema.)

IRACEMA — *(Defendendo-se.)* Não, Manoel, espera! Não bate em mim!

MANOEL — Ficou maluca? Quer que eu perca o emprego?

IRACEMA — Eu não pude negar, o menino viu nós dois lá!

MANOEL — *(Parando de bater.)* Seu Rodriguinho?

IRACEMA — Viu e contou para dona Conceição coisas horrorosas!

MANOEL — Que coisas?

IRACEMA — Contou que viu você... *(Fala no ouvido dele.)*

MANOEL — *(Rindo, excitando-se.)* Safadinha... E isso é coisa que se repita? *(Pega na bunda dela. Iracema conta outra coisa em seu ouvido)* Aposto que dona Conceição pegou o menino *(Fala baixo.)* tocando bronha no banheiro! *(Riem.)* Ela olha pelo buraco da fechadura quando o menino vai fazer cocô... Vem cá, vem. *(Puxa Iracema para um canto do jardim.)*

IRACEMA — Espera, Manoel, a bandeja...

MANOEL — Depois pega a bandeja. *(Beija-a no pescoço. Ficam se agarrando atrás de uma árvore).*

(Por um recurso de iluminação, que nesse contexto torna-se muito mágico, a parede da casa fica transparente e vemos a cena que se passa no interior do quarto de Conceição. Diante do espelho do armário, ela arruma Rodrigo, botando o suéter e acabando de costurar uma bainha que soltou.)

RODRIGO — ... Eu só ouço contar, minha mãe, mas não me lembro.

CONCEIÇÃO — Lembrar o quê, menino? O quê que você quer tanto saber de seu avô?

RODRIGO — No cemitério eu fiquei olhando o túmulo dele... e pensei: vovô gostava tanto de mim e eu sei tão pouco sobre ele...

CONCEIÇÃO — Pergunte a sua avó, ela é que gostava de contar. Não hoje, claro! Para ela não se emocionar.

RODRIGO — Vovó sempre conta as mesmas coisas.

(Nesse momento ouvimos a voz de dona Mocinha, vinda de outro cômodo.)

VOZ DE DONA MOCINHA — Conceição!

CONCEIÇÃO — *(Acabando rápido a bainha.)* Já vou, mamãe, já vou!

VOZ DE MOCINHA — Venha me ajudar aqui com estas samambaias!

CONCEIÇÃO — *(Cortando a linha com os dentes.)* Pronto. Estou indo, mamãe! *(Vai saindo do quarto.)*

(Rodrigo fica sozinho, diante do espelho. Continuamos a ouvir as vozes de Conceição e Mocinha. Na penumbra do primeiro plano, sentindo a proximidade das vozes, Manoel e

Iracema fogem de cena. Iracema volta rápido e leva a bandeja, que ia quase esquecendo.)

VOZ DE MOCINHA — Estão muito caídas estas samambaias!... O que será que está acontecendo?

VOZ DE CONCEIÇÃO — Samambaia é assim mesmo, mãe.

VOZ DE MOCINHA — Nada. Isso é esse jardineiro que não cuida. No tempo de José ele cuidava, mas agora... Não mando embora porque não tenho outro.

(Rodrigo decide sair do quarto e vir para a varanda. Com seu movimento a varanda de novo se ilumina, voltando o aspecto básico do cenário...
E entra dona Mocinha...
... Ainda bonita como uma rainha, nos seus 60 anos. Ágil. Leve. Mocinha traz nas mãos um vaso de samambaias e vem seguida por Conceição.
Um momento depois entra Rodrigo e pára na porta. Mocinha usa um vestido negro que, embora a sobriedade, foi preciosamente bordado.)

MOCINHA — *(Entrando.)* A sepultura estava tão bonita! Só com os copos de leite, José gostava muito dos copos de leite. Mas que calor, hein? Não adiantou nada termos deixado para ir depois das duas! *(Mostra a samambaia.)* Olhe, cheia de pontas. Coloque em cima da mesa que depois eu arrumo. *(Entrega para Conceição e vai pendurar um vaso.)* Minha filha, telefona para o Pinheiro! E pergunta porque ele ainda não chegou! Já são quase 5 horas! Ele disse que chegava às quatro e meia, no máximo quinze para as cinco. E eu hoje não dispenso o meu joguinho, que eu estou muito nervosa...

CONCEIÇÃO — Ele vem mãe, deve estar chegando. *(Cobre a mesa com uma toalha. Conceição consegue estar sempre ocupada.)*

MOCINHA — *(Num suspiro.)* Quatro anos, Conceição, quatro anos sem José! *(Sobe num banquinho para pendurar a samambaia, Conceição segura o banco.)* Eu nunca vou me conformar. Além do que estou muito aborrecida com isto de Cristina não vir jantar. Onde é que já se viu, num dia como o de hoje?

CONCEIÇÃO — Ela disse no telefone que está com muita dor de cabeça. Pode ter sido o sol do cemitério.

MOCINHA — Vê se aquele solzinho dá dor de cabeça em alguém! Desculpas! Casou com homem rico, não precisa mais de mãe.

CONCEIÇÃO — Que é isso, mamãe...

MOCINHA — É isso mesmo! Eu não tenho papas na língua. Por isso nunca fiz questão de filha minha casar com homem rico. E Orlando, onde está?

CONCEIÇÃO — Está aí dentro; então não veio com a gente?

MOCINHA — *(Cheirando os dedos, que é seu tique quando fica nervosa.)* Ainda bem, que mano a mano com o Pinheiro eu não agüento mais!

CONCEIÇÃO — Onofre é que telefonou ainda agora. Também não vem jantar.

MOCINHA — Onofre não vem?

CONCEIÇÃO — Disse que tinha esquecido e que tinha marcado um compromisso importante de trabalho. Que depois telefona para a senhora.

MOCINHA — Quando for assim, minha filha, você me bota no telefone na hora! Que pra mim ele não dizia isso... *(Descendo do banco.)* Mas eu sabia! José também sabia, ainda ouço a voz dele dizendo: "Mocinha, quando eu morrer eles vão todos te abandonar, um por um!"

CONCEIÇÃO — *(Que se perturba muito com essas coisas.)* Papai nunca disse isso. E a senhora toma cuidado que assim Deus castiga! Ninguém está abandonando a senhora. Foram todos ao cemitério.

MOCINHA — E era o cúmulo se não tivessem ido, aniversário de morte de José! Mas tinha *obrigação* de vir depois para cá, ficar comigo. Queria ver se nos tempos de José, numa data como essa, se não vinham todos! José desancava quem não viesse.

CONCEIÇÃO — *(Fazendo alguma coisa sem ouvir.)* Além disso acho muito desagradável a senhora ficar falando assim porque, afinal de contas, eu estou aqui! E Orlando também está, e Henrique teve de ir à cidade mas já está chegando para o lanche.

MOCINHA — *(Acalmando.)* Henrique vem?

CONCEIÇÃO — Disse que vai trabalhar em casa o resto da tarde.

MOCINHA — *(Depois de um momento.)* Ainda bem. Detesto mesa vazia. *(E colocando a última samambaia.)* Henrique é bom marido. Bom marido ele é.

(Rodrigo esteve todo o tempo em cena, parado junto à porta, sem oportunidade para falar. Agora tenta:)

RODRIGO — Minha avó...

MOCINHA — *(Levando um susto.)* Que é isso, menino, você estava aí?

RODRIGO — Estava.

MOCINHA — Esse menino é tão quieto que a gente nem vê ele! Você quer alguma coisa?

RODRIGO — Queria.

MOCINHA — O quê?

RODRIGO — Queria que a senhora contasse mais coisas... sobre meu avô.

CONCEIÇÃO — *(Irritada.)* Está com essa bobagem desde que chegou. *(Para Rodrigo.)* Eu não disse que isso não é assunto pra falar com sua avó hoje? Vai estudar tabuada, vai.

MOCINHA — *(Enérgica.)* Ih, Conceição, Rodriguinho já está cansado de saber tabuada! E ele quer conversar comigo, eu gosto de conversar...

CONCEIÇÃO — *(Desistindo.)* Está bem, mamãe. Eu vou ver como está o jantar.

MOCINHA — Deixa que a cozinheira vê... *(Mas Conceição já saiu.)*

(Ficam Mocinha e Rodrigo, um diante do outro.)

MOCINHA — *(Depois de um instante.)* Seu avô gostava muito de você.

RODRIGO — *(Depois de um instante.)* Eu sei.

MOCINHA — Um dia levou você ao cinema. Você tinha quatro anos, se tanto...

RODRIGO — Isso a senhora já contou, vó.

MOCINHA — ... e o gerente não quis deixar, porque o filme era impróprio. José quase quebrou o cinema! Arrumou um frege e só sossegou quando deixaram você entrar! José, quando estourava!... No Banco Boavista mandava o gerente sair da mesa para você sentar! Dizia pra todos os empregados: olhem aí o futuro gerente! E sempre que vinha de noite trazia balas...

RODRIGO — De coco.

MOCINHA — De coco para você e, para mim, as amêndoas recobertas. *(Um longo suspiro.)* Não me conformo, meu filho.

Você é muito parecido com seu avô, parecidíssimo *(Tampa-lhe o nariz e a boca para salientar os olhos.)* Daqui para cima, é igual! Mesmos olhos, impressionante...

(Entra Iracema, trazendo pratos para a mesa do lanche...)

MOCINHA — Isso são horas de botar a mesa de lanche, minha filha? Já devia estar pronta.

(Rodrigo fica extremamente perturbado com a entrada de Iracema. Ele quer saber de Kitti, a cachorrinha desaparecida.)

RODRIGO — Iracema, você viu...

MOCINHA — *(Interrompendo.)* Vamos para dentro, meu filho, enquanto ela põe a mesa. Quero lhe mostrar um retrato do seu avô. Um que eu tenho no armário. Para você ver como os olhos são iguais. Venha. *(E sai.).*

(Rodrigo fica confuso, por um momento, sem saber para que lado vai.)

RODRIGO — Iracema, você levou a Kitti nas compras?

IRACEMA — Não senhor! Quem lhe disse?

RODRIGO — Mamãe.

VOZ DE MOCINHA DE FORA — Rodriguinho!

RODRIGO — E você não...

IRACEMA — Sua avó está chamando.

VOZ DE MOCINHA — Rodrigo, venha!

(Rodrigo hesita, confuso; corre em direção ao chamado da avó. O efeito de luz obscurece o cenário e permite que se veja a sala da casa: uma grande mesa, uma cômoda, e Orlando, irmão de Conceição, que procura alguma coisa no armário. Conceição entra sem ser vista.)

CONCEIÇÃO — O vinho não está aí.

ORLANDO — Onde é que está?

CONCEIÇÃO — *(Reprovativa.)* Não convém você beber agora, está quase na hora do lanche.

ORLANDO — *(Grosseiro.)* Deixa de palhaçada. Quedê o vinho?

CONCEIÇÃO — *(Explodindo em voz baixa, para Mocinha não ouvir.)* Escondi e não vou dar! Ontem na hora do jantar você estava completamente tonto! Mamãe só não percebeu porque é boba!

(Nesse momento entra Iracema na sala, para apanhar coisas na cômoda. Ela está arrumando a mesa do lanche, na penumbra do primeiro plano. Eles se calam quando Iracema entra; esperam que saia para recomeçarem.)

ORLANDO — Desculpe. Não sou criança.

CONCEIÇÃO — *(Pegando o vinho em algum lugar.)* Toma. Não exagera.

ORLANDO — *(Olhando a marca.)* Esse é dos bons.

(Orlando é um tipo fisicamente grosseiro, com alguns quilos prematuros a pesar-lhe a aparência. Essa grosseria estende-se a seu modo de agir, de falar — Orlando sempre fala mais alto do que seria preciso — e esconde assim sua alma sensível. Sofrida. Vencida.)

CONCEIÇÃO — Vem ninguém jantar. Só nós dois.

ORLANDO — Novidade. Reparei que no cemitério nem falaram contigo direito, Cristina e Onofre. *(Vai abrir o vinho.)*

CONCEIÇÃO — Não me suportam. Estou com um problema com eles.

ORLANDO — Problema?

CONCEIÇÃO — Você sabe muito bem.

ORLANDO — O quê?

CONCEIÇÃO — Sei que mamãe comentou com você.

ORLANDO — A coisa dos apartamentos do Andaraí?

CONCEIÇÃO — É.

ORLANDO — Comentou sim.

CONCEIÇÃO — *(Tensa.)* E o que que ela disse?

ORLANDO — Que Onofre tinha dito que tinha um amigo que tinha sabido no fórum que Henrique tinha vendido dois apartamentos do Andaraí. E que Cristina disse que também tinha sabido.

CONCEIÇÃO — *(Indignada.)* Infâmia deles! Onofre nunca perdoou mamãe ter deixado a administração dos bens com Henrique, em vez de com ele. E Cristina, Cristina você sabe como é!

ORLANDO — *(Arrancando a rolha do vinho.)* Mas é ou não é verdade?

CONCEIÇÃO — O quê?

ORLANDO — A coisa dos apartamentos do Andaraí?

(A própria pergunta ofende Conceição, que vai responder... Quando Iracema entra de novo, em seu vai-e-vem para arrumar a mesa. A conversa se interrompe. Iracema percebe, pega rápido o que tem de pegar. Sai.)

CONCEIÇÃO — Não agüento mais esses problemas com o dinheiro de mamãe, aqui em casa.

ORLANDO — Todos os problemas aqui em casa são com o dinheiro de mamãe.

CONCEIÇÃO — Não admito que você fale nesse tom! Você está insinuando alguma coisa? Você é um que sabe muito bem que Henrique não toca em um tostão do dinheiro de mamãe!

ORLANDO — Calma, Conceição, porra, calma!

(Os ânimos estão exaltados. Pausa.)

CONCEIÇÃO — Eu estou nervosa com isso, *(Resolvendo contar.)* porque eu, quando soube do disse-que-disse, fui à mamãe. E falei que achava que ela devia ter todas as escrituras dos imóveis no cofre, atualizadas. Achei que isso acabava com qualquer desconfiança.

ORLANDO — É.

CONCEIÇÃO — E então mamãe pediu a Henrique as escrituras. E faz uma semana e o Henrique ainda não entregou todas.

ORLANDO — Às vezes demora para atualizar, escritura às vezes demora. *(Bebe o vinho.)*

CONCEIÇÃO — *(Confessando sua preocupação num impulso.)* Henrique está dizendo que tem duas perdidas, que o cartório está custando a achar. Me disse isso ontem, porque eu perguntei. E disse pra não dizer nada a mamãe por enquanto que é questão de dias. E são as duas escrituras do Andaraí.

(Iracema entra de novo.)

CONCEIÇÃO — *(Irritada.)* O que é que você tanto entra e sai, hein, minha filha?

IRACEMA — A senhora não mandou botar a mesa do lanche?

CONCEIÇÃO — Por que não botou antes?

IRACEMA — Eu estava pendurando a roupa...

CONCEIÇÃO — Pendurasse antes. Agora saia que eu estou conversando com o doutor Orlando.

(*Iracema enche as mãos com tudo que falta e sai.*)

ORLANDO — Um dia vocês não vão mais conseguir empregada. Impossível tratar empregada do jeito que você e mamãe tratam.

CONCEIÇÃO — Nós tratamos muito bem, elas é que não prestam. Nenhuma presta. Essa é uma sem-vergonha.

ORLANDO — Tem peitos grandes.

CONCEIÇÃO — Orlando!

ORLANDO — *(Bebe.)* Mesmo que Henrique tenha vendido os apartamentos, não tem nada de mais, dependendo do que ele fez com o dinheiro

CONCEIÇÃO — Como nada de mais? Sem autorização?

(*Num golpe a iluminação volta ao normal, à varanda. Vem chegando pelo jardim Henrique, acompanhado de seu Pinheiro. Vêm conversando. Henrique de terno branco.*)

HENRIQUE — Mas que coincidência, hein! Eu lhe encontrar logo na porta!

PINHEIRO — Vi seu *buick* de longe!

HENRIQUE — *(Muito amável.)* Tive de dar um pulo na cidade por causa de um cliente... mas que calor!

PINHEIRO — Eu não sinto o calor. Não suo, estou sempre seco. Também nunca vou à cidade. É daqui para minha casa, de casa para aqui! E sempre a pé, detesto táxis!

HENRIQUE — Mariinha vai bem? Todos os seus?

(*Henrique é pai de Rodrigo. É uma pessoa muito simpática. É dócil, amável, sempre tenta agradar — seu coração é bem grande; sua alma, branca como o terno. Mas Henrique é também capaz de grandes pecados, aqueles ditados pela fraqueza, pela omissão.*)

Seu Pinheiro ninguém sabe quantos anos tem, mas não são poucos. Baixinho, rijo, parece o marinheiro Popeye. É um parente afastado de alguém da família. E o único amigo de dona Mocinha. Talvez por causa do buraco que jogam, religiosamente, todas as tardes. Atraídos pela chegada de Henrique, Orlando e Conceição vêm para a varanda. Cumprimentos.)

HENRIQUE — *(Beijando Conceição.)* Que calor na cidade...

CONCEIÇÃO — Tudo bem?

HENRIQUE — *(Para todos.)* Excepcionalmente bem! Ainda é dia 8, e todos os inquilinos já pagaram, o que, dado o aperto financeiro da praça, é excepcional.

CONCEIÇÃO — *(Chamando para dentro, numa rotina.)* Rodrigo, seu pai chegou.

HENRIQUE — *(Para Pinheiro e Orlando.)* Fico contente quando consigo acertar as contas do mês de dona Mocinha antes do dia 15. Não que ela me peça as contas; porém, quanto antes, melhor.

CONCEIÇÃO — Henrique, eu ia me esquecendo... *(Voz baixa.)* A cachorrinha morreu.

HENRIQUE — A cachorrinha do Rodrigo?

CONCEIÇÃO — Comeu as naftalinas de um armário, enquanto nós estávamos no cemitério. Já mandei dar sumiço.

PINHEIRO — Mas que pena! O menino estava sempre brincando com ela. Também, deixar naftalinas...

CONCEIÇÃO — Rodriguinho ainda não sabe. Estou evitando dizer a ele, que afinal de contas hoje é aniversário de morte do papai. Já basta.

PINHEIRO — A senhora me desculpe não ter ido ao cemitério, mas ao cemitério eu nunca vou. Dona Mocinha sabe disso. Tive vontade de ir. Mas não vou. *(Entra Rodriguinho e vai beijar o pai. Conceição faz um sinal para que não se fale da cachorrinha.)*

CONCEIÇÃO — *(Para Pinheiro.)* Mamãe já reclamou de seu atraso. Disse que depois do buraco o senhor vai ter de ficar e ver o Lacerda com ela.

HENRIQUE — *(Para Rodrigo.)* Está bonitinho. *(Para os outros.)* É verdade; hoje à noite tem Lacerda.

CONCEIÇÃO — *(Dando retoque na mesa do lanche.)* Grande homem.

RODRIGO — *(Para a mãe.)* Mãe, Iracema voltou. E a Kitti não estava com ela, não.

PINHEIRO — *(Rindo para o Orlando.)* Dona Mocinha sabe que eu sou contra o Lacerda, por isso quer que eu fique. Para poder discutir!

HENRIQUE — Mas a situação está preta, política e financeiramente!

ORLANDO — *(Discordando e bebendo.)* Tanta gente com dinheiro...

RODRIGO — *(Aflito, para a mãe.)* Mas o que é que a gente faz agora, mãe? A gente precisa achar ela...

CONCEIÇÃO — Calma, menino, depois do lanche. *(E para os outros.)* Mas a inflação está horrorosa, Orlando! O Lacerda tem razão que não é mais possível essa carestia. O governo não dá jeito e do modo que vai a situação...

PINHEIRO — E a senhora lá entende disso, dona Conceição?

HENRIQUE — *(Sempre agradável.)* Conceição é excelente financista. Se o senhor soubesse a economia com que ela governa esta casa! Na medida do possível, é claro, porque dona Mocinha exige tudo muito farto!

PINHEIRO — *(Para Conceição.)* Vou mandar o Getúlio aprender com a senhora.

(Riem. Rodrigo continua ali, perdido, ignorado. Entra dona Mocinha, ágil como sempre, como um vento, seguida por seu Manoel, que vem com espanador e flanela.)

MOCINHA — *(Para Pinheiro.)* Sim, senhor, isso são horas? Pensei que não vinha mais?

PINHEIRO — Que é isso, dona Mocinha? Quinze minutos...

RODRIGO — *(Para o pai, com a voz presa na garganta.)* Meu pai, a Kitti sumiu desde de manhã.

HENRIQUE — *(Passando-lhe a mão na cabeça.)* Eu sei, meu filho, sua mãe falou.

MOCINHA — *(Para Manoel, mostrando um vaso.)* É este, Manoel: olha a imundície! Obrigação sua. Olhe, tem de limpar por dentro. *(Mostra como faz.)* Não quero vaso sujo.

HENRIQUE — *(Para Pinheiro.)* É inteligente esse meu menino, sabe seu Pinheiro? Este mês o boletim veio tudo dez.

RODRIGO — Um nove.

HENRIQUE — Só um nove.

MOCINHA — *(Para Rodrigo.)* Segura aqui esta cadeira, meu filho, para sua avó sentar. *(E sentando-se à mesa do lanche.)* Vamos, gente.

RODRIGO — *(Tímido enquanto segura a cadeira da avó.)* Vó, a senhora não se lembra de ter visto a Kitti?

CONCEIÇÃO — *(Com firmeza.)* Depois a gente fala nisso, Rodrigo. Agora é hora do lanche.

MOCINHA — *(Depois de trocar olhares com todos, para Rodrigo.)* Não vi nem quero ver, meu filho! Você sabe que eu detesto aquele bicho, nunca devia ter deixado vir! Olha aí, Conceição, a cara desse menino: está com mania daquela cachorra. No início eu até gostava dela. Andava atrás de mim, balançava o rabo... mas depois, fez cocô em tudo. Até dentro da minha sandália fez cocô! Há males que vêm para o bem.

CONCEIÇÃO — *(Intrometendo-se para que a mãe não fale mais.)* Depois do lanche eu mando seu Manoel dar uma busca na vizinhança. Está bem, seu Manoel? *(Para Rodrigo.)* Vai aparecer.

RODRIGO — Posso ir com ele procurar?

CONCEIÇÃO — *(Sem paciência.)* Então dona Adalgisa não vem aí, menino? Hoje não é quarta-feira?

(Com esta Rodrigo se cala, pequeno entre os adultos. Todos sentados na mesa: é o lanche.)

PINHEIRO — Fruta-do-conde? Não sabia que estava na época.

MOCINHA — Mas estão ruins.

(Conceição bota leite na xícara de Rodrigo.)

ORLANDO — Por que não deixam o menino se servir sozinho?

MOCINHA — Não adianta que ele se suja todo.

RODRIGO — Não sujo mais não, vó.

MOCINHA — A toalha é nova. *(Para Orlando.)* E Ricardinho, porque não chegou ainda? Não vinha para o lanche?

ORLANDO — Maria Augusta deve ter se atrasado. Ela ia deixar ele aqui.

MOCINHA — *(Que obviamente não gosta de Maria Augusta.)* Hum... Se ao menos pudessem ser evitados estes princípios de semana com essa mulher!

CONCEIÇÃO — Impossível, mãe. É mãe, tem direito.

ORLANDO — *(Que não suporta a conversa.)* Por favor, olha o assunto. Tem criança na mesa.

MOCINHA — Está certo. *(Come um instante.)* O que me irrita é a Conceição ficar defendendo, quando sabe perfeitamente que Maria Augusta não presta! Honra, não! Honra impecável! Mas como esposa não prestou...

ORLANDO — *(Contendo-se, quase sem poder falar, de ódio.)* Esse é um assunto meu, particular. Não posso admitir seja discutir...

(Um pássaro canta no jardim.)

PINHEIRO — Sabiá-laranjeira.

MOCINHA — Vê-se logo que não entende de pássaros, Pinheiro! Foi meu canário belga! José gostava tanto de canário belga... *(E voltando à cara sem-cerimônia.)* Se ele estivesse vivo não tinha deixado Orlando se separar de Maria Augusta.

ORLANDO — *(Dando um murro sobre a mesa.)* Chega, mamãe!

MOCINHA — *(Para Pinheiro.)* José gostava muito do pai de Maria Augusta, fez muito gosto do casamento. *(E para Orlando.)* E que impaciência é esta?

ORLANDO — *(Levanta.)* A senhora me dá licença, eu vou... lá para dentro.

MOCINHA — Não, senhor, por que lá para dentro? Estamos na mesa!

ORLANDO — *(Muito nervoso.)* São assuntos meus, mamãe! De família, íntimos. Outro dia, até diante do Ricardinho a senhora ficou falando...

MOCINHA — *(Interrompendo.)* Senta, Orlando.

CONCEIÇÃO — *(Pedindo.)* Senta, Orlando.

(Orlando senta.)

MOCINHA — E não seja injusto com sua mãe. Nunca falei mal de Maria Augusta na frente de Ricardinho, que eu não sou maluca.

ORLANDO — Falou sim, mamãe.

MOCINHA — Se falei, foi sem querer!

ORLANDO — O menino já é complicado. Isso só faz aumentar a complicação dele. *(Bebe.)*

MOCINHA — *(Enquanto descasca um figo.)* Milagre, se não fosse. Com a mãe que tem... E não é complicado, não sei o que Ricardinho tem de complicado.

ORLANDO — *(Envolvendo-se.)* Se a senhora insiste em falar do assunto, Maria Augusta não teve nenhuma culpa da nossa separação! Mas isso não são assuntos — seu Pinheiro nem da família é.

PINHEIRO — Se quiserem que eu me retire...

MOCINHA — Não é da família mas é como se fosse!

PINHEIRO — Obrigado, dona Mocinha.

ORLANDO — Fui eu que saí de casa, porque quis, e todos sabem disso. É público.

MOCINHA — *(Agora perdendo a paciência.)* Desenxabida, Orlando! Maria Augusta sempre foi muito desenxabida! Onde é que já se viu uma mulher que se preza deixar um marido como você sair de casa? Ela não soube prender você, isso é que é. E uma mulher de verdade tem obrigação de saber prender o marido!... *(Para Conceição.)* Passa o beiju, minha filha. *(Provando a todos sua razão.)* Ele, um rapagão; ela, muito magriça, sempre olhando o chão... não podia dar certo.

(*Neste momento Rodrigo, que tentava se servir sozinho, derrama leite na mesa.*)

CONCEIÇÃO — (*Levantando e segurando a toalha imediatamente, para molhar menos.*) Olha, não falei? *(E sem querer sujar os dedos.)* Sujou a toalha, depois mando trocar. E a calça também pingou...

HENRIQUE — É só leite, Conceição...

PINHEIRO — Precisa passar água quente, por causa do açúcar.

CONCEIÇÃO — *(Desgostosa.)* Leite com açúcar... E podia até se queimar... Vai se lavar, vem. Parece bobo. *(E sai levando Rodrigo pela mão.)*

(*Um silêncio depois que eles saem.*)

MOCINHA — *(Retomando as comidas.)* Conceição precisa dizer logo a esse menino que a tal cachorra morreu. Ele era muito agarrado. Diz logo a verdade, pronto, acabou. Chora, mas pára. Em vez de ficar essa situação...

HENRIQUE — Que desagradável... logo hoje! Como foi?

MOCINHA — Comeu qualquer coisa, morreu. Não foi, seu Manoel?

MANOEL — *(Limpando o vaso.)* Foi, sim, senhora.

MOCINHA — Cachorro é assim mesmo. Morre. *(E impaciente com Manoel.)* Já está limpo, isso aí. Pode ir.

(*Manoel vai.*)

MOCINHA — *(Explicando.)* Não gosto de gente ao meu lado quando estou comendo. *(E voltando ao assunto.)* Nunca mais quero cachorro, nem bicho nenhum! Só o canário na gaiola. Assim mesmo, há quem diga que dá azar... *(Bate na mesa três vezes.)*

PINHEIRO — Uma pena! Uma pequeneza tão bonitinha... E distraía muito o menino.

Mocinha — Distraía, mas tinha pulgas. Pinheiro, você nem imagina: quando eu vi, tinha pulgas até na minha cama!

Orlando — Deve ter sido impressão sua, mamãe. Conceição dava um banho de criolina na bichinha uma vez por semana.

Mocinha — Então não sei o que é uma pulga, Orlando? Matei uma no lençol! Porque, por mim, eu até gostaria que Rodriguinho tivesse um animal qualquer. Sabe como é, filho único... fica sempre um pouco sozinho. Se ao menos os primos viessem mais aqui. Conceição não deixa brincar na rua, e faz muito bem... *(Para Orlando.)* Não quer um pedaço do bolo de aipim? Os figos estão ótimos. Ninguém quer figos? Não quer, Henrique?

Henrique — Vou experimentar um, dona Mocinha. *(Pega um.)*

(Dona Mocinha de vez em quando sai falando as coisas assim, sem perceber ou se importar com quem está ouvindo. Embora a voz seja alta, o tom fica automático, quase de si, para que haja um som no ar. Agora o assunto da mesa acabou e o lanche também.)

Mocinha — *(Quebrando o silêncio.)* E as escrituras do Andaraí, Henrique? Já achou? Estou muito preocupada!

(Henrique empalidece. Não esperava aquilo.)

Henrique — Escrituras?

Mocinha — Você não perdeu as escrituras dos dois apartamentos do Andaraí? Perdeu ou não perdeu?

Henrique — É que pensei que a senhora não soubesse! Como é um assunto sem importância, não quis...

Mocinha — Eu sei de tudo. E fiquei muito aborrecida. Afinal, esses documentos não é coisa que se perca. *(Para Pinheiro.)* Lembra-se que eu falei, Pinheiro, que queria todas as escrituras no cofre? *(Para Henrique.)* Eu estava estranhando que você ainda não tinha entregue. E hoje a Conceição explicou que você perdeu as do Andaraí!

HENRIQUE — *(Nervoso.)* Já estão providenciadas as segundas vias, dona Mocinha. Mais uns dias...

MOCINHA — Quantos dias?

HENRIQUE — *(Pálido.)* Depende do cartório.

MOCINHA — *(Obviamente desconfiada.)* Hum... Então você faz o seguinte: você prepara pelo menos uma lista. Uma lista de todos os apartamentos com os números das escrituras, cartório, tudo. E o valor, claro.

HENRIQUE — *(Disfarçando a humilhação.)* E... para que a senhora quer essa lista? Desculpe perguntar.

MOCINHA — Ora, por que quero? Porque quero!

HENRIQUE — *(Sentindo-se humilhado diante dos outros.)* Sim, senhora. Eu faço. Sei quase tudo de cor. Amanhã mesmo...

MOCINHA — *(Interrompendo.)* Faz hoje. Enquanto não chega a hora do Lacerda. *(E se desinteressa do assunto, ocupando-se do último figo.)*

HENRIQUE — Sim, senhora. *(E forçando um sorriso normal.)* Inclusive preciso também lhe entregar as contas do mês. Antes do dia quinze, e os inquilinos já pagaram todos.

(Reentra Conceição com Rodriguinho, que vem com outra calça. Conceição está brigando com ele.)

CONCEIÇÃO — ... calma, menino, mas que nervoso! Espera! Eu já disse para esperar!

MOCINHA — Que foi?

Conceição — É que dona Adalgisa chegou, está na hora da aula. E ele fica todo nervoso na hora da aula.

Mocinha — Olha aí: você saiu da mesa, seu lanche esfriou.

Conceição — *(Sentando-se e tentando comer.)* Eu já disse a dona Adalgisa que nós estamos lanchando, ela espera. É esse menino que fica nessa aflição. Eu já disse a ele que estudo demais faz mal. Tudo que é demais faz mal! *(Tomando.)* O café esfriou mesmo.

Mocinha — Manda esquentar.

Conceição — *(Levantando.)* Eu lancho depois, agora não dá. Vou botar a mesa da aula aqui na varanda mesmo, viu mamãe? Que aqui desarruma menos. Mas não precisa ninguém se apressar que dona Adalgisa espera.

(Sentado na mesa, Henrique está imóvel, em grande tensão, os olhos em ninguém.)

Mocinha — Por mim, acabei. *(Levanta limpando a boca com um guardanapo.)* Já acabou, Pinheiro? Que o bolo de milho eu mando servir no jogo, senão não jogamos nada até a hora do Lacerda. Que hoje é melhor nem ter jantar, hein, Conceição? Ceia, depois do Lacerda.

Conceição — Sim, senhora, mamãe, vou providenciar.

Mocinha — *(Saindo.)* Você joga também, não é Orlando? Tem de jogar.

Orlando — Eu jogo uma partida, descanso uma. Duas seguidas, a senhora sabe, eu canso.

Mocinha — É, mas assim atrapalha tudo.

Orlando — Me dá dor de cabeça: é a vista.

Mocinha — Por que não vai ao médico? Conceição, manda telefonar para a casa da Maria Augusta, para saber porque ela ainda não entregou o Ricardinho. Já estou muito aflita com esse menino que não chega.

(*Sai, com Pinheiro e Orlando. Ficam Henrique, Conceição e o filho. Somente agora Henrique se levanta da mesa e encara Conceição. Um momento de silêncio. Ele está seriíssimo, contendo-se.*)

HENRIQUE — Sai um instante, meu filho. Preciso falar com sua mãe. Vá buscar dona Adalgisa.

(*Rodrigo olha a mãe. Vai.*)

CONCEIÇÃO — (*Encarando Henrique.*) Que foi? Que cara é essa?

HENRIQUE — (*Entredentes.*) Então você foi dizer a sua mãe que eu perdi as escrituras? Conceição, eu não lhe disse para não dizer nada?

CONCEIÇÃO — (*Arrumando a mesa da aula e sem olhar para ele.*) Ah, então é isso! Eu não escondo nada de mamãe, não, Henrique! Não escondo nada.

HENRIQUE — Não se trata de esconder! Se eu pedi para você não falar, é porque tenho motivos! Afinal, sou seu marido!

CONCEIÇÃO — (*Irritada com aquele tom.*) Ela perguntou, Henrique, eu não ia mentir! Afinal, nós moramos aqui, devemos obrigações.

HENRIQUE — Nós não moramos aqui por favor! E sim porque seu pai nos incumbiu de cuidar dela... e nós pagamos um terço das despesas! Não é favor, pelo contrário!

CONCEIÇÃO — Como, pelo contrário? O que que você quer dizer com "pelo contrário"?

HENRIQUE — (*Irritadíssimo.*) Essa sua mania de contar tudo para sua mãe! Parece criança!

53

CONCEIÇÃO — Não tenho tempo para discutir agora. Dona Adalgisa...

HENRIQUE — Eu fui humilhado naquela mesa, Conceição! Isso não pode continuar assim.

(*Entra Adalgisa com Rodrigo. Adalgisa é recatada, tímida, feia embora possua uma nítida doçura. Tenta parecer mais velha, porém na verdade tem pouco mais de 20 anos. Sua profissão é dar aulas particulares em casas de família.*)

ADALGISA — (*Timidamente.*) Boa tarde, doutor Henrique.

HENRIQUE — Boa tarde. Como está a senhora? Como vai o estudante? (*Faz um afago formal em Rodrigo.*)

ADALGISA — (*Com o tom que se espera.*) Este é um portento; sempre muito aplicado...

HENRIQUE — Assim é que se quer. Boa aula.

(*E, confuso, sai em direção à rua. Conceição vai atrás dele. Falam baixo no proscênio, no jardim.*)

CONCEIÇÃO — Aonde é que você vai?

HENRIQUE — (*Confuso.*) Não sei. À cidade.

CONCEIÇÃO — (*Nervosa.*) Mas fazer o que na cidade, a esta hora? A esta hora está tudo fechado. E eu disse a mamãe que você não ia mais sair.

HENRIQUE — Preciso sair. Preciso pensar.

CONCEIÇÃO — Mas pensa aqui mesmo...

HENRIQUE — Seu ato pode ter tido conseqüências mais graves do que você pensa, Conceição! Eu não vou poder entregar aquelas escrituras a sua mãe. Porque eu vendi os apartamentos do Andaraí! Sem sua autorização.

CONCEIÇÃO — Meu Deus! Vamos conversar no quarto.

HENRIQUE — *(Depois de um momento.)* Vamos. Estamos precisando mesmo botar uns pontos nos is.

CONCEIÇÃO — *(Recompondo-se.)* Vai na frente, eu já vou.

(Henrique volta para dentro da casa, sem olhar Adalgisa nem o filho. Conceição pensa por um momento. Depois vai, calma, fazer as últimas arrumações da mesa de aula.)

RODRIGO — *(Sentindo que algo vai mal.)* Papai vai sair, mãe?

(Conceição olha para ele e não responde. Um momento depois, responde, pensando em outra coisa.)

CONCEIÇÃO — Ele vai com o seu Manoel perguntar pela vizinhança se alguém viu a Kitti...

RODRIGO — Ah, que bom! Tem de perguntar a todo mundo.

CONCEIÇÃO — Sossega. Vai achar. Não pensa mais nisso, senão perturba a aula. Hoje é inglês, português ou matemática?

ADALGISA — Sempre revemos de tudo um pouco, não é Rodrigo?

CONCEIÇÃO — *(Botando uma almofada na cadeira, para Rodrigo ficar mais alto.)* Não me esqueço do embaixador Marques dos Reis. Ele era muito amigo nosso, no tempo em que íamos a Caxambu. Agora não temos mais ido. Ficava horas conversando com Rodriguinho, que nesse tempo devia ter uns... 7 anos. O embaixador dizia que Rodrigo era muito inteligente. Precoce. Não é, meu filho? *(Bota um relógio sobre a mesa.)* No fim da aula eu chamo, se a senhora se distrair. *(E sai).*

(Ficam Rodrigo e Adalgisa na mesa de aula. Rodrigo fica sempre muito emocionado na presença de Adalgisa. Até rapaz, ele amará as professoras, de amor impossível. Conscientemente, ou não, Adalgisa sabe disso e não pode controlar um leve nervosismo e uma desajeitada coqueteria.)

ADALGISA — Sua mãe sempre conta isso. O embaixador.

RODRIGO — É.

ADALGISA — E você lembra sobre o que conversaram? Devia ser muito interessante.

RODRIGO — Eu não me lembro, não, senhora. Eu tenho muito má memória. Para o estudo não, tenho boa memória. Mas o resto...

ADALGISA — Como você é tímido, Rodriguinho! Não gosta de contar suas coisas nem para mim, que gosto tanto de ouvir! Gosto muito de você, sabia? Em geral eu me afeiçôo a meus alunos, mas com você é mais ainda! Dou aulas por necessidade... Porém, mesmo que não fosse por necessidade, para você eu daria aula. Por gosto.

RODRIGO — *(Ruborizado.)* Obrigado. Eu fiz o dever de geografia. Os rios. *(Com grande esforço.)* Também gosto muito da senhora.

ADALGISA — Mas não precisa me chamar de senhora! Será que eu sou tão velha assim? *(Ri, nervosa.)* Tenho 23 anos. Só.

RODRIGO — Pensei que a senhora tivesse mais.

ADALGISA — Isto é coisa que se diga a uma moça, senhor Rodrigo? E me chamou de senhora de novo!

RODRIGO — Desculpe.

ADALGISA — Então vamos primeiro ver a tabuada, apesar de que tabuada você sabe... Vamos ver: do oito!

(Rodrigo começa a declinar a tabuada do oito. A tarde começa a cair, anunciada pelas cigarras. Há uma grande tristeza no ar. O pano fecha lento, enquanto Rodrigo conta, marcando o fim do primeiro ato.)

II ATO

(A tarde começa a cair e ouvem-se cigarras no jardim. Há uma grande tristeza no ar: o segundo ato começa onde terminou o primeiro.)

RODRIGO — ... nove vezes oito setenta e dois, nove vezes nove oitenta e um, nove vezes dez noventa.

ADALGISA — Muito bem, tabuada não precisa mais. Advérbios e pronomes, vamos ver o exercício. Cite três advérbios de lugar.

RODRIGO — Aqui, ali e acolá.

ADALGISA — Pronomes pessoais. *(Vai dizendo junto com ele.)* Eu, tu, ele, nós, vós, eles. Agora conjugando um verbo, vamos ver! Um bem difícil! Imperativo do verbo ser e fazendo frases!

RODRIGO — Sê... honesto.

ADALGISA — Muito bem...

RODRIGO — Sede bonita. *(Encabula.)*

ADALGISA — Terceira pessoa?

RODRIGO — Seja! Seja ele... bem comportado. Verdadeiro.

ADALGISA — Sim.

RODRIGO — Sejamos mentirosos. Seja alegre...

ADALGISA — Certo...

RODRIGO — Sejam eles, maus.

ADALGISA — Muito bem, nota dez. Agora precisamos escolher o tema da redação. Depois de amanhã é dia.

RODRIGO — *(Num impulso.)* Eu queria contar... umas coisas que eu conversava com o embaixador. Se a senhora achar bom... senão, eu posso fazer outra.

ADALGISA — Não, esta é interessantíssima! Me diga o que é.

RODRIGO — É... que durante muito tempo eu não conseguia dormir, sabe. Até hoje. Tem noites que eu custo a dormir. Fico na cama. Só durmo de madrugada, quando já estou muito cansado.

ADALGISA — Insônia! Mas isso não é cosia de menino, não. Precisa falar com sua mãe para falar com o médico. Por que você não dorme?

RODRIGO — Por causa do infinito.

ADALGISA — O quê?

RODRIGO — *(Atrapalhado.)* É difícil explicar. É que um dia eu olhei o céu — sempre olho — e vi, quer dizer, entendi... que o céu não acabava. Quer dizer, que atrás do céu tinha outro, e depois outro.

ADALGISA — Como assim?

RODRIGO — Que o céu não era um teto, não protegia! Que quanto mais longe a gente olhava... mais longe dava para olhar. Era infinito.

ADALGISA — Ah, sim!

RODRIGO — E eu tive medo. Muito medo. A senhora sabe, eu tremi de frio, de medo. *(E tentando rir.)* Contei isso para o embaixador. Ele achou muito interessante e me disse... que também tinha medo.

(*A iluminação se modifica e deixa ver o interior da sala, onde Mocinha, Pinheiro e Orlando jogam buraco.*)

MOCINHA — Eu abri com quatro coringas, Pinheiro, de mão, dependendo de um ouro para fechar a seqüência — e você arreia antes de mim, Pinheiro!

PINHEIRO — (*Contando os pontos e divertindo-se à grande.*) Desculpe, dona Mocinha, mas a senhora ganha tantas vezes que um dia tem de virar!

HENRIQUE — (*Muito nervoso.*)... Mas eu pretendo repor o dinheiro, Conceição! E com lucro, muito lucro para dona Mocinha!

CONCEIÇÃO — (*Muito agressiva.*) Explique-se! Para você fazer uma coisa dessas sem permissão de mamãe, deve ter explicação.

HENRIQUE — Sou procurador. Tenho direito.

CONCEIÇÃO — Não direito de especular com o dinheiro!

HENRIQUE — (*Fora de si.*) Conceição, veja como fala comigo: sua mãe nem teria sabido se você não tivesse vindo com essa idéia de botar as escrituras no cofre!

CONCEIÇÃO — Eu sabia! Como é que eu vou ficar agora com Onofre e Cristina? Meu Deus, que vergonha...

HENRIQUE — Calma, Conceição, você não está entendendo... Eu precisei!

CONCEIÇÃO — Como precisou? (*Chorando.*) Nós não precisamos de nada...

HENRIQUE — (*Desesperado.*) Precisei para pagar dívidas!

CONCEIÇÃO — Dívidas?

HENRIQUE — Um título, que eu precisava cobrir! Ou eu vendia os apartamentos ou perdia meu nome!

(A cena passa, por um momento, para a sala e a mesa de jogo.)

MOCINHA — ... Que isso de dizer que não joga por causa do calor, é bobagem! Sente calor, põe o ventilador! Contanto que não ponha nas minhas costas, senão eu me resfrio. Põe virado para lá.

ORLANDO — Conceição não gosta de buraco, mamãe.

MOCINHA — Não precisa gostar, ora, joga para me agradar! O que que tem? Você não joga?

(A cena passa para a aula em primeiro plano.)

RODRIGO — Mas agora não tenho mais medo, não. Tenho insônia, medo não. É que... quando eu tinha medo do infinito, eu aprendi a pensar no momento em que a gente passa de acordado para dormindo.

ADALGISA — Não entendo...

RODRIGO — Eu explico. É que tem uma hora que a gente está acordado, não tem? E, de repente, já é o dia seguinte. Quer dizer, quando a gente não sonha. Eu não sonho, quase.

ADALGISA — Eu sonho.

RODRIGO — Então existe um momento em que a gente passa de acordado para dormindo. E eu queria estar acordado nesse momento... E aí não conseguia dormir! Entende?

ADALGISA — *(Ri muito.)* Rodrigo, que maluquice! Isso não são coisas para uma criança pensar.

(A ação volta para o quarto.)

HENRIQUE — *(Tentando consolar Conceição.)* E dona Mocinha não precisa chegar a saber... eu comprei um terreno com o dinheiro. Que vai ser revendido com lucro. Bom lucro! Quando estiver revendido, eu mesmo conto tudo para dona Mocinha, e você faz de conta que não sabia... Eu fico com minha parte de justa comissão e o lucro é dela, naturalmente! Confie em mim, Conceição!

CONCEIÇÃO — Você comprou terrenos onde?

HENRIQUE — No Leblon.

CONCEIÇÃO — *(Chorando.)* Mas Henrique, isso é seguro? O Leblon é o fim do mundo!

HENRIQUE — São zonas de alta valorização! Somente a revendagem é que não está sendo fácil. Havia uma pequena irregularidade...

CONCEIÇÃO — O quê?

HENRIQUE — Na documentação dos terrenos do Leblon... Os papéis não estavam em perfeita ordem. E eu só tomei conhecimento depois que havia comprado.

CONCEIÇÃO — Henrique! Então você usou o dinheiro de mamãe sem ao menos ter certeza do negócio, Henrique? Você chegou a esse ponto?

HENRIQUE — Foi azar! Azar ao qual eu fui impelido por necessidades, a bem da verdade. O título e o preço eram bons... Não era oportunidade que se perdesse! Uma possibilidade, não é, Conceição? De eu retirar uma boa comissão e ainda dar lucro a sua mãe!

CONCEIÇÃO — Você já falou isso! E além do mais... que dívidas são essas, por amor de Deus? Para que você precisou pedir dinheiro a bancos Henrique? Não posso entender! Você tem outras... despesas na rua?

HENRIQUE — Não admito que você insinue...

61

CONCEIÇÃO — Nós quase não gastamos... Das despesas totais da casa pagamos somente um terço, e só os juros de meu dote dão para cobrir, ou quase dão.

HENRIQUE — Você está enganada.

CONCEIÇÃO — Porque você, Henrique, a verdade precisa ser dita, é um homem quase sem obrigações. Moramos com mamãe! E o seu trabalho é destinado apenas a aumentar o nosso patrimônio. Isto ficou bem claro entre papai e nós.

HENRIQUE — *(Irritado.)* Você não tem noção do que seja dinheiro.

CONCEIÇÃO — Eu tenho muita noção! Sou uma mulher muito prática! E não entendo o que está acontecendo. Pois se nem aluguel pagamos! Ao contrário, recebemos usufruto de papai! Não, Henrique, tem alguma coisa malcontada.

HENRIQUE — *(Sem olhar para ela, um momento depois.)* Você é uma moça... acostumada a um certo padrão. Nascida assim, digamos, em berço de ouro.

CONCEIÇÃO — Exagero!

HENRIQUE — *(Com dificuldade.)* Não são as grandes despesas que pesam, são as pequenas! Nesta casa não falta nada. Qualquer luxo, necessidade, qualquer coisa que sua mãe queira, ou você... presentes para um, para outro, contribuição para instituição de caridade, um milhão de coisas... Isso sem falar, já que você me obriga a falar, no dinheiro que sua mãe dá a Orlando! *(Ajoelha-se ao lado dela.)* Há cinco meses, Conceição, que o dinheiro da renda de sua mãe não dá mais, acaba antes do fim do mês. E ela me pede para trazer mais, adiantado! Eu trago! E de onde é que eu tiro? Não posso dizer à sua mãe "não"! Posso? Quando eu, rapaz pobre, pedi a sua mão a seu pai, eu sabia a responsabilidade que estava tomando! Eu não posso de modo algum, você há de convir, tirar você de seu pai — uma moça acostumada ao bom e ao melhor — para te dar uma vida de... necessidades! *(Ele quase chora. Choraria se homem chorasse.)* Isso eu não farei nunca!

CONCEIÇÃO — Pois está fazendo pior! Me fazendo passar vergonha diante de meus irmãos e minha mãe!

HENRIQUE — Não! Vai dar tudo certo. Vou regularizar a situação, vou vender os terrenos no Leblon, com a graça de santa Edwiges, e dona Mocinha vai ter orgulho de mim! *(Levantando, perdido.)* Ela me pediu uma lista das propriedades. Vou fazer agora mesmo...

CONCEIÇÃO — Henrique, você jura que nunca mais vai fazer um negócio com o dinheiro de mamãe antes de me pôr a par? Você jura, Henrique? Por Deus, pela saúde de nosso filho, você jura?

HENRIQUE — Juro, juro...

(A cena volta para a mesa de jogo.)

MOCINHA — ... porque se não morresse, eu ia mandar matar. Pelo menos mandava embora. Cocô na minha sandália, onde é que já se viu? *(Chorando as cartas.)* Pinheiro, esses baralhos são novos?

PINHEIRO — Eu mesmo comprei, dona Mocinha. Novinhos.

MOCINHA — Uma das vezes que fomos à Europa, José ganhou no navio um lulu-da-pomerânia. *(Para Orlando.)* Você nem era nascido. Presente do desembargador Teixeira Neves, homem finíssimo... Trouxemos o bicho para a casa de Laranjeiras — me lembro como se fosse hoje. José tomou muita amizade, eu também. E não é que morreu seis meses depois? Não teve jeito! O veterinário disse que foi o calor. José ficou inconsolável — me lembro como se fosse hoje. Então eu disse: "cachorro não quero mais". Morre. Coisa que morre, não quero mais.

63

(*Durante a fala, Conceição saiu do quarto e entrou silenciosamente na sala. Está pegando alguma coisa no aparador.*)

CONCEIÇÃO — Fala baixo, mamãe, senão Rodrigo ouve.

MOCINHA — (*Suplicante.*) Vem jogar uma parceira, minha filha... Faz esse favor para sua mãe! Não precisa jogar comigo. Jogamos eu e Pinheiro contra você e Orlando. Quer?

(*A cena volta para a aula e para a iluminação básica do cenário.*)

ADALGISA — (*Emocionada.*) ...Ah, Rodriguinho, o que você precisava era ir para o colégio, como os outros meninos da sua idade! Fazer amigos, isto sim!

RODRIGO — Mamãe prefere que eu tome aula particular. E eu também prefiro.

ADALGISA — Sua mãe diz que é você que não quer ir para o colégio!

RODRIGO — É. Eu acho que a culpa é minha, mesmo. Pelo menos foi. Logo depois que meu avô morreu — eu tinha cinco anos — me botaram no colégio. Num colégio de freiras, Santa Rosa de Lima...

ADALGISA — Conheço!

RODRIGO — Eu não quis ficar, não. Fiquei com saudade de mamãe, não sei... Chorei a tarde inteira pedindo para voltar. E dizem que quando eu cheguei em casa fui até vovó e disse... disse a ela que se meu avô fosse vivo ninguém ia me botar no colégio. Então ela chorou e me tiraram. Até hoje.

ADALGISA — Espertinho, hein?

RODRIGO — Quando eu entrar para o admissão eu vou para o colégio. Mas não sei se vou gostar, não.

ADALGISA — (*Depois de um momento, faz um carinho.*) Você é

um menino tão sério para sua idade, Rodrigo? Posso te dar um beijo? Como se você fosse meu irmãozinho? *(Beija-o.)*

RODRIGO — *(Ruborizado.)* E a redação? Posso fazer sobre o infinito?

ADALGISA — Pode. Mas não vai ficar com medo de novo, não?

RODRIGO — Não, senhora. Não. E se eu ficar, fiquei.

(Nesse momento, o ar é cortado por um som diabólico. Um som agudo, um assobio debochado, inoportuno. Rodrigo e Adalgisa assustam-se. Por um momento, não entendem.)

ADALGISA — Que foi isso?

RODRIGO — Não sei...

ADALGISA — Passarinho não foi.

(De novo o som cortando o ar. Uma nítida gargalhada, que parece vinda de outro ponto do jardim. E depois uma vozinha falseteada, imitando um papagaio.)

VOZ — Gostosa!

(Adalgisa está muito assustada.)

ADALGISA — Você ouviu? É gente aí! No jardim!

RODRIGO — *(Aflito.)* E deve ser o...

VOZ — *(Debochado.)* Rodriguinho veado!...

(Rodrigo levanta-se num pulo e avança para o jardim.)

RODRIGO — *(Com ódio.)* Pára com isso, Ricardo! Eu sei que é você quem está aí! Não atrapalha que eu estou dando aula *(Ouve-se uma gargalhada indecente, nervosa.)* É meu primo Ricardo, dona Adalgisa.

ADALGISA — *(Enfrentando a situação ela mesma.)* Quem quer que esteja aí, faça o favor de aparecer imediatamente!

Voz — *(Ri.)* Ficou nervosa, bocetinha?

ADALGISA — *(Horrorizada.)* Vamos, Rodrigo! Vamos chamar sua mãe!

(E sai com ele pela mão, depressa.)

Voz — *(Enquanto eles saem.)* Veado! Veado fujão...

(O cenário fica vazio por um momento. E aparece Ricardo, de entre as árvores do jardim, calmamente. É um garoto de 14 anos, filho de Orlando e Maria Augusta. Uma pobre criança, cujas carências insuportáveis ensinaram, desde tenra idade, os valores da hipocrisia e da maldade por ela mesma.) Ricardo olha ao redor. Olha a mesa de aula. Arranca uma folha do caderno. Faz um aviãozinho. Joga. O avião voa, Entra Conceição, seguida de Adalgisa e Rodrigo.)

RICARDO — Bom dia, tia.

CONCEIÇÃO — Então é você mesmo, não é, Ricardo? Interrompendo a aula de seu primo...

RICARDO — Brincando. Mamãe me deixou no portão. O portão estava sem chave, entrei. Deixa eu dar um beijo na senhora? *(Beija Conceição.)* Oi, primo.

CONCEIÇÃO — Precisa ver quem deixou o portão aberto. Agora pede desculpa a dona Adalgisa, que me disse que você falou até palavrão.

RICARDO — Desculpe, professora, desculpe. E você também, hein Drigo? Ainda vai demorar a aula, professora? *(Pega o aviãozinho no chão.)* Que eu vim para brincar com o primo.

CONCEIÇÃO — Vamos lá dentro ver seu pai. Maria Augusta podia ao menos tocar, para alguém ir apanhar você no portão.

RICARDO — Ela tinha dentista.

CONCEIÇÃO — É, Maria Augusta está sempre muito ocupada. Você ficou bom da asma da semana passada?

RICARDO — Estou bem, tia.

CONCEIÇÃO — Pois é. Dando remédio, cura. Seu pai está jogando buraco com sua avó. *(E antes de ir.)* Melhor não recomeçar a aula não, dona Adalgisa. *(Cheira os dedos como a mãe.)* Hoje é um dia confuso, aniversário de morte do papai. Eu devia até ter desmarcado. *(Para Rodrigo.)* E seu pai está querendo usar a mesa, que ele precisa fazer um trabalho.

ADALGISA — Sim, senhora.

(Sai Conceição. Ficam Rodrigo e Adalgisa. Conceição levou Ricardo. Por longo instante nenhum dos dois fala.)

ADALGISA — Então... *(Despede-se.)* Você lembra à sua mãe que na sexta eu não vou poder vir, está bem? Por causa do casamento de minha prima, eu já falei com ela.

(Rodrigo fala que sim.)

ADALGISA — Não gosto de faltar aula com você, principalmente que ia ser ciências... mas não posso deixar de ir ao casamento de minha prima... *(Beija-o.)* Então você diz à sua mãe que eu fui embora. E vai pra dentro.

RODRIGO — Sim, senhora.

ADALGISA — *(Num suspiro.)* Mas por que me chama de senhora? ...É Adalgisa... *(E vai embora.)*

(Rodrigo fica olhando por um instante, depois vai arrumar os livros que estão sobre a mesa. Entra, pelo outro lado, seu pai. Em cena, Rodrigo e Henrique.)

HENRIQUE — *(Que traz uns livros de contabilidade.)* Já acabou a aula?

RODRIGO — O senhor já voltou?

HENRIQUE — Eu não saí.

RODRIGO — O senhor não foi na rua ver se encontrava a Kitti?

HENRIQUE — Não. Você pensou que tivesse ido?

RODRIGO — Mamãe disse.

HENRIQUE — Que eu tinha ido?

RODRIGO — É.

HENRIQUE — *(Depois de um momento e um sinal de cansaço.)* Vou trabalhar um pouco na mesa. Você já terminou?

RODRIGO — *(Muito aflito, não podendo deixar de perceber que alguma coisa vai mal.)* Mas alguém precisa ir, meu pai! Ela pode ser atropelada, pode morrer! Já é quase noite!

(Conceição em cena sem ser vista.)

CONCEIÇÃO — *(Interrompendo.)* Deixa seu pai, menino, que ele tem de fazer um trabalho que sua avó pediu.

RODRIGO — Mas a Kitti...

CONCEIÇÃO — *(Pensa por um instante em dizer a verdade, mas acha que não vale a pena; prefere ficar irritada.)* Que preocupação com essa cachorra!

RODRIGO — Por que ela aqui não está, mãe, tem de estar na rua, a não ser que...

CONCEIÇÃO — Que o quê?

RODRIGO — Que ela tenha sido atropelada. *(Fica muito nervoso.)*

CONCEIÇÃO — *(Arrumando as coisas.)* Deixe de besteira, menino. Se tivesse tido um atropelamento aqui na rua, nós teríamos sabido! Vá brincar com seu primo e deixe seu pai trabalhar!

RODRIGO — *(Fora de si.)* Não vou! Eu vou sair na rua eu mesmo, para procurar a Kitti.

(Henrique afasta-se para não se meter.)

CONCEIÇÃO — *(Enérgica.)* Onde é que já se viu um menino sozinho na rua a esta hora? E não grite com sua mãe!

(Rodrigo começa a chorar.)

CONCEIÇÃO — Pare com isso, menino! *(Também ela está nervosa.)* Por causa de uma cachorra! Vou te dar um calmante, isso sim!

RODRIGO — *(Chorando.)* Não tomo, não tomo...

HENRIQUE — *(Não agüenta.)* Conceição, deixa o menino.

CONCEIÇÃO — Não te mete, Henrique, deixa isso que eu resolvo. Pára de chorar, Rodrigo! Pára de chorar antes que eu te bata! Detesto choro! Vou mandar agora mesmo a Iracema procurar, pronto. Está resolvido. Vai buscar a Iracema, vai!

(Rodrigo controla o choro e vai.)

CONCEIÇÃO — *(Para Henrique.)* O que eu faço com esse menino? Ele vai ter um ataque quando souber que a cachorra morreu! Maldita hora em que eu deixei essa pequeneza entrar aqui! Eu não queria!

HENRIQUE — Melhor dizer logo a verdade.

CONCEIÇÃO — E o escândalo? Mamãe tinha prometido a ele não botar mais naftalinas nos armários. Eu também prometi...

HENRIQUE — E não deviam ter posto mesmo, com cachorro em casa.

CONCEIÇÃO — Ora, Henrique, e quem é que vai impedir as traças dentro dos armários?

HENRIQUE — Não entendo disso.

CONCEIÇÃO — Então não se meta.

(*Uma algazarra que vem de dentro irrompe pela varanda. Orlando corre atrás de seu filho Ricardo, para dar-lhe uma surra, de cinto na mão.*)

ORLANDO — Venha cá, menino! Venha cá!

(*Ricardo ri, foge, zomba, aponta, debocha.*)

ORLANDO — Vem cá, menino, que desta vez você não escapa!

CONCEIÇÃO — Por amor de Deus, o que que houve?

ORLANDO — (*Para Ricardo.*) Estende a mão para levar uns bolos.

RICARDO — (*Escapando.*) Foi brincadeira, pai, foi engraçado.

ORLANDO — (*Apoplético.*) Vem cá, menino, senão vai apanhar de cinto!

CONCEIÇÃO — Calma Orlando, olha os gritos! Mal seu filho chegou você já está brigando com ele?

RICARDO — (*Escondendo-se atrás da tia.*) Duvideodó.

CONCEIÇÃO — O que que ele fez? (*Defendendo o menino.*)

ORLANDO — (*Vermelho.*) O que que ele fez? Botou gelo, de novo, por dentro da minha camisa, foi isso que ele fez! Está com mania de fazer isso, brincadeira idiota! (*Tenta alcançar, mas Ricardo escapa, zombando.*)

RICARDO — É engraçado, tia. Se a senhora visse a cara que ele faz quando sente o gelo...

ORLANDO — (*Nervoso.*) Me molha a calça toda, molhou o veludo da cadeira, mamãe reclama...

CONCEIÇÃO — Mas não é motivo!

ORLANDO — A última vez que esse menino fez essa brincadeira minha dor de cabeça só passou no dia seguinte! E eu falei com ele para não fazer mais! *(Empunha o cinto, severíssimo.)* Vem cá, menino!

CONCEIÇÃO — De cinto não, Orlando, pode machucar o menino...

RICARDO — *(Aos pulos endiabrados.)* Bobão, palhaço...

(... E de repente a situação perde completamente a graça que poderia ter. É que Orlando acerta um golpe de cinto, em cheio, no rosto de Ricardo, talvez sem querer. Por um momento o menino uiva de dor.)

CONCEIÇÃO — *(Abraçando Ricardo.)* Olha aí o que você fez! Brutalidade!

ORLANDO — *(Disposto a bater mais, meio bêbado que está.)* Pede desculpa a teu pai!

CONCEIÇÃO — *(Acariciando a cabeça dele contra o seu corpo.)* Pede desculpa a ele, Ricardo.

RICARDO — Desculpa!

CONCEIÇÃO — Pronto, acabou. Agora veste esse cinto, Orlando. Ridículo isso.

(Orlando veste o cinto, pondo fim àquele conflito. Durante a cena, Rodrigo olhou tudo, atemorizado e tentando não se aproximar. Vinda da cozinha, entrou Iracema.)

CONCEIÇÃO — *(Para Ricardo)* Pronto, meu filho, vai brincar com seu primo. Rodrigo, vai brincar com ele. *(Lembrando.)* Iracema, sai aí pelo quarteirão perguntando se alguém viu a Kitti.

IRACEMA — *(Sem saber o que dizer.)* Sim, senhora. *(Sai.)*

RODRIGO — Posso ir com ela, mãe?

CONCEIÇÃO — Já disse que não! Mandei procurar com a condição de não se falar mais desse assunto! E o senhor vai brincar com seu primo no quarto dos fundos, sem fazer barulho! Porque chega de barulho! E logo hoje! Vai mostrar para seu primo a cocheira nova.

RICARDO — Vamos, Drigo...

CONCEIÇÃO — *(Para Ricardo.)* Esta semana ele ganhou uma cocheira nova cheia de cavalinhos. *(Para Rodrigo.)* Quando Iracema voltar te chamo.

RODRIGO — Quero não. Prefiro ficar aqui. Com meu pai.

(Henrique olha.)

RODRIGO — Não atrapalho.

RICARDO — Deixa de ser chato, primo. Vamos brincar de pista. Quedê a pista?

CONCEIÇÃO — Está no galpão.

RODRIGO — Posso ficar vendo o senhor trabalhar, pai?

CONCEIÇÃO — Não pode, não, porque chega de criança.

(Rodrigo olha Henrique, num último recurso.)

HENRIQUE — *(Preocupando-se com os papéis sobre a mesa.)* Vai brincar, meu filho.

*(Depois de um instante, Rodrigo vai.
Ficam Conceição, Henrique e Orlando. Henrique absorvendo-se na mesa, na lista.)*

CONCEIÇÃO — *(Que sempre arranja uma ocupação, dessa vez fechando a janela.)* Fica numa agarração conosco, esse menino.

ORLANDO — *(Enchendo o copo de vinho que beberá em seguida.)* O Ricardo me preocupa muito. Um problema!

CONCEIÇÃO — Exagero, Orlando. Você é muito bruto com ele. Filho de pais separados, tem problemas, claro. *(Fechando.)* Precisa fechar tudo. A esta hora é uma mosquitada...

ORLANDO — *(Pensando.)* Está demais.

HENRIQUE — *(Sem tirar os olhos dos papéis.)* Ricardinho está muito malcriado, sim.

ORLANDO — *(Confessando.)* Andaram havendo uns aborrecimentos.

CONCEIÇÃO — Com Ricardinho? Que foi?

(A conversa se fecha entre Orlando e a irmã. É como se Henrique não estivesse ali.)

ORLANDO — Maria Augusta, que não me telefona nunca, até pediu um encontro.

CONCEIÇÃO — E você foi?

ORLANDO — Fui.

CONCEIÇÃO — *(Com antipatia.)* Como ela está?

ORLANDO — Bonita.

CONCEIÇÃO — Bonita sempre foi. Tímida, mas bonita. O que que tinha havido com Ricardinho? Estudos?

ORLANDO — *(Hesitando se deve contar.)* Aborrecimentos com um colega do colégio.

CONCEIÇÃO — Briga?

ORLANDO — Antes fosse. A diretora do colégio telefonou se queixando... *(Dizendo de uma vez.)* Ricardo foi pego no banheiro do colégio com um menino mais moço que ele. E parece que ele estava abusando do outro.

CONCEIÇÃO — *(Indignada.)* Se eu fosse pai não admitia uma

calúnia dessas contra meu filho! E depois que colégio é esse que não toma conta? Precisa ver que colégio é esse, Orlando!

ORLANDO — Eu fui lá e conversei com o diretor. E os pais do tal menino... também falaram com Maria Augusta. Parece que é verdade, a iniciativa foi do Ricardo, mesmo. Desagradabilíssimo.

CONCEIÇÃO — Isso pode ser até pretexto de Maria Augusta para ter encontros com você.

ORLANDO — Como se não bastasse mamãe, agora deu você de perseguir a pobre da Maria Augusta! Acontece muito na idade dele, Conceição. E Ricardo tem tudo para ser uma criança-problema.

CONCEIÇÃO — Nem tanto. Ele tem um pai bom. E tem nós, a família.

ORLANDO — Eu resolvi te contar... porque ele brinca muito com Rodriguinho, achei que você tinha de saber. Bem, é melhor ficar atento.

CONCEIÇÃO — *(Explodindo.)* Chega, Orlando, chega! Você parece louco. Que os outros insinuem coisas sobre seu filho, ainda vá lá, mas você próprio! Seu filho pode brincar com o meu tanto quanto quiser. Ao contrário, só pode ser bom para ambos! Afinal, são primos.

ORLANDO — *(Perdendo também a paciência, a ponto de tirar a atenção de Henrique das contas.)* Louca é você, Conceição! Você e mamãe são iguais: só a família presta, o resto é vagabundo! *(Bebe.)*

CONCEIÇÃO — Vou falar com mamãe e proibir você de beber uma gota de álcool aqui dentro de casa! Você está quase bêbado! Por isso é que bateu no menino de cinto. Se não tivesse bebido...

ORLANDO — Vá à merda, Conceição.

CONCEIÇÃO — *(Cheirando os dedos.)* Eu sou amiga de Maria Augusta desde os tempos do Sacre Coeur. Mas vamos e venhamos — uma mulher que expulsa o marido de casa...

ORLANDO — Mas fui eu que saí, Conceição, porque quis...

CONCEIÇÃO — *(Não ouve.)* ...seu marido de casa, sabendo que tem um filho que vai ficar sem pai, e numa casa que afinal foi comprada com seu dinheiro...

ORLANDO — Eu tinha uma amante.

CONCEIÇÃO — Não é motivo! Papai sempre teve amantes e mamãe sempre fingiu que não sabia!

ORLANDO — *(Depois de um momento começa a rir.)* É absurdo demais. *(Henrique tira os olhos do papel e olha para ele. Sério.)*

CONCEIÇÃO — Onde é que você arranjou essa outra garrafa de vinho?

ORLANDO — Fui no botequim e comprei.

(Nesse momento ouve-se a voz de Mocinha, de lá de dentro.)

VOZ DE MOCINHA — Conceição!

(Por um momento a iluminação deixa ver Mocinha dentro da casa, jogando buraco com Pinheiro.)

MOCINHA — Conceição!

(A luz volta ao normal na varanda.)

ORLANDO — Vai lá, irmã. Dessa partida você não escapa. Eu estou de descanso: minha dor de cabeça...

VOZ DE MOCINHA — Conceição...

(Conceição sai de cena.)

75

(*Por um momento, o silêncio. Henrique faz a lista. Orlando senta do outro lado e põe a cabeça entre as mãos.*)

HENRIQUE — (*Depois de rápido olhar.*) Te dói ainda essa cabeça?

ORLANDO — Quase o tempo todo.

HENRIQUE — Que diz o médico?

ORLANDO — Não fui ao médico.

HENRIQUE — Por quê?

ORLANDO — Prefiro agüentar a dor de cabeça que o médico.

(*Riem uma risada.*)

ORLANDO — Papai morreu de câncer na boca. Vai ver que o meu é na cabeça.

HENRIQUE — (*Com espanto.*) Essas coisas não se diz, Orlando. (*Bate na madeira.*)

ORLANDO — Estou brincando.

(*Silêncio. Cantam as cigarras. Já é quase noite.*)

ORLANDO — Não está escuro para escrever?

HENRIQUE — É. (*Continua a escrever.*)

ORLANDO — (*Fica olhando a chegada da noite. Acende um charuto enquanto fala, quase como se estivesse só.*) Quando eu era criança achava que ia ter uma vida formidável. Mamãe não chateava muito e o colégio interno era divertido. Depois continuei achando que ia ter uma vida formidável... Rapaz de boa família, dinheiro no bolso, bonitão, pau grande...

(*Henrique ri.*)

ORLANDO — (*Rindo também.*) O velho José, sabe que era bom sujeito? O melhor dessa família. Pau grande também. Tenho irmão por aí que eu nem conheço...

HENRIQUE — Então não sei?

ORLANDO — Depois estudei boxe. *(Bebe.)* E dancei tango. Uma coisa que eu fiz bem nesta vida — agora estou fora de forma — foi dançar o tango. Com as putas! Mas também não fui feliz com as putas. E a roleta naturalmente! Não perdôo aquele imbecil que fechou o jogo! *(Bebe.)* Perdi e ganhei muito dinheiro! Um dia levei uma bofetada de papai, no meio da cara, por causa do jogo! *(Pausa.)* Depois casei com Maria Augusta.

(Silêncio. Quase noite. Acende-se um poste do jardim, mediante um comando que deve ter vindo de dentro da casa.)

HENRIQUE — *(Fazendo a lista.)* Foi um erro seu, abandonar o lar.

ORLANDO — Boa pessoa, Maria Augusta. E sabe, Henrique, que é boa de cama? Não parece. Mas é.

HENRIQUE — *(Ruborizado.)* Controle-se, Orlando, você tem cada uma! *(Escreve.)*

ORLANDO — *(Bebe e começa a achar inteligentes as coisas que diz.)* As mulheres têm duas vocações. Todas são putas e todas são mães.

HENRIQUE — Olha o palavrão... se dona Mocinha escuta...

ORLANDO — Tem puta de muitos homens e puta de um homem só. Essa é a grande diferença. *(Entrando pelo jardim.)* Quando nós éramos meninos nós tínhamos uma governanta que todo mundo comia. Onofre, eu e os colegas do liceu. Na despensa. Nós éramos pequenos — 12, 13 anos. Um dia entraram uns três debaixo da saia dela. A mulher ria... e na frente de mamãe era seriíssima.

HENRIQUE — *(Sorrindo.)* Molecagem... *(Escreve.)*

ORLANDO — *(Divertindo-se à grande.)* Ela me dizia: tão pequenininho, e com o pau tão grande... e eu gostava! Fiquei um bocado triste quando mamãe mandou ela embora.

HENRIQUE — Dona Mocinha ficava com ciúme era de seu José.

ORLANDO — O maior pau era o dele...

(Riem e calam. Silêncio. Henrique escreve.)

ORLANDO — (Indo acender.) Ô Henrique, já está completamente escuro, você ainda está vendo alguma coisa? Não sei como você agüenta trabalhar, eu não trabalho mais. Peço dinheiro a mamãe, afinal vai ser meu o dinheiro.

HENRIQUE — Fala baixo, Orlando. E dá licença, eu preciso terminar isto.

ORLANDO — (Insistindo.) Quando nasceu o Ricardo eu fiquei feliz. Logo depois conheci Ângela. (Senta-se no banco do jardim e seus olhos se perdem em pensamentos.)

(Henrique repara.)

HENRIQUE — Tem tido notícias?

ORLANDO — Está morando em Curitiba. Dizem que tem um homem.

HENRIQUE — Normal.

ORLANDO — Uma puta. Mas foi minha grande paixão. (Levantando.) Presta atenção aí pra ver se vem alguém, Henrique, que eu estou com vontade de mijar e se eu for ao banheiro lá dentro mamãe me pega para outra partida. (Vai mijar na árvore.) Puta honesta. Ângela é uma puta honesta. Comigo foi honesta.

HENRIQUE — Ela é uma boa pessoa.

ORLANDO — Dançava bem o tango... Era uma fêmea de verdade. Se eu tivesse coragem de casar com ela no Uruguai... aí talvez tivesse tido a tal vida formidável.

HENRIQUE — Você não podia fazer isso.

ORLANDO — Por causa do dinheiro. Quando mamãe ameaçou tirar a herança, eu contemporizei. Foi meu erro. Maria Augusta até as nove horas, Ângela depois das nove horas... ela ficava me esperando no poste, na esquina da minha casa!... E Maria Augusta sabendo.

HENRIQUE — Horrível.

ORLANDO — Eu todo o tempo sabia que ela acabaria me dando um pontapé na bunda. Bonita demais... Pra ficar esperando no poste.

HENRIQUE — Mas depois que ela foi em definitivo para o Rio Grande, que necessidade você tinha de se separar de Maria Augusta? Aí sim, foi seu erro. Foi a bebida, foi descontrole.

(Silêncio. Henrique faz contas.)

HENRIQUE — Falta sempre dinheiro nesta conta! Não fecha o ativo com o passivo... Não sei onde estou errando...

ORLANDO — *(Sentado no banco do jardim. Olhos fixos. Canta com sentimento.)*

Adios pampa mia me voy a tierras extrañas
Adios, caminos que he recorrido
Rio, montes y canadas
Tapera donde he nascido

(Lenta e imperceptivelmente, embora com a firmeza de sempre, dona Mocinha entrou em cena enquanto Orlando cantava. Sua voz firme interrompe o silêncio.)

MOCINHA — Vai dormir no sofá, meu filho, que você bebeu vinho demais. Esse vinho dá muito sono. Na hora do Lacerda eu te acordo. *(Cheira os dedos.)*

(Henrique levanta-se e vai para dentro. Cansado, sem palavra.)

79

MOCINHA — Ou senão vai ver um pouco de televisão. Conceição e Pinheiro estão vendo.

ORLANDO — O quê?

MOCINHA — Desenho animado.

ORLANDO — Eu gosto.

MOCINHA — E não deixa ninguém vir cá não, que eu quero falar com Henrique um assunto.

(Orlando aquiesce e sai. Mocinha fecha as portas que dão para dentro. Ela tem uns papéis na mão. Henrique fica atemorizado.)

MOCINHA — *(Decidida.)* Fez a lista?

HENRIQUE — Sim, senhora. Está pronta.

MOCINHA — Marcou as escrituras perdidas?

HENRIQUE — É só um instante. *(Marca às pressas.)*

(Mocinha confere. Olha os papéis que trouxe.)

MOCINHA — É. É isso mesmo.

HENRIQUE — *(Pálido, compreendendo.)* Que papéis são...

MOCINHA — *(Interrompe, violenta.)* As escrituras, Henrique: que mais poderia ser?

HENRIQUE — Mas como é que a senhora...

MOCINHA — Não é da sua conta, e pare de me tratar como se eu fosse uma idiota!

HENRIQUE — Dona Mocinha!

MOCINHA — *(Para humilhar.)* Eu sempre disse a José que achava muito perigoso receber um rapaz sem tostão na família. Mas em você achei que era possível confiar. Me enganei!

HENRIQUE — Dona Mocinha, eu não...

MOCINHA — Como não, Henrique? Você vende meus apartamentos sem me consultar, mete o pau no meu dinheiro e ainda me vem com "não"? Tem graça! Sabia que se José fosse vivo era capaz de te botar na cadeia? Sua sorte é que eu não gosto de escândalo!

HENRIQUE — *(Em pânico; aquilo, para ele, é pior que a morte.)* Dona Mocinha, eu explico, pelo amor de Deus!

(A cortina fecha cortando a cena. Fim do segundo ato.)

III ATO

(O terceiro ato começa no momento em que o segundo se acabou.)

HENRIQUE — Dona Mocinha, por amor de Deus!

MOCINHA — *(Fria e determinada.)* Não venha com drama, Henrique.

(Toca uma campainha que estava em cima de um móvel.)

HENRIQUE — Confesso que vendi os apartamentos, mas o dinheiro está bem guardado!

MOCINHA — Onde? Em que banco?

HENRIQUE — Não propriamente no banco, mas...

MOCINHA — Chega de mentiras, meu filho. Você está até gaguejando. Coisa feia, um homem gaguejando. *(Cheira os dedos.)*

HENRIQUE — Eu negociei. Com lucro! Comprei terrenos, para especulação...

MOCINHA — Terrenos onde? No Rio?

HENRIQUE — No Leblon, que é a zona de maior valorização...

MOCINHA — Leblon, Henrique! Quer dizer que você jogou meu dinheiro pela janela! Porque o Leblon é o fim do mundo! *(E num suspiro fundo.)* Em questões de dinheiro não se pode confiar em ninguém. Eu é que fui burra.

HENRIQUE — Dona Mocinha, eu não traí sua confiança! Eu preferiria... qualquer coisa a lhe faltar a confiança! Na qualidade de procurador...

(Henrique põe as mãos no rosto.)

MOCINHA — Quero deixar bem claro um ponto. Eu considero normais essas coisas. Inclusive já estou a par de tudo desde ontem. A pedido meu, Pinheiro descobriu tudo.

HENRIQUE — (Trêmulo.) A senhora expôs meu nome, dona Mocinha, diante de pessoas que nem da família são...

MOCINHA — (Não se deixando interromper.) ...e não falei antes para não estragar o dia de hoje, que afinal é um dia triste. Não quero que se faça uma tempestade num copo d'água. (Para Henrique.) Não nasci ontem, sei que é humano você usar o meu dinheiro em benefício próprio. Desde que seja em pequenas quantidades! E de qualquer modo os meus bens estão melhor administrados na sua mão que nas mãos de um estranho — porque em Onofre eu não confio, e Cristina é mulher. Pelo menos vocês moram comigo, estão perto, têm obrigações. Quando José morreu... E vocês resolveram vender a casa da Prudente de Morais para vir morar comigo, eu achei um gesto bonito. Não tinha cabimento eu morar sozinha neste casarão. Porque você não tinha nada, Henrique, não era ninguém quando quis entrar para nossa família — nunca se esqueça disso. Foi José quem decidiu. Gostou de você! E isso para mim sempre bastou!

HENRIQUE — (Segurando o ódio.) A senhora julgue como quiser, dona Mocinha.

MOCINHA — (Olha-o.) Não gostei do seu tom de voz!

HENRIQUE — Se a senhora está insinuando que nós moramos aqui por interesse financeiro, então julgue como quiser! Mas saiba que um homem, que tem uma mulher e um filho, por mais humilde que seja, quer ter também a sua própria casa!

MOCINHA — *(Ofendida.)* E por acaso já lhe faltou alguma coisa aqui dentro? E por acaso eu não lhe trato como um filho? O senhor não me levante a voz, que comigo não se levanta a voz, nem brincando!

CONCEIÇÃO — Mamãe tem razão, Henrique! E ela não pode ficar nervosa!

(Conceição entra, assustada. Ela percebeu o que está acontecendo.)

CONCEIÇÃO — Foi a senhora que tocou a campainha, mãe? Eu mandei Iracema sair por um instante.

MOCINHA — É, mas deixa. E agora sai um instantinho que eu estou conversando com seu marido.

CONCEIÇÃO — *(Aflita.)* Mas... o que que a senhora queria?

MOCINHA — Eu queria que esquentasse a tapioca.

CONCEIÇÀO — Eu esquento.

MOCINHA — E passa um pouco de manteiga em cima. Mas você não estava jogando buraco?

CONCEIÇÃO — Estava.

MOCINHA — Então deixa, não vai interromper o buraco.

(Conceição sai, porque não tem outro jeito.)

MOCINHA — *(Para Henrique.)* A primeira providência é acabar com a procuração. Não quero você assinando mais nada. Quer dizer, para receber, pode. Vender não.

HENRIQUE — *(Chocadíssimo.)* Dona Mocinha, a senhora... me ofende. Eu tenho direito a uma explicação.

MOCINHA — Então explique-se!

HENRIQUE — Eu lhe asseguro, sob minha palavra de honra, que os terrenos comprados no Leblon serão devidamente revendidos, e que o negócio terá um lucro espetacular! E eu... me considero pessoalmente responsável por qualquer prejuízo que porventura pudesse haver, mas que não haverá.

(Conceição aparece; estava ouvindo atrás da porta.)

CONCEIÇÃO — *(Humilhada.)* A responsabilidade é nossa. Qualquer coisa que haja, eu vendo minha casa de Laranjeiras e lhe reembolso.

HENRIQUE — Conceição!

MOCINHA — Você estava ouvindo atrás da porta, Conceição? Não admito isso! Então não posso mais ter nem uma conversa particular dentro da minha casa?

HENRIQUE — *(Desesperado.)* Foi tudo um mal-entendido...

CONCEIÇÃO — Mal-entendido, Henrique? *(E colocando-se ao lado da mãe.)* Onofre telefona todo o dia te chamando de ladrão para baixo, Cristina fica de indiretinhas, todo mundo sabe que você vendeu os apartamentos de mamãe sem a permissão dela, e botou o dinheiro em seu nome, e você diz que foi um mal-entendido! Vergonha, Henrique, vergonha!

HENRIQUE — *(Estrangulado, suando.)* Todo homem tem seu limite, dona Mocinha. *(E sai, em direção ao jardim.)* E a senhora é uma pessoa muito egoísta. *(Vai embora)*

MOCINHA — *(Sem se abalar.)* Onde é que vai?

(Henrique pára.)

MOCINHA — *(Um tempo, pensa, cheira os dedos.)* Amanhã não, que eu tenho manicure. Mas na sexta-feira pela manhã eu vou com o senhor a um cartório, desfazer pessoalmente a procuração que lhe passei para cuidar dos negócios. *(Para Conceição.)* Conceição. *(Para Henrique.)* Retire-se, retire-se imediatamente de minha casa!

(E indo para dentro, seguida de Conceição, que não sabe o que fazer.)

MOCINHA — Ingrato, minha filha, além de desonesto! Ingratidão não agüento! E ainda por cima hoje, aniversário de morte de José... Mas não pense, minha filha, que só porque seu pai morreu eu não sei me defender!

(Sai. Conceição volta por um instante.)

CONCEIÇÃO — *(Desesperada.)* Henrique, o que que você fez?

(Henrique, tremendo da cabeça aos pés, vai falar, não consegue dizer nada — sai pelo jardim.)

CONCEIÇÃO — *(Um passo na direção dele.)* Você... precisa pedir perdão a mamãe!

HENRIQUE — *(Parando.)* Não posso ficar aqui nem mais um segundo!

CONCEIÇÃO — Mas para onde você vai a esta hora? Você não tem pra onde ir!

HENRIQUE — *(Tomando-se de força.)* Se você quiser, que venha comigo.

*(Sai correndo em direção à rua. Por um momento Conceição hesita. Mas logo decide e corre para dentro de casa.
Vindos do fundo da casa entram, correndo, Ricardo e Rodrigo.)*

RICARDO — O pique é aqui! Mas se você estiver no pique, eu contar até dez e você não sair, eu posso te dar um peteleco!

RODRIGO — Não! Eu não quero mais brincar, não.

RICARDO — Então vamos jogar bola?

RODRIGO — Quero não, já disse que não quero brincar!

(*E encara Ricardo com raiva — depois vira as costas e vai pegar na cômoda o seu tabuleiro de xadrez.*)

RICARDO — Tá bem, tá bem... Não precisa ficar zangado. Melhor lugar desta casa é aquele galpão dos fundos.

RODRIGO — Mamãe não gosta que ninguém brinque lá. É só para guardar coisas.

(*O tabuleiro estava arrumado dentro da cômoda. Rodrigo retirou-o com cuidado, para não desarrumar, botou em cima da mesa e agora move uma peça.*)

RICARDO — Ué! Tá jogando sozinho?

RODRIGO — Estou estudando uma partida.

RICARDO — Sozinho?

RODRIGO — Xadrez a gente estuda. Eu tenho um livro.

RICARDO — (*Pegando um peão.*) Me ensina: isso é o quê?

RODRIGO — É um peão.

RICARDO — Para mim parece sabe o quê? Birro de criança! Birro! Pra mim xadrez é jogo de veado.

RODRIGO — (*Faz menção de guardar o tabuleiro.*) Não quer aprender, não precisa.

RICARDO — (*Cada vez mais agressivo.*) E tem uma porção, hein? (*Pega vários peões — mostra um.*) Você não enfia isso no cu, não? Acho que você enfia isso no cu!

(*Fica apontando para Rodrigo e zombando.*)

87

RODRIGO — *(Revoltado.)* Você desarrumou a partida toda!

RICARDO — E daí? Vamos jogar bola?

RODRIGO — Não quero! Vou lá para dentro!

RICARDO — *(Agarra-o pelo braço.)* Se não jogar, leva porrada!

RODRIGO — *(Assustado.)* Vou chamar mamãe!

RICARDO — Quem chama mãe é veado.

RODRIGO — Você tem mania disso, de chamar os outros de veado!

(Tenta defender o tabuleiro, que Ricardo quer pegar.)

RICARDO — Só chamo quem tem boa bunda, assim como você! Boa bunda, boa bunda...

(Corre atrás de Rodrigo, tentando passar a mão na bunda dele. O tabuleiro cai, as peças se espalham. É uma coisa humilhante aquilo, Rodrigo é bem menor que ele.)

RICARDO — *(Feroz.)* Vou passar a mão na sua bunda, sim. Quer ver?

(Começa a correr atrás de Rodrigo, que foge, com desespero e esforço. Nesta ação, a luz se apaga em primeiro plano e deixa ver o interior da sala, onde dona Mocinha voltou a jogar cartas.
A perseguição continua, silenciosa e aflita, no primeiro plano obscuro. Na sala, dona Mocinha está dando cartas para Pinheiro, a televisão ligada. Conceição está atrás, tensa, pingando umas gotas de calmante para a mãe tomar.)

PINHEIRO — Se me chamam, estou sempre pronto. *(Ri.)* E dona Mocinha é incansável! É capaz de jogar cinco, seis partidas...

MOCINHA — Assim esqueço!

CONCEIÇÃO — *(Pingando.)* Mas o senhor de vez em quando cansa. Já lhe vi bocejar.

(Entrega o copo à mãe.)

PINHEIRO — Bocejo mas não canso.

MOCINHA — Trinta gotas? *(Bebe.)*

PINHEIRO — Para vencer dona Mocinha é preciso esperteza... e paciência. A esperteza não tenho, mas venço na paciência...

MOCINHA — *(Para Conceição.)* Não fica nervosa, não, minha filha. Toma você também o Passiflorine. Ele volta...

PINHEIRO — *(Examinando as cartas.)* Ele quem?

MOCINHA — Ninguém, Pinheiro, ninguém.

(A luz volta para a varanda... E Ricardo consegue agarrar Rodrigo, exausto de fugir. Torce-lhe o braço e passa-lhe ostensivamente a mão na bunda.)

RICARDO — *(Larga-o.)* Pronto, passei.

(Cheira a mão fingindo mau cheiro e ri debochado.)

RODRIGO — *(Humilhado.)* Vou dizer a vovó pra não deixar mais você vir aqui.

RICARDO — Se disser, leva porrada. E vovó me adora. *(E tentando aproximação.)* Fiquei zangado porque você não quis jogar comigo. Não posso jogar bola sozinho... E aqui tem quintal... Por que que você não quer jogar bola comigo? É porque não gosta de mim?

RODRIGO — Minha calça é branca. Vai sujar. Outro dia eu jogo.

RICARDO — *(Que não agüenta ficar longe da agressividade.)* Calça branca é coisa de veado. Tudo quanto é veado que eu conheço usa calça branca.

(Rodrigo tenta sair.)

RICARDO — Vamos catar as peças. Te ajudo a catar as peças.

(Os dois se olham... E a luz vai à penumbra: deixando ver agora o interior da sala e do quarto de Conceição. Na sala, Mocinha joga com Pinheiro. No quarto, Conceição, muito nervosa, espera e mal se contém. Na penumbra do primeiro plano os meninos catam as peças do xadrez.)

MOCINHA — José não gostava de jogo. Preferia ler o jornal. E não me deixava fazer nada enquanto lia! Eu tinha de ficar ali, ao lado. No máximo costurar, mas não gostei nunca de costurar. *(Compra uma carta.)* E toda tarde trazia um presentinho. Qualquer coisa para mim, qualquer coisa para Rodriguinho. Pra o menino as balas de coco, para mim as amêndoas recobertas...

(No quarto, uma discreta batida na porta. Conceição abre: é Manoel.)

MANOEL — A senhora chamou?

CONCEIÇÃO — Manoel, sai por aí... Dá uma volta no quarteirão e vê se acha Henrique. *(Nervosa.)* Ele saiu sem carro. Deve ter ido dar uma volta.

MANOEL — E se eu achar digo o quê?

CONCEIÇÃO — Diga para voltar.

(A sala e o quarto se apagam. A luz volta à varanda, os meninos catando as pedras. Rodrigo rearruma o tabuleiro.)

RICARDO — *(Sacana.)* Você viu eles, sim, não mente... Eu vi titia contando a papai que você tinha visto eles...

RODRIGO — É.

RICARDO — Então conta! Estavam fazendo sacanagem?

RODRIGO — Estavam namorando no galpão.

RICARDO — Como? Fazendo o quê?

RODRIGO — Sacanagem.

RICARDO — E você ficou olhando? E ele tirou a roupa dela? Você viu os peitos dela?

RODRIGO — Não vi. Estava escuro.

RICARDO — E você bateu uma punheta?

RODRIGO — Eu não bato punheta, não!

RICARDO — *(Zomba.)* Eu já vi até titia contar que te pegou no banheiro, batendo punheta... Eu sei que o teu pauzinho é desse tamanhinho, mas já sai esporra dele, não sai? Uma gotinha, mas sai, não sai?

RODRIGO — Como é que você sabe?

RICARDO — Vamos no banheiro para você me mostrar seu pirulito. Vamos no galpão dos fundos.

RODRIGO — De jeito nenhum!

RICARDO — Que que tem? Vou te ensinar umas coisas, que que tem? Eu sou mais velho. Vou te ensinar.

RODRIGO — Não quero, não. Eu vou jogar xadrez sozinho.

RICARDO — Tá vendo? É veado! Que quem não quer aprender sacanagem é veado!

RODRIGO — Não sou veado!

RICARDO — Precisa chorar não... você é tão bobo que aposto que nem sabe o que que é veado...

(Por trás deles, no escuro do jardim, Manoel ri. Aparece. Ele botou um paletó para sair, depois que falou com Conceição.)

MANOEL — Puxa, mas que conversa, hein? *(Ri.)* Se dona Conceição ouve...

RODRIGO — *(Assusta-se.)* Seu Manoel...

MANOEL — ...mas eu não vou contar para ela, não. Já fui menino. Na idade de vocês, eu era doido por uma sacanagem. Ainda sou. *(Ri.)*

(Entra Iracema.)

RODRIGO — Iracema!

MANOEL — Você estava na rua?

IRACEMA — Dona Conceição que me mandou sair para procurar a cachorra. Veja que maluquice. Eu fui...

RODRIGO — *(Esquecendo todo o resto.)* E não achou? Ninguém viu ela?

(Iracema não responde. Troca um olhar com Manoel. Sem saber o que dizer.)

RICARDO — *(Ávido.)* Verdade que vocês dois vão casar?

(Rodrigo fica perdido por um momento.)

MANOEL — Vamos. Quem lhe disse?

RICARDO — Rodrigo. Disse que viu vocês dois fazendo sacanagem.

RODRIGO — Eu não vi nada.

MANOEL — *(Fingindo zangar-se.)* Menino, você pára de contar essas coisas para todo mundo. Ficou nos olhando escondido.

RODRIGO — Vocês deixaram eu espiar! Até abriram mais a janela! *(Quer falar da Kitti.)* Iracema...

MANOEL — Vou ter de sair. Quando você vinha não encontrou seu Henrique?

IRACEMA — Vi. Ele estava lá no botequim da esquina.

MANOEL — Bebendo?

IRACEMA — Não. Numa mesa do fundo, escrevendo uma coisa. Eu estranhei...

RICARDO — *(Para ela.)* Ele disse que viu seus peitos.

IRACEMA — Cala a boca, menino safado.

MANOEL — *(Referindo-se a Henrique.)* De qualquer modo vou até lá.

RODRIGO — *(Referindo-se à cachorra.)* Você foi até onde, Iracema? Procurou no quarteirão todo?

IRACEMA — *(Incomodada com a confusão.)* Fui, seu Rodrigo. Esta sua cachorra não vai aparecer mais não, melhor o senhor esquecer ela. *(Ela sente pena de Rodrigo.)*

RODRIGO — Vai aparecer sim, Iracema!

(Ricardo está perguntando alguma coisa no ouvido de Manoel.)

MANOEL — Iracema, este sem-vergonha está perguntando se também pode ver seu peito, e que paga se você mostrar.

IRACEMA — *(Zangada, cortando.)* Olha a confiança, que eu não sou dessas. Vou lá dentro e conto tudo a sua avó. Sou empregada mas não sou vagabunda!

(Ricardo tenta passar a mão nela e leva um tapa na mão.)

MANOEL — *(Caindo no riso e segurando ele.)* Pare seu Ricardo, que a madame se zangou. E quando ela se zanga, podemos até levar uma surra.

RICARDO — Posso ir na rua com você?

MANOEL — Por mim pode, mas não é melhor pedir licença?

RICARDO — Minha mãe deixa eu ir até a esquina sozinho.

MANOEL — Então vamos.

(*Saem rindo, falando baixo alguma coisa maliciosa.*
Ficam Iracema e Rodrigo. Um grande silêncio entre eles.
Rodrigo está perdido, arrasado. Olha Iracema, e não sabe o que dizer.)

IRACEMA — (*Tem pena.*) Não precisa ficar assim, seu Rodriguinho. Eu também gostava muito da cachorra. Ela dormia comigo.

RODRIGO — (*Embargado.*) Vovó mandou ela embora — não foi isso? Vovó não gostava porque ela fazia xixi na casa, e mandou ela embora. E não querem dizer pra mim. Não é isso?

IRACEMA — (*Sem poder resistir.*) Não é, não. Eu vou lhe dizer a verdade, seu Rodriguinho... Mas o senhor tem de jurar por Deus e pela saúde de sua mãe que não diz que fui eu que lhe disse!

RODRIGO — Eu juro!

IRACEMA — A cachorrinha morreu.

(*Rodrigo sente tal choque que é lançado para trás, fisicamente.*)

RODRIGO — Como?

IRACEMA — Ah, isso eu não vou lhe contar, não, senhor! Que diferença faz?

RODRIGO — (*Agarrando-se a ela.*) Eu preciso saber!

IRACEMA — (*Em voz baixa, olhando para os lados.*) Ela comeu as naftalinas que sua avó botou no armário do quarto de vestir. Enquanto vocês todos iam ao cemitério. E morreu logo. Mas o senhor nunca diga a sua mãe ou a sua avó que fui eu quem lhe disse.

(*Rodrigo fica calado. Sério.*)

RODRIGO — É mentira. Está todo mundo mentindo para mim. Vovó mandou ela embora.

IRACEMA — Eu lhe contei a verdade.

(Sai e deixa Rodrigo sozinho. O menino fica ali, parado. A luz passa para Mocinha. Na mesa de jogo, com Pinheiro. Numa poltrona, Conceição ouve inexpressivamente.)

MOCINHA — *(Falando para ninguém.)* Nos meus tempos é que se sabia amar! Hoje são ninharias! Antes de ficar noiva de José, eu só conhecia ele de janela, e olhe lá! José ficava no muro que tinha em frente da casa do Flamengo, onde nós morávamos. Encostado no muro, olhando, eu sabendo que ele gostava de mim. Depois ele me contou que um dia tinha me visto de dia — mas eu nunca tinha visto ele de dia. Ele tinha mandado recado, bilhete dizendo que queria me conhecer, isso tinha. Mas papai é claro que não queria que eu casasse: meu pai me adorava! Ah, papai! Aquilo sim, é que era homem — pena, Conceição, pena que você tenha conhecido tão pouco o seu avô? Que figura! Que dignidade! Montava a cavalo melhor que qualquer peão! E era tão querido dos escravos, Pinheiro, que quando veio a abolição todos ficaram! Não teve um que fosse embora; adoravam meu pai!

(A cena volta para o jardim, onde Rodrigo, só, postou suas pequenas mãos em ardente oração.)

RODRIGO — Senhor, meu Deus. Eu nunca peço nada — a não ser saúde para todos. Nunca fiz nenhuma promessa. E os meus pecados... é que às vezes não acredito. Em Deus. No Senhor. Eu sei que isso é pecado mortal — mas, sem querer, às vezes não acredito. Senhor, meu Deus, se a Kitti não tiver morrido, mesmo que vovó nunca mais deixe ela voltar, eu vou dizer dez ave-marias todos os dias na hora de acordar e na hora de dormir, e nos próximos seis meses não abro pra ler nem um livro de estórias, nem gibi, nem nada, só os livros de estudo. Ave-Maria, cheia de graça, o Senhor é convosco, bendita sois vós entre as mulheres... (E continua a rezar baixinho).

(Do escuro do jardim, surge, lenta, a figura de Henrique, silenciosa.)

HENRIQUE — Psiu.

(Rodrigo leva um grande susto, estava absorto. Henrique parece outra pessoa. Transtornado, abatido. Finge normalidade para o filho, na medida do possível.)

HENRIQUE — Sua mãe está lá dentro?

RODRIGO — Está na sala com vovó.

HENRIQUE — É que seu pai vai viajar.

RODRIGO — (Num sobressalto.) Quando?

HENRIQUE — Hoje.

RODRIGO — Demora, pai?

HENRIQUE — Uns dias.

RODRIGO — O senhor está chorando?

HENRIQUE — Resfriado. (Tira do bolso.) Queria que você entregasse isso a sua mãe. (É uma carta.)

RODRIGO — Por que o senhor não entrega, pai?

HENRIQUE — Prefiro que você entregue.

(Tempo.)

RODRIGO — E a Kitti, meu pai? Morreu? Morreu mesmo? Ou não?

HENRIQUE — Ainda não te contaram, meu filho?

RODRIGO — Me contaram que ela morreu! Mas não foi mamãe nem vovó que contaram! E enquanto eu não ouvir delas, não acredito. Ou do senhor, pai!

HENRIQUE — A mim também disseram que ela tinha morrido. Mas nesta casa se mente tanto... que também não sei. Você tem de perguntar a sua mãe.

(*Rodrigo faz menção de ir imediatamente. Henrique pega-o pelo braço.*)

HENRIQUE — (*Embargado.*) Eu gostaria que você fosse comigo, na viagem que vou fazer.

RODRIGO — Me larga, pai.

(*E corre para dentro da casa. Rodrigo atravessa o cenário e pára diante da mesa de jogo. Todos olham para ele.*)

MOCINHA — Que foi, menino?

RODRIGO — (*Para Conceição.*) Mãe, eu tenho um assunto sério para falar com a senhora.

CONCEIÇÃO — (*Sabendo o que vem.*) Assunto sério? Deixa de bobagem, menino. (*Vendo a carta.*) Que é isso em sua mão?

RODRIGO — (*Olha a mãe e depois a avó.*) Preciso falar com a senhora, em particular.

CONCEIÇÃO — Que é isso, Rodrigo? Isso são modos?

MOCINHA — Menino lá tem assunto particular?

CONCEIÇÃO — Deixa, mamãe. Vamos ver o que é isso. Entra para o quarto.

(*Rodrigo vai, na frente dela. Entram no quarto.*)

MOCINHA — Ah, se meu filho me falasse assim!...

PINHEIRO — (*Nas cartas.*) Os tempos mudaram, dona Mocinha. Em meus tempos de rapaz, quando eu era delegado em Barra do Piraí...

(Mocinha faz sinal para que ele se cale. Quer silêncio para ouvir a conversa de dentro do quarto. Sem interromper o jogo, claro. No quarto Rodrigo entrega a carta a Conceição.)

RODRIGO — Papai mandou entregar.

CONCEIÇÃO — Quedê ele?

RODRIGO — Está no jardim.

(Conceição abre a carta. Rodrigo fala de modo tão decidido que Conceição vai ter de responder.)

RODRIGO — Mãe! A Iracema não encontrou a Kitti. E eu quero saber o que aconteceu. Foi vovó que mandou ela embora, não foi?

(Conceição, lendo a carta.)

CONCEIÇÃO — Pára com esse nervosismo. *(Para ele.)* A Kitti morreu, sua avó não tem nada com isso. Não contei para você não ficar nervoso. Afinal, hoje é aniversário de morte de seu avô. *(E inventando.)* O portão ficou aberto — sabe como ela tinha mania de sair — passou um carro e pegou. Morreu na hora. Mandei enterrar hoje. Morreu, pronto, não se fala mais nisso. E agora deixa sua mãe ler. *(Lê.)*

(Rodrigo fica parado, olhando para ela.)

CONCEIÇÃO — Depois, quem sabe, não se fala com sua avó e não se compra outro cachorro. Eu falo com ela.

(Rodrigo fica parado, olhando para ela.)

CONCEIÇÃO — *(Olha para ele com carinho.)* Vai brincar, vai. Pede a Iracema pra te dar um pouco d'água com açúcar.

(Tenta alcançá-lo com um gesto de carinho. Porém Rodrigo sai do quarto num salto e pára diante da avó, na mesa de jogo. O menino está fora de si.)

RODRIGO — Minha avó: eu quero que a senhora me jure pela alma de meu avô que a senhora não mandou a Kitti embora, que ela morreu mesmo!

(Mocinha olha para ele.)

CONCEIÇÃO — (Vindo de trás.) Rodrigo, o que é isso?

(O clima fica muito nervoso.)

RODRIGO — Mamãe está dizendo que ela foi atropelada, e eu sei que é mentira! (Para Conceição.) Eu sei quando a senhora mente!

CONCEIÇÃO — E desde quando sua mãe mente? Vá para o seu quarto se não quiser apanhar!

RODRIGO — Se a senhora gosta de mim, minha avó, me responda pelo amor que meu avô me tinha, me responda!

(Conceição, resolvendo mudar de tática, carinhosa.)

CONCEIÇÃO — (Carinhosa.) Rodrigo, sua mãe não ia mentir para você. Ele está pensando que a senhora mandou a cachorra embora, mamãe, não sei quem meteu isso na cabeça dele. Mas deixa que eu resolvo. Eu também gostava da Kitti, filho, todo mundo aqui gostava. Sua avó também gostava; reclamava, mas gostava. Foi alguém que deixou o portão aberto, devemos ter sido nós mesmos, quando saímos para o cemitério. Ela fugiu, um carro pegou, e eu mandei o seu Manoel enterrar.

RODRIGO — É verdade, minha avó?

MOCINHA — Se sua mãe está dizendo que é, é porque é.

RODRIGO — (Com ódio, abandonado por todos os lados.) E onde? Onde enterraram?

CONCEIÇÃO — (Também gritando.) Chega de perguntas, Rodrigo!

RODRIGO — (Indo para a varanda.) Eu quero saber! Eu quero

saber onde é que ela foi enterrada, eu quero ir lá! Iracema! Seu Manoel! *(Gritando.)* Vem cá! Vem cá!

MOCINHA — *(Levantando-se da mesa de jogo.)* Conceição, olha o escândalo! Esse menino está doente — por causa de uma cachorra?

(Iracema e seu Manoel aparecem no jardim. Henrique, que esperava, esconde-se atrás de uma árvore, assustado. Conceição consegue agarrar o menino. Até Mocinha e seu Pinheiro saem para ver.)

RODRIGO — *(Dotado de grande força.)* Me larga! Iracema! É verdade que a Kitti morreu atropelada e que você e seu Manoel foram enterrar ela?

(Iracema e Manoel ficam com medo de dizer qualquer coisa.)

RODRIGO — Responde! *(Chora.)*

MOCINHA — *(Irritadíssima.)* Dá um calmante para esse menino, Conceição! Olha como ele está!

RODRIGO — *(Contendo-se.)* Eu não acredito. Eu não acredito em nenhum de vocês. Em ninguém nesta casa. Se meu avô fosse vivo, vocês não faziam isso comigo.

MOCINHA — *(Estourando.)* Cala a boca, menino! Que gritaria é essa dentro de casa, onde é que nós estamos? Arranja outra cachorra pra ele, Conceição, mas acaba com essa gritaria dentro de casa! Mas que a outra não passe do jardim! Até hoje meu tapete da sala de visita está manchado de xixi dessa Kitti. *(E dando o assunto por encerrado.)* Vamos voltar para nosso jogo, Pinheiro. Não se tem sossego, nem num dia como o de hoje.

(Sai com Pinheiro. Ricardo, que também tinha aparecido, sai com ela, rindo. Depois de um momento, Rodrigo corre para Conceição. Rodrigo agarra-se a sua mãe e implora ajuda.)

RODRIGO — *(Chorando.)* Mãezinha, me ajude! Eu não sei mais o que está certo e o que está errado!

(Henrique não suporta, põe a mão no rosto, atrás da árvore.)

CONCEIÇÃO — *(Se assusta.)* Você está sentindo alguma coisa, Rodrigo? Traz um café, Iracema, que ele está pálido!

IRACEMA — Sim, senhora. *(Sai correndo.)*

MANOEL — *(Intervindo com jeito.)* Dona Conceição, a senhora dá licença... o menino gosta muito de mim, deixa eu falar com ele?

CONCEIÇÃO — *(Depois de um momento, soltando Rodrigo e falando, quase inaudível.)* Olha o que vai dizer.

(Manoel consegue afastar Rodrigo da mãe e fala com ele em voz baixa, tentando ser carinhoso.)

MANOEL — Seu Rodriguinho, sua mãe está dizendo que a bichinha foi atropelada, então é porque foi...

RODRIGO — *(Soluçando.)* Mas a Iracema disse que ela comeu naftalina que vovó pôs nos armários...

MANOEL — Ela disse, é? *(Pensa um pouco.)* Dona Conceição sabe que ela lhe disse isso?

RODRIGO — Sabe não.

MANOEL — Então não deixa ela saber, por amor de Deus. Senão nós somos despedidos. E precisamos desse emprego.

(Rodrigo olha para ele.)

MANOEL — E que diferença faz para o senhor, as naftalinas ou o automóvel? *(E não tentando outro jeito.)* Foram as naftalinas, sim, senhor. A bichinha comeu as naftalinas do armário da copa. Mas finja que acredita na sua mãe, por amor de Deus — que diferença lhe faz?

CONCEIÇÃO — *(Que não agüenta mais ficar afastada.)* E então? Chega. O que vocês tanto falam? Está se sentindo melhor, meu filho?

MANOEL — Eu estava explicando a ele como a cachorra foi atropelada, dona Conceição.

CONCEIÇÃO — Viu agora, Rodrigo? Você duvida da sua mãe. Mas ela não mente!

(Iracema chega na porta com o café. E aquilo é demais para o pequeno Rodrigo. Seus olhos turvam-se. Ele cambaleia e cai desmaiado. O pânico toma conta das pessoas. Escondido por trás das árvores, Henrique retorce-se de um dor moral.)

CONCEIÇÃO — *(Correndo até o menino.)* Rodrigo! Rodrigo! Levanta! *(E tomando-o nos braços.)* Meu Deus do céu, Rodrigo desmaiou, um médico... *(Para Iracema.)* O que você está me olhando com essa cara de idiota, ajuda aqui... *(Confusão em torno de Rodrigo.)* Larga, seu Manoel! Deixa que eu pego! Pronto! Iracema, vê um pano, molhado com água, olha, a cor está voltando. Mas não encharca o pano! Minha Nossa Senhora, a quem este menino saiu assim tão nervoso? Acorda, Rodrigo, senão eu fico louca! *(E carregando-o.)* Vamos carregar para o meu quarto, seu Manoel — o pulso está bom —, mas pelo outro lado, que é para mamãe não ver, que ela não tem mais idade para estes sustos! E o senhor, seu Manoel, nunca, nunca diga a Rodrigo que a cachorra comeu naftalinas — ele tem nervos fracos! Olhe, está suando frio! Ele é sensível como o avô; papai também era muito sensível, mas papai era forte!

(Colocam Rodrigo sobre a cama do quarto de Conceição, depois de terem passado pelo lado da casa.)

CONCEIÇÃO — Ele já está mais corado. Não há de ser nada, com a graça de Deus! Um desmaio, depois acorda, distrai, esquece! *(E muito emocionada.)* Ah, Iracema, ser mãe é isso! Nunca queira ser mãe! Eu estou em frangalhos por causa dessa bobagem dessa cachorra! Eu sabia! Ele beijava até na boca da cachorra! *(E num sobressalto.)* Pronto, está voltando...! Bebe aqui, meu filho, bebe. Coramina, cinco gotas, Manoel, pergunta a mamãe onde está a coramina. Não! Não pergunta nada, para ela não se preocupar!

RODRIGO — *(Voltando a si.)* Fiquei tonto. Eu caí no chão?

CONCEIÇÃO — *(Lágrimas nos olhos.)* Caiu, meu filho! Tropeçou e caiu! Podia ter se machucado!

RODRIGO — Fiquei tonto.

CONCEIÇÃO — Ainda está?

RODRIGO — Passou.

CONCEIÇÃO — *(Com um enorme carinho.)* Eu vou lhe dar um outro cachorro, juro. Aquelas miniaturas. Eu falo com sua avó. Aquelas miniaturas quase não sujam.

RODRIGO — *(Depois de um momento.)* Não quero, não.

CONCEIÇÃO — Está melhor da tonteira?

RODRIGO — Passou.

CONCEIÇÃO — Com a graça de Santa Edwiges! Que dia, meu Deus, que dia! Agora dorme um pouco. Vá. *(Cobre ele.)* Descansa, eu vou apagar a luz. Mas deixo o abajur. Eu fico aqui com você. Descansa.

(Apaga a luz, deixa o abajur ficar na cabeceira do filho com a mão sobre ele. A luz permanece no quarto, mas se acende também para mostrar Mocinha vindo do fundo da casa, seguida de Ricardo e Pinheiro.)

RICARDO — *(Indo direto à televisão.)* Deixa que eu ligo, vó.

MOCINHA — ...E eu não ia na janela, para papai não desconfiar, mas sabia perfeitamente que José estava no muro!

(Pinheiro ri.)

MOCINHA — E quando, depois do jantar, papai mandava eu tocar piano, eu tocava e até muito bem... Hoje, se derem um piano, não sei nem mais uma nota! Tocava poucas músicas, mas muito bem! Como papai gostava...

(No quarto, aproximando-se do abajur, Conceição lê a carta de Henrique. No jardim, o vulto de Henrique aparece entre as árvores.)

MOCINHA — *(Sentando-se diante da televisão.)* Que tempos! Era tudo tão quieto... e no entanto acontecia tanta coisa! Papai sabia que, se ele dormisse, eu ia para a janela! Então pedia para eu ficar repetindo, cinco, dez vezes a mesma música! E José no muro, ouvindo. *(Tentando lembrar.)* Eu tocava uma valsa, muito bonita... até outro dia eu tinha guardada a partitura, mas na última arrumação procurei e não achei. *(Chama.)* Conceição!

(Talvez nem seja para Conceição responder.)

PINHEIRO — Acho que dona Conceição está no quarto.

RICARDO — Está, sim. *(Consegue pôr a televisão para funcionar.)*

MOCINHA — Tira o som dessa porcaria, menino. Só quero som quando começar o Lacerda, e ainda falta muito. Onde está seu pai?

RICARDO — Continua dormindo na cama da senhora, vó.

MOCINHA — Então vai lá, filho, e acorda. Diz a ele pra vir comer um beiju de tapioca, ele gosta. E quando você passar pela cozinha manda esquentar. E diz a ele para vir logo, que essa hora a casa fica tão vazia... Se não fosse pelo nosso buraco,

Pinheiro, eu acho que me internava num asilo... Veja, numa data dessas, e ninguém aqui! Cristina, Onofre, as crianças... Houve tempo nesta casa em que, normalmente, para jantar, eram vinte pessoas...

PINHEIRO — Tudo passa, é assim mesmo. Mesmo casas como essa, da senhora, já são poucas no Rio.

MOCINHA — Mas ainda vou achar aquela partitura! Se é que ninguém levou. Muita coisa se perdeu na mudança! Eu sempre tranco os armários; mas... a valsa chamava-se "Súplicas de uma virgem"! Era isso: "Súplicas de uma virgem".

PINHEIRO — *(Sendo amável.)* Acho que ouvi quando era rapaz.

MOCINHA — Será, Pinheiro? Um dia José saiu do muro... e pediu a minha mão. Papai tomou as informações. Viu que José, apesar de pobre, era trabalhador, e concedeu. Depois José fez fortuna. Com a fábrica de barbantes. Papai perdeu dinheiro... E José ficou rico.

PINHEIRO — São as voltas do mundo.

MOCINHA — *(Com muito orgulho.)* Quando olhei José de perto pela primeira vez, Pinheiro, já era noiva dele! Era muito mais bonito do que eu pensava. Uns bigodões... e que olhos! Como os de Rodriguinho, Rodriguinho puxou a ele.

(Durante estas lembranças de Mocinha, Conceição leu a carta. Ficou muito nervosa, andou pelo quarto e, saindo pelo lado da casa, foi para a varanda. Henrique saiu de frente às árvores e os dois se encararam. Ficaram se olhando um longo tempo, enquanto ainda se ouvia Mocinha.)

MOCINHA — *(Depois de calar-se um tempo.)* Foram trinta e dois anos. Trinta e dois anos de felicidade! Nunca se meteu na minha vida, nem eu na dele! Muito respeito, sempre presentes, delicadezas... se preciso, autoridade! E de dois em dois anos íamos à Europa, sempre no Caparcona.

(*As luzes sobre ela diminuem lentamente, até se apagarem.*)

HENRIQUE — (*Para Conceição, em voz baixa.*) Rodrigo. Está bem?

CONCEIÇÃO — (*Embargada.*) Henrique, que carta é essa? (*Mostra.*)

HENRIQUE — Tudo que está escrito eu digo e repito.

CONCEIÇÃO — Henrique, nunca pensei...

HENRIQUE — Precisamos conversar sobre o menino. Sou pai, não quero que ele pense...

CONCEIÇÃO — (*Irritada.*) O menino, o menino!

HENRIQUE — De resto, infelizmente, não há conversa. (*A voz tranca na garganta.*) Não posso permanecer nesta casa. Você e sua mãe me desmoralizaram!

CONCEIÇÃO — (*Sentida.*) Marido a gente não desmoraliza.

HENRIQUE — Sua mãe só faltou me chamar de ladrão.

CONCEIÇÃO — Ela não tem papas na língua.

HENRIQUE — (*Juntando dignidade.*) Eu quero ver meu filho todos os fins de semana.

CONCEIÇÃO — (*Indignada.*) Você insiste! Mamãe tem razão: você é mesmo muito ingrato!

HENRIQUE — (*Desesperado.*) Somente poderei voltar a essa casa com dinheiro na mão, Conceição! Será que você não entende isso?

CONCEIÇÃO — Ridículo!

HENRIQUE — Preciso salvar meu nome!

(*Silêncio.*)

HENRIQUE — Dinheiro nunca tive, mas sempre tive meu nome. Você viu, muitas vezes. Alguma coisa que se queria comprar, qualquer lugar que se entrasse... meu nome vale!

CONCEIÇÃO — Você está querendo fazer comigo o que Orlando fez com Maria Augusta! Você avalia o que é isso?

HENRIQUE — *(Tentando explicação.)* Eu casei com você por amor...

CONCEIÇÃO — Nem quero entrar neste assunto...

HENRIQUE — E sempre te satisfiz como marido...

CONCEIÇÃO — ... por que falar nisso?

HENRIQUE — ... e se cometi algum deslize financeiro...

CONCEIÇÃO — Eu fazia outra idéia, Henrique, quando casei!

(Começa chorar.)

HENRIQUE — Você permite que eu veja Rodrigo nos fins de semana?

CONCEIÇÃO — Nem morta! Se você passar do portão desta casa, me considere sua inimiga.

HENRIQUE — Conceição, calma...

CONCEIÇÃO — Rodrigo é meu! E depois, se você arranja outra? Vou deixar meu filho com outra?

HENRIQUE — *(Irado.)* Me respeite, Conceição!

CONCEIÇÃO — *(Mais forte que ele.)* Meu pai nunca levantou a mão para mim, não pense que vai ser você...

(Silêncio.)

HENRIQUE — *(Suplicante.)* Conceição, ponha a mão na consciência. Não posso ficar e não posso ser um pai que abandona...

CONCEIÇÃO — *(Já sem ouvir.)* Se eu não soubesse que papai queria tanto um neto, um homem... sim, porque de todos os netos, Rodriguinho sempre foi o preferido de papai! E se ele não tivesse morrido, você ia ver, Rodriguinho estava feito! Se papai não quisesse tanto, eu não tinha tido, você sabe disso muito bem. Mas Onofre já tinha tido, Cristina já tinha tido, era minha vez! Ele tirava mamãe da cama para Rodriguinho dormir lá! Dava corda na Nossa Senhora de Lourdes e ficava cantando com o menino, ensinando ele a rezar... Ah, Henrique! Você tinha de ser agradecido a isso o resto da sua vida!

HENRIQUE — *(Acuado.)* Mas eu sou, Conceição, sou...

CONCEIÇÃO — *(Com oportuna energia.)* Então vamos esquecer tudo isso... entrar e assistir o Lacerda com mamãe!

(Silêncio por um momento. Henrique fraqueja, hesita. Quase aceita.)

HENRIQUE — *(Sem forças.)* Eu não tenho cara, Conceição.

(Aquilo soa final. Nem ele nem Conceição têm mais o que dizer um para o outro... Quando se nota que Mocinha está em cena, entrou sem ser percebida. E é ela quem quebra o silêncio, com sua voz clara e objetiva.)

MOCINHA — Cara a gente arranja, Henrique, deixa de bobagem.

CONCEIÇÃO — *(Num susto.)* Mamãe!

MOCINHA — *(Cheira os dedos.)* Eu estava ali atrás da porta, escutando. Não gosto disso, mas quando é preciso...

CONCEIÇÃO — Mamãe, Henrique...

MOCINHA — *(Interrompe.)* Não se preocupe. Fique calma que de modo algum eu vou permitir esta separação. Tinha cabimento.

HENRIQUE — *(Armando-se.)* É que eu, dona Mocinha, minha honra.

MOCINHA — Está fazendo uma tempestade em um copo d'água Henrique, isso é o que você está fazendo! Me irrita! Tal pai, tal filho, Conceição! Primeiro o menino com a cachorra, agora o pai com a honra. O que está em jogo são dois apartamentos do Andaraí. É isso. Ou foram mais de dois?

HENRIQUE — Dois.

MOCINHA — Então. Vai ver que os terrenos do Leblon afinal são até bom negócio. Claro que não para morar, que aquilo lá é o fim do mundo, mas há gosto para tudo. Eu perguntei ao Pinheiro o que ele acha do Leblon...

CONCEIÇÃO — Mamãe, ele não é da família...

MOCINHA — Perguntei por perguntar. Ele disse que provavelmente é bom negócio. Então eu contei que eu tinha mandado Henrique vender uns apartamentos do Andaraí e comprar terrenos no Leblon. Eu. Que a família não sabia, mas que o negócio já estava até feito. Porque assim fica tudo resolvido: honra, tudo. Desde que, naturalmente, se conte a mesma estória para Onofre e Cristina e todos. Um pouco de diplomacia.

CONCEIÇÃO — Obrigado, mamãe.

MOCINHA — *(Aquiescendo.)* O Pinheiro chegou a me dar parabéns, disse que eu tenho muito tirocínio para os negócios. Eu ri muito... porque de negócios não entendo, era com José. Mas agora vou ter de entender, parece. E se der mesmo o tal lucro, Henrique, você tira uma comissão, viu? Como se faz. Dois por cento, o Pinheiro disse que é a praxe.

HENRIQUE — Dona Mocinha, não pelo dinheiro que...

MOCINHA — Eu sei que o dinheiro não é tudo, embora seja a parte principal. Eu sei que vocês estão sentindo falta de liberdade aqui dentro de casa. Conceição, amanhã você providencia a mudança, e vocês mudam para o meu quarto da frente, que é maior e tem quarto de vestir. Eu tiro minhas coisas e vocês ficam com mais conforto, se quiserem podem até botar Rodrigo para dormir no quarto de vestir. E então?

(*Henrique não diz nada.*)

MOCINHA — E então?

HENRIQUE — (*Inseguro.*) Peço perdão, dona Mocinha, porém minha decisão é irrevogável.

MOCINHA — Que decisão?

HENRIQUE — A de... ir embora desta casa! Não por isso nem por aquilo, mas... nem pela senhora, nem por Conceição... Porém sei que não sou mais respeitado aqui. Não quero que, no futuro, meu filho pense em mim como um homem que não era respeitado. (*Muito nervoso.*) Peço-lhe perdão por dizer isso, mas esta casa não é minha, dona Mocinha! Nem meu filho... é meu, como se eu não tivesse direito.

(*Mocinha, interrompendo, completamente sem paciência e disposta a abreviar o assunto.*)

MOCINHA — Conceição, a carta. (*Estende a mão. Conceição não entende.*)

MOCINHA — Quero ler a carta! Sim, minha filha. Porque se estou oferecendo uma solução perfeita, com toda boa vontade, e seu marido não aceita, é porque tem alguma coisa nesta carta que eu não estou sabendo. (*Estende a mão.*) A carta.

HENRIQUE — (*Tentando impedir.*) É uma coisa... particular, dona Mocinha.

MOCINHA — (*Pegando a carta.*) Tenho direito de tomar conhecimento daquilo que influencia a vida da minha filha. Afinal, Conceição ainda mora comigo. (*Senta para ler.*) Acho que meus óculos ficaram em cima da cômoda da sala. Mas estão péssimos, preciso ir urgente a um oculista. Para jogar ainda dá, mas para ler... A um outro oculista, que aquele doutor Vander não acerta comigo e eu ouvi dizer que é judeu. Você acha, Conceição, que ele é judeu?

CONCEIÇÃO — A senhora quer que eu vá buscar os óculos?

MOCINHA — *(Tentando ler.)* Precisa não. *(Entrega a Henrique.)* Henrique lê. Mas por favor não me pule trechos, Henrique! Quero tudo!

HENRIQUE — *(Carta na mão. Perdido, hesita, acaba lendo.)* "Conceição. *(Olha para ela, lê.)* Você jamais perdoará a minha atitude. Eu também jamais me perdoarei. Porém quando você tiver recebido esta carta... Eu já estarei muito longe daqui. Na casa de sua mãe já não há lugar para mim."

MOCINHA — *(À parte.)* Que exagero, Henrique!

HENRIQUE — ..."Em nome do compromisso que tomei com você, perante Deus e a sociedade, e também perante seu pai e em particular por causa de nosso filho Rodrigo... tenho sofrido as maiores humilhações da parte de dona Mocinha. Nós temos sofrido. Somos tratados como... intrusos na casa, a ponto de nunca termos tido permissão para sequer convidar um amigo para jantar, ou para uma vida social."

MOCINHA — Eu sabia que vinha isso...

HENRIQUE — *(Esforçando-se para terminar.)* "... além de toda uma série de liberdades normais que não vale a pena.

MOCINHA — Eu sou viúva, Henrique, não posso...

HENRIQUE — *(Lendo cada vez mais depressa.)* "... Sou de origem humilde e me casei com um moça rica. Talvez não tenha sequer o direito de desejar mais nada. No entanto, desejo! Desejo ter de volta minha dignidade de homem, porque a dignidade é a única coisa que resta a quem nasce sem dinheiro."

MOCINHA — *(Comovida.)* Bonito, isso. Forte, mas bonito. Mas por que motivo deseja separar-se de Conceição? Por enquanto não há motivo! Se é outra mulher, diga logo.

HENRIQUE — *(Todo atrapalhado, volta a ler com redobrado esforço.)* "... Assim sendo, abandono esta casa, evitando que, no futuro, a vergonha..." *(Larga a carta.)* Tenho de ir embora, dona Mocinha!

MOCINHA — *(Depois de um momento, levanta-se, ofendida.)* Não entendi! *(Pega a carta da mão de Henrique.)* E logo hoje, no aniversário de morte de José! Deixa que eu leio sem óculos mesmo, você deve estar escondendo alguma coisa. *(E lê rápido, indo ao que interessa, a carta muito perto do rosto.)* Onde estamos? Ah, sim... "Minha honra foi posta em dúvida..." meu Deus, Henrique, como você repete este disco!... "quanto a seu comportamento como esposa nada tenho a reclamar... Adeus".

(Conceição, que tinha saído correndo em busca dos óculos, volta com eles. Mocinha pega. Põe os óculos.)

MOCINHA — Ainda bem... *(Olha a carta de óculos.)* Porque ainda tem uma coisinha... *(Lê sem ênfase.)* "gostaria de te dizer isso pessoalmente, mas não tenho coragem. Sou um covarde, Henrique". É.

(Suspira e olha para Henrique. Henrique não suporta o olhar, vira de costas. Conceição, depois de um momento, começa a chorar, humilhada, e também vira de costas. Henrique não agüenta, começa a chorar também, Mocinha olha um, outro. Não diz nada. Volta para a cadeira, calmamente, senta. Rasga a carta.)

MOCINHA — *(Firme.)* Calma, Henrique, calma. *(Para Conceição.)* Só assim você chorava, minha filha! Me lembro de poucas vezes ter visto você chorar. É como eu, também não choro nunca. *(Seus olhos vão longe, Mocinha recorda.)* Chorei muito quando José morreu. Mas em casa, porque no velório não derramei uma lágrima. Olhava para ele no caixão e pensava: "Mocinha, aquele é o homem com quem você viveu trinta e dois anos, de quem teve quatro filhos. Você devia estar chorando". E os olhos secos! Quanto mais eu pensava, mais secos ficavam os olhos. *(Para Conceição.)* Nem me lembro qual foi a última vez que eu chorei!... E talvez eu nunca mais chore. A não ser que... *(Ensombreia-se. Olha Conceição e Henrique. Tenta espantar o mal pensamento.)* Senta, gente.

(Conceição e Henrique pararam de chorar e, afastados, estão olhando para ela.)

MOCINHA — Não gosto de ver gente em pé! Tanta cadeira... vamos resolver esta situação, que está quase na hora do Lacerda.

(Eles sentam nas cadeiras mais próximas.)

MOCINHA — *(Presa à recordação.)* A minha mãezinha ficou dois dias em coma! Era uma mulher muito forte, morreu com 88. Não morreu, Conceição, com 86?

CONCEIÇÃO — Oitenta e cinco, mamãe.

MOCINHA — Mas estava calma. Respirava pouco, mas estava calma. Então aquele médico resolveu botar a tenda de oxigênio e aí... ela começou a chorar! Já estava dias sem conhecer ninguém, sem se mover, só respirando fraquinho... E aí começou a chorar! Chorava! E nós todos muito aflitos, discutindo se não era melhor tirar a tenda e deixar morrer mais depressa! Ou deixar a tenda... E ela ali, chorando! Fui eu que decidi. Mandei tirar. Tive pena de ver mamãe chorando assim, como uma criança. Mandei tirar. Tenho horror de pensar que pode acontecer a mesma coisa comigo.

(Longo silêncio, pesado, na varanda escura.)

113

MOCINHA — *(Quebrando aquele clima.)* Acende a luz, Conceição! Está muito escuro este jardim. O que é isso? Economia?

(Conceição vai acender o jardim.)

MOCINHA — *(Para Henrique.)* Então, Henrique, meu filho: vamos esquecer tudo isso?

(Henrique não responde, mas sabe-se que ele cedeu.)

MOCINHA — Marido não briga com mulher. Eu não briguei nunca com José. *(E lembrando-se.)* Permitir visita de gente que eu não conheço, isso eu não posso, mas me dizendo quem é, com antecedência... eu fico no quarto. Não apareço.

(Henrique não responde.)

MOCINHA — E então?

HENRIQUE — Eu vou pensar, dona Mocinha.

MOCINHA — Ótimo. Se vai pensar é porque já está resolvido. Pronto. Pronto, Conceição! E já não era sem tempo... *(Olha o relógio.)* Deus meu, são quase nove horas, o Lacerda deve estar entrando no ar! *(Levanta-se.)* Hoje não podemos perder de jeito nenhum, ele vai responder ao chefe de polícia... Que coragem daquele homem! *(Pára na saída.)* Vocês vêm assistir, ou não?

(Henrique e Conceição se entreolharam.)

MOCINHA — Está bem, está bem. Precisam conversar, eu compreendo. Apesar de que certas coisas, conversar é pior. Vou acordar Orlando, que ele também quer ver o Lacerda. Pinheiro já está na televisão, rente feito pão quente, pronto para falar mal... Isso é a única coisa que eu não perdôo no Pinheiro. *(E saindo.)* Juízo, hein! *(Cheira os dedos.)* Vou mandar investigar os preços dos terrenos no Leblon... A procuração por enquanto deixa como está... *(Sai.)*

(Ficam Henrique e Conceição.)

HENRIQUE — *(Emocionalmente.)* Conceição, eu...

CONCEIÇÃO — *(Sentida.)* Logo hoje, Henrique, no aniversário de morte do papai...

(Abraçam-se de um modo quase formal.)

HENRIQUE — Nós vamos levar uma vida nova dentro desta casa, você vai ver! Vamos impor nossa presença! Vou falar com dona Mocinha para te dar a sala dos fundos, para você fazer seu ateliê de costura. Você gosta tanto de costurar.

CONCEIÇÃO — *(Refazendo-se das lágrimas.)* Mamãe morre de ciúme daquela sala dos fundos. Onde é que ela vai botar a mesa?

HENRIQUE — *(Abraçando-a mais estreitamente.)* Esta casa é tão grande...

CONCEIÇÃO — Que é isso, Henrique? Aqui não...

HENRIQUE — Por que não? Somos casados.. *(Tenta beijá-la.)*

CONCEIÇÃO — *(Afastando-o.)* Aqui não. Tinha cabimento.

HENRIQUE — *(Depois de um momento, com um sentimento fundo.)* Quando eu te conheci... quando te vi pela primeira vez na casa dos Barbosa... eu te achei tão bonita!

CONCEIÇÃO — Bonita não sou, não, Henrique. Que conversa é essa?

(Ela não pode suportar um verdadeiro carinho.)

HENRIQUE — Eu achei bonita. E quando eu soube... quando me contaram que tinha havido um namoro, que você tinha gostado do Baroni...

(Conceição leva um choque.)

HENRIQUE — *(Numa verdade jamais confessada.)* ...Que você

115

tinha gostado dele, que tinham sido quase noivos e que depois, da noite para o dia, ele se casou com outra!...

CONCEIÇÃO — Não sabia que você sabia de tudo isso!

HENRIQUE — ...Eu sempre soube, era assunto conhecido. Mas eu não quis nunca comentar.

CONCEIÇÃO — E por que comenta agora?

HENRIQUE — Porque é uma coisa que ficou atravessada na garganta. Quando eu vi você na festa dos Barbosa... Seu ar resoluto, a cabeça erguida, falando, rindo... E sabendo que o Baroni tinha se casado com outra nas vésperas... eu pensei: "Ela é forte. Como ela é forte, esta mulher".

CONCEIÇÃO — Sempre me refiz muito depressa das coisas.

HENRIQUE — Então nós dançamos, e eu perguntei se podia vir te visitar, e você me apresentou a seu pai, e... *(Tenta beijá-la.)*

CONCEIÇÃO — *(Enérgica.)* Aqui não! Henrique!

HENRIQUE — Então vamos para o quarto.

CONCEIÇÃO — Então vamos.

(Passam pelo lado da casa, Henrique levando-a pela mão e entram no quarto, sem fazer barulho. Lá Conceição se deixa beijar.)

CONCEIÇÃO — *(Afastando-o por um momento.)* Rodrigo está na nossa cama. *(Põe a mão no menino, que dorme.)* A temperatura está boa. Põe ele na cama dele, sem acordar.

(Henrique, com esforço, pega o menino nos braços e leva para fora. Um instante depois volta. Tranca a porta do quarto. Conceição tira do armário um robe. Veste-o, por baixo do robe, tira a roupa, o vestido, o sutiã, as calcinhas. De costas para ela, Henrique tira o paletó, depois os sapatos, as calças, a gravata.)

HENRIQUE — *(Ainda tirando a roupa e com uma inesperada amargura na voz.)* E durante muito tempo eu pensei... Será? Será? Que ela só me aceitou... para se vingar do Baroni?

CONCEIÇÃO — *(Tirando a roupa.)* Que bobagem. Por favor, não vamos nunca mais falar nisso. Por acaso alguma vez deixei de cumprir minha obrigação?

HENRIQUE — Você está pronta?

CONCEIÇÃO — Estou.

HENRIQUE — Posso apagar a luz?

CONCEIÇÃO — Pode. *(Deita-se.)*

(Henrique apaga o abajur. Deita também, as luzes apagadas, mal se vêm as figuras. Henrique fica por cima dela. Por alguns momentos ouvem-se as respirações brutas do desejo, e depois as vozes.)

CONCEIÇÃO — *(Confusa sob os beijos.)* Mas hoje ainda não é quinta-feira. Nós só podemos na quinta-feira...

HENRIQUE — Fica quieta, Conceição. Quieta. Que, afinal, eu sou homem e não tenho mulher na rua...

CONCEIÇÃO — *(Nervosa.)* Não...

HENRIQUE — Abre as pernas.

CONCEIÇÃO — Não posso, você sabe que nós não podemos! Você vai querer ter outro filho, vai?

HENRIQUE — Você sabe que por mim eu tinha.

CONCEIÇÃO — Isso é que não, Henrique! Um chega e basta, eu é que sei.

(Sente-se que neste momento ele a penetra.)

CONCEIÇÃO — *(Aflita lutando.)* Não, Henrique, sai, eu já disse... *(Consegue empurrá-lo.)*

HENRIQUE — *(Saindo de cima dela.)* Então vira.

CONCEIÇÃO — Não, por favor... dói... *(Vira.)* Eu não gosto...

HENRIQUE — Fica quieta.

CONCEIÇÃO — Devagar. E põe vaselina, põe. Está na gaveta da cabeceira.

(Henrique abre a gaveta. Põe a vaselina.)

HENRIQUE — Fica quieta, senão dói mais.

CONCEIÇÃO — Vou ficar.

(E, num uivo de ódio, amor e muitos sentimentos, Henrique a sodomiza. Conceição geme baixo, de dor, de prazer... Enquanto as luzes se transferem lentas para a varanda, para o jardim e, antes, para a sala onde, diante da televisão, Mocinha, Pinheiro, Orlando e Ricardo ouvem a eloqüência agressiva do Lacerda... Mocinha ri de uma tirada mais irônica.)

MOCINHA — Muito bem! Que inteligência!

ORLANDO — *(Bebe vinho.)* Se ele continua assim, acaba derrubando o Getúlio.

PINHEIRO — *(Grave.)* Que nada. O baixinho não cai assim tão fácil.

ORLANDO — Vamos ver...

RICARDO — *(Que também assiste, mas não entende.)* Mas, afinal, o que que ele quer, pai? Quer que prenda quem?

ORLANDO — Isso não é coisa para criança entender. Política.

RICARDO — Ah, pai! Custa explicar? Senão fica chato...

MOCINHA — *(Irritada.)* Vocês podiam calar essas bocas, pelo amor de Deus!? A única coisa na televisão que me distrai, e vocês ficam falando? *(Para Orlando.)* E põe esse menino pra fora, que isso não são horas de criança! *(Volta a assistir.)*

(Lacerda continua sua eloqüente retórica... E as luzes reduzem-se à varanda vazia. A voz de Lacerda fica distante, dentro da casa. O coaxar de um sapo no jardim marca a noite... De dentro, vem Rodrigo, lento, até o primeiro plano. Ele acordou e veio ao jardim, atraído talvez pelo céu estrelado, que agora olha. Rodrigo olha as estrelas com grandeza, com temor. Por trás dele surge uma figura sinistra, envolta numa capa e com um chapéu que lhe esconde o rosto. Percebemos logo que é Ricardo, envolto numa antiga fantasia de carnaval ou coisa assim... Mas nem por isso menos sinistra. Ricardo vem pé ante pé, sem que Rodrigo perceba, e joga-se sobre ele. Rodrigo leva um susto enorme, rolam pelo chão.)

RODRIGO — Me larga! Pára! Detesto susto!

RICARDO — *(Pára de rolar, montando em cima do outro.)* Você leva um susto engraçado... *(Debocha.)*

RODRIGO — Sai de cima de mim.

RICARDO — Achei esta fantasia no galpão. É tua, não é? De carnaval? É Zorro, não é? Você me empresta?

RODRIGO — Sai de cima de mim senão eu vou gritar.

RICARDO — Não vai não... Quer ver como eu tampo tua boca? *(E tampa. Lutam no chão, Rodrigo grunhindo. Rodrigo consegue livrar-se. Levanta. Foge, ofegante, com medo.)*

RICARDO — Vamos até o galpão? Quem sabe o Manoel e a Iracema não estão lá fazendo sacanagem... *(Desinteressa-se.)* Sabe que ela me mostrou os peitos dela? Eu dei um dinheiro, ela abriu a roupa e me mostrou os peitos...

RODRIGO — Quero ir não. Minha mãe? Está na televisão?

RICARDO — Só vovó e papai. Tia Conceição deve ter ido dormir. Eu vi quando eles trancaram o quarto. Ela e teu pai...

RODRIGO — Eu vou para dentro. *(Vai.)*

RICARDO — Fazer o quê? Vovó não quer criança vendo televisão.

(Rodrigo fica perdido por um momento.)

RODRIGO — Eu estava dormindo. Acordei... E aí me deu insônia.

RICARDO — Não quer jogar xadrez?

RODRIGO — *(Hesita.)* Quero.

RICARDO — Eu não sei jogar.

RODRIGO — *(Pegando o tabuleiro.)* Eu ensino.

RICARDO — *(Zomba.)* Eu sei jogar e muito bem! Estava mentindo que não sei jogar. Mas não quero jogar aqui, não. *(Pega no tabuleiro de Rodrigo.)* Vamos jogar no galpão.

RODRIGO — Então não. *(Sai correndo para dentro.)*

RICARDO — *(Sai correndo mais rápido que ele e fecha-lhe a saída.)* Seu Manoel e Iracema não estão lá, não. Juro. Estão na cozinha, eu vi. Pode ir ver. E eu não vou sacanear não, juro. Só quero ir no galpão, que lá tem uns brinquedos que eu não conheço. Tem batalha naval lá? A gente pode até jogar batalha naval.

RODRIGO — Mamãe não deixa ir no galpão de noite.

RICARDO — Vamos lá apanhar a batalha naval, depois a gente volta. É só um instante.

(Rodrigo hesita.)

RICARDO — *(Ri.)* Não vou sacanear, não. Se eu sacanear você foge, pronto.

RODRIGO — *(Faz menção de sair.)* Vou avisar mamãe que a gente tá lá.

RICARDO — Tá maluco, rapaz? Não te disse que titia tá dormindo? Quer dizer, se fechou no quarto... *(Zomba.)* Vai ver que está lá trepando com teu pai... você quer atrapalhar? Será que eles trepam, teu pai e tua mãe?

RODRIGO — Não me interessa.

RICARDO — Se não trepassem, você não tinha nascido. Vamos?

(Rodrigo ainda hesita.)

RICARDO — Vamos... Senão a gente vai fazer o quê?

RODRIGO — *(Decidindo.)* Então vamos. A gente pega os brinquedos que quiser e traz. Está bem?

RICARDO — Tá. Lá a gente resolve. *(E antes de irem.)* Me dá tua mão. Que você é pequeno, pode tropeçar.

(Somem no escuro.)

(A cena fica vazia. Vinda de dentro, ouve-se a voz de Lacerda. Sua ira, prevendo o futuro glorioso do país, caso sejam vencidos os verdadeiros inimigos. A voz de Lacerda vai sendo envolta no tema musical poderoso, que iniciou a peça. Agora não há canto. As luzes vão se apagando muito lentamente, como se tudo se perdesse para sempre no passado.)

A PRIMEIRA VALSA

(Versão inicial em 1985; versão atual, outubro de 1996)

Esta peça é dividida em duas partes: *A Alma* e *O Corpo*
A primeira parte tem um fôlego.
A segunda parte tem dois fôlegos, seguidos de um epílogo, precedidos de um prólogo.
A estória, de simples compreensão, envolve *flash-backs*.
Tudo é narrado por um personagem que não aparece, Rodrigo Adulto, possivelmente o autor da peça.
Ele conta a história de Rodrigo Jovem, que, no final da peça, transforma-se em narrador, ele mesmo.
Tempo: o Narrador fala na atualidade. Sua narrativa tem lugar por volta do final dos anos 1950.

Personagens

RODRIGO, 22
CÂNDIDO, pouco mais de 40
ESTELA, esposa de Cândido, 35
ADRIANA, filha de Cândido, idade de Rodrigo
MÃE DE RODRIGO, 50
ELISA, segunda relação de Cândido, 30 e poucos.

Primeira Parte: A Alma

Cena 1: Prólogo no Hospital, dia, quarto de Cândido

(É um quarto despojado e triste de um hospital. Cândido está deitado na cama, quase imóvel, mas é nítido que ele sofre e passa mal.)

VOZ DE RODRIGO ADULTO, *(Narrando, com valsa.)* — Histórias são histórias, meios de caminho entre o Terror e as Glórias. Se o senhor me permite lhe conto uma, de uma primeira valsa que dancei com Elisa, dona Estela, Adriana, minha mãe e também com ela mesma, a grande dama chamada Morte. Se o senhor me permite.

É tambem a história de Cândido. Um homem que me ensinou coisas e depois morreu. Uma doença rara, disseram os médicos, algum vírus inatingível pela ciência, que nasce em latas... Enfim, que importa o nome das doenças que matam?

(Cândido e Rodrigo em dois pontos distantes do palco, um telefonema.)

CÂNDIDO — Rodrigo, você estava dormindo?

RODRIGO — O senhor está em São Paulo?

CÂNDIDO — Estou no Rio, num hospital.

RODRIGO — Que houve?

CÂNDIDO — Não se preocupe. Passei mal com alguma coisa que comi sexta-feira, num restaurante. Tive vômitos e um princípio de desidratação, decidi tomar um avião e me hospitalizar no Rio.

RODRIGO — Chegou hoje?

CÂNDIDO — É. Talvez eu fique bom até amanhã e pronto.

(A cena agora se passa no hospital, no dia seguinte. Rodrigo vai até lá. Chegando no quarto, Cândido na cama.)

CÂNDIDO — Entre, meu amigo. Continuo com minhas dores. Nada de alta, o médico acabou de sair. Parece que foi realmente a comida de lata, sempre desconfiei desses enlatados. Adriana está bem?

RODRIGO — Está.

CÂNDIDO — Você não disse nada a Estela que estou aqui, disse?

RODRIGO — Não.

CÂNDIDO — Não quero preocupar. E depois a gente se separa, na primeira doença mando chamar? Nem fica bem. Essa barriga não me dá sossego. Conversa comigo que distrai. Me conta de Adriana, achei ela abatida. Vocês dois? Melhoraram?

RODRIGO — Estamos pensando em nos separar. Adriana está procurando um apartamento, ela quer morar sozinha. Continuamos com os mesmos problemas.

CÂNDIDO — Dificuldades no sexo, como no início? Eu quero saber.

RODRIGO — Durante o dia, ou em qualquer lugar, a gente se olha, se dá bem, troca idéias, se gosta. Mas quando ficamos sozinhos de noite no quarto ...alguma coisa nos impede.

CÂNDIDO — *(Acalmando.)* Talvez se vocês ficassem um tempo sem se ver...

RODRIGO — Adriana não aceitaria. O senhor sabe como ela é, tudo ou nada.

CÂNDIDO — Essa dor está realmente incômoda, deixa tonto.... Talvez seja melhor avisar Estela.

NARRAÇÃO DE RODRIGO adulto. *(Valsa.)* — Dez dias depois destas cenas, Cândido estava morto. Parece que foi realmente a tal comida de lata, pelo menos foi isso que os médicos disseram, naquela ignorância solene que costumam ter... Eu sei que no início parecia uma desidratação, depois uma virose, aí alcançou o baço, depois a tosse, os pulmões e... tudo isso durou poucos dias. Uma estória, meio verdade, meio mentira, que me aconteceu. Talvez sobre uma amizade, talvez sobre certos valores brilhantes que o mundo sempre arranja um jeito de passar de mão em mão. Se me permitem, uma estória da vida, tirada na última hora e da boca aberta dela mesma, a Morte...

Cena 2:
Primeiro fôlego:
o passado.

(É o dia em que Rodrigo foi na casa de Adriana pela primeira vez, cerca de dois anos antes das cenas já vistas no hospital. A seqüência começa com um aperto de mão.
Ele entra com Adriana, mas Cândido já está lá, mão estendida, para recebê-lo.)

CÂNDIDO — Prazer, Cândido.

RODRIGO — *(Apertando-lhe a mão.)* Prazer.

CÂNDIDO — Toma um uísque comigo, antes do jantar?

Adriana — Eu vou servir *(Sai.)*.

CÂNDIDO — Adriana me disse que você estuda engenharia.

RODRIGO — Estou no terceiro ano. Me interesso mais por física e matemática.

CÂNDIDO — Sempre tive muita curiosidade: as ciências exatas! Mas não consegui nunca chegar lá, o tempo não dá. A pilha de livros na minha mesinha de cabeceira tem sempre essa altura. Estou tendo de estudar muito por causa de um trabalho que me encomendaram.

RODRIGO — Sobre o quê?

CÂNDIDO — Importação e exportação. Indústria automobilística.

RODRIGO — Sou muito entusiasmado pelos carros nacionais.

CÂNDIDO — Que por enquanto ainda não são tão nacionais. As peças são quase todas estrangeiras. Nossa meta é exatamente nacionalizar as peças.

RODRIGO — Não sabia.

CÂNDIDO — Adriana me disse que você... escreve?

RODRIGO — Estou começando.

CÂNDIDO — Literatura? Poesia?

RODRIGO — Quero ser escritor. Não sei se tenho talento.

CÂNDIDO — Saberá, se continuar escrevendo. Quando moço, também quis escrever. Logo depois que casei, eu trabalhava no Banco do Brasil, pedi transferência para Petrópolis. Pra viver num sítio tranqüilo e escrever e escrever. Mas aí veio Adriana, o trabalho aumentou e outros problemas... Enfim, eu não tinha talento! Mas cheguei a ter catorze cachorros...

(Adriana reentra na sala, com os uísques.)

ADRIANA — Não ligue não, Rodrigo, para as coisas que papai diz. Ele é uma pessoa tão séria, que não se pode levá-lo a sério...

CÂNDIDO — Isso é elogio ou agressão?

ADRIANA — Mas de que vocês estão falando? Também quero entrar na conversa.

RODRIGO — Literatura.

ADRIANA — *(Para Rodrigo, num desafio.)* Qual é seu escritor predileto?

RODRIGO — *(Atônito.)* Dostoievski.

ADRIANA — *(Rindo muito e olhando o pai.)* Não é possível!

CÂNDIDO — O meu também.

ADRIANA — Compositor?

RODRIGO — Música clássica? Não entendo muito. Chopin.

ADRIANA — Aí você errou! Papai venera Beethoven, mamãe prefere Wagner.

CÂNDIDO — *(Entrando no jogo, para Adriana.)* E você?

ADRIANA — Beethoven também, mas não pense que lhe imito.

CÂNDIDO — *(Rindo.)* Você não me imita em nada, tem uma personalidade tão forte...

ADRIANA — Quem dera. *(Para Rodrigo.)* Já ouviu Maísa? *(Bota na vitrola.)*

RODRIGO — A nova cantora? Eu vi na televisão.

ADRIANA — Papai é fã. Quer ouvir Maísa, ou prefere Beethoven?

(Estela entra apressadamente e pára diante de todos. Daqui em diante ela é o centro da cena, como sempre, quando está em cena.)

ESTELA — Me atrasei! *Hiroshima mon Amour.*

CÂNDIDO — Eu te disse que você precisava ver.

Estela — *(Com entusiasmo.)* Você tinha razão, é belíssimo. *(Apertando a mão de Rodrigo.)* Meu nome é Estela. Adriana fala tão bem de você, eu estava ansiosa por conhecer.

Adriana — Gostou do filme, mãe?

Estela — Muito! É um filme diferente, político mas em forma de poesia. Sobre o esquecimento. E o horror do esquecimento. É muito belo, muito sério e apaixonado, eles falam como se sussurrassem para cada espectador! As cenas de sexo, Cândido, são de uma dignidade espantosa! Um filme assim ensina muito sobre a vida, um momento de beleza é uma alegria pra sempre. Além de que não agüento mais ver esses filmes americanos sobre nazismo, eles continuam a fazer o julgamento de Nuremberg. Finalmente fazem um filme em que os americanos são mais bandidos que os alemães! Apesar de que é muito triste também, eu chorei muito... *(Fica com os olhos cheios de lágrimas, levanta.)* Bom, deixem eu mandar servir o jantar, que devem estar todos com fome! Cândido, não quer vir me ajudar? Afinal, a visita é de Adriana...

Rodrigo — Por favor...

Cândido — Senta, estou precisando mesmo rever um relatório, fique à vontade.

Estela — Quando ficar pronto, eu chamo.

(Rodrigo está sem ar, agora sozinho com Adriana. Ela corre até ele e beija-lhe rápido a boca.)

Rodrigo — Mas seus pais... eles são formidáveis! Tão jovens! Seu pai é inteligentíssimo e sua mãe também! Eles formam um casal perfeito...

(Adriana ri muito.)

Adriana — Chega de elogios, senão vou achar que você gostou deles mais que de mim...

RODRIGO — Não! Você também é inteligente... é linda! *(Fica seriíssimo.)* Nunca estive num lugar como este.

(Um silêncio apaixonado em que os dois se olham.)

RODRIGO — Quer ser minha namorada?

ADRIANA — Que eu saiba já sou.

(Beijam-se pela primeira vez.)

RODRIGO — *(Saindo do beijo.)* Seus pais...

ADRIANA — *(Mulher.)* Depois do jantar vamos ao cinema?

RODRIGO — Ver o quê?

ADRIANA — *(Afastando-se.)* Vai passar o *Cidadão Kane* na Cinemateca do Museu. Você já viu?

RODRIGO — Já, mas quero ver outra vez. Não sei se vai dar tempo.

ADRIANA — Eu vou me aprontar, logo que acabar o jantar a gente sai.

RODRIGO — E seus pais não vão levar a mal?

ADRIANA — *(Saindo.)* A gente explica que vai ver o *Cidadão Kane*. *(Vai se aprontar.)*
(A vitrola rodando Rodrigo fica sozinho. Ouve-se Maísa. Rodrigo aproxima-se da vitrola e pega a capa do concerto de Beethoven. Olha a capa. Troca o disco. Os acordes grandiosos do concerto invadem o teatro.)

NARRAÇÃO DE RODRIGO adulto em *off* — Eu nunca tinha ouvido antes o Concerto para Violino, de Beethoven, acredita? Depois desse dia, passou a ser uma de minhas músicas prediletas... Há qualquer coisa no tema desse concerto que me acompanha até hoje. Não conhece bem? Os violinos crescem e crescem, inimaginavelmente, antes de desembocar numa nota de repouso... pra dali partir para mais alto ainda, numa ânsia clara do inatingível! Minha alma adolescente, modéstia à parte, era exatamente assim. Como o Concerto para Violino de Beethoven.

Cena 3

(Na casa de Rodrigo. Rodrigo bate à máquina em seu quarto, enquanto sua mãe vaga pela casa e fala.)

MÃE — *(Vagando pela casa.)*... sempre quis que você casasse cedo. Seu pai era contra homem casar cedo, mas eu sempre quis. Você está gostando dessa menina, não é Rodrigo? Pára de bater nessa máquina, o que você tanto escreve aí? Uma carta?

RODRIGO — Uma estória.

MÃE — Estória sobre o quê?

RODRIGO — Dizem que durante os incêndios das florestas, os grilos giram ao redor das chamas. Não conseguem sair dali, atraídos pela luz. Aproximam-se cada vez mais e morrem queimados. Sobre isso.

MÃE — *(Indo deitar.)* — Se eu fosse homem, tinha cursado engenharia. Se você quiser ver eu me divertindo, me dá uma planta pra modificar. Quando seu pai armou aquela incorporação, quem fez a planta fui eu, aquele engenheiro não valia nada...

RODRIGO — Mãe, deixa eu escrever.

MÃE — Você pensa que eu quero você pra mim, pra eu não ficar sozinha. Bobagem...se tem uma coisa que eu sei, é ficar sozinha. Teu pai era muito safado, com aquela cara de inocente. Mas tinha bom coração. Por isso a doença pegou ele tão cedo, você com 5 anos! Cuidado com a vida, Rodrigo! Às vezes ela faz umas com a gente, que só vendo...

Cena 4

(Numa rápida reversão de luz. A cena agora se passa num outro dia, embora no mesmo lugar: casa de Rodrigo quando Rodrigo levou Adriana à sua casa, pela primeira vez, para conhecer sua mãe. Adriana invade a cena.)

RODRIGO — Mãe, essa é Adriana.

ADRIANA — Muito prazer.

MÃE — Desculpe os trajes. Eu já disse a Rodrigo pra não trazer ninguém sem me avisar, estou dando um jeito na casa. Desculpe, minha filha, não é contigo não.

ADRIANA — Nós podemos voltar outra hora.

MÃE — Já que veio, fique. Ele não me fala de você. Tem um café na cozinha, quer?

ADRIANA — Não se incomode.

MÃE — O Bastos do seu sobrenome é o do cartório?

ADRIANA — Meu avô paterno teve um cartório. Não pertence mais à família.

MÃE — Pena. Sempre quis que Rodrigo cursasse direito, é a melhor profissão. Mas ele preferiu engenharia.

RODRIGO ADULTO — *(Off, narrando, enquanto a cena se modifica.)* ...minha mãe morreu bem idosa, quase noventa. Ela resistiu, era forte. Sempre foi uma pessoa egocêntrica. Talvez por isso, em seus últimos anos foi perdendo a memória, o sentido das coisas, até não me reconhecer mais. Um dia avançou pra mim e me mordeu! Ficou louca, minha mãe velhinha! No final, vivia num mundo só dela, onde ninguém penetrava, uma outra realidade. Foi essa a última concretude que minha mãe me ensinou, que existem mesmo outras realidades. Hoje não posso entender por que brigávamos tanto, por que cismei que ela me fazia tanto mal. Bobagens da vida. Hoje sinto saudades, muitas, saudades de filho, só isso. Sei que é um lugar-comum.

Cena 5

(Um beijo ardente, sob um fundo grená. Compreende-se logo que é madrugada, na sala da casa de Adriana, eles se beijam à meia-luz. Excitados, descobrem o sexo.)

RODRIGO — A porta está aberta?

ADRIANA — Não. Fechei.

RODRIGO — Estamos fazendo barulho.

ADRIANA — Não se ouve nada lá dentro.

(Beijam-se. Rodrigo toca-lhe os seios.)

RODRIGO — Posso?

ADRIANA — Pode.

(Beijam-se.)

ADRIANA — Quero ser tua.

RODRIGO — Também sou teu.

(Rodrigo enfia a mão por debaixo da saia.)

ADRIANA — Não, por favor...

RODRIGO — Deixa...

ADRIANA — Cuidado, eu sou virgem...

(*Rodrigo toca o sexo dela.*)

ADRIANA — Não, por favor...

RODRIGO — Está bem.

ADRIANA — Não hoje. Outro dia.

RODRIGO — Por quê?

ADRIANA — (*Abraçando ele forte.*) Hoje fiquei com raiva de você! (*Afasta-se dele.*)

RODRIGO — Por causa de minha mãe?

ADRIANA — (*Irritadíssima.*) Ela não podia ter sido mais desagradável.

RODRIGO — Mamãe é nervosa.

ADRIANA — Você desculpa muito ela. Te tratou como se você tivesse 5 anos! Por que você deixa ela te tratar assim?

RODRIGO — É assim que ela me trata! Não tem uma vida própria, como teus pais.

ADRIANA — A vida é a mesma pra todo mundo. Ela te obriga a ser o que você não é!

RODRIGO — Você não entende...

ADRIANA — Se eu não entendo é porque não te amo! Quem ama entende.

(*Olham-se, feridos.*)

NARRAÇÃO DE RODRIGO ADULTO — (*Fechando a cena.*) — ...Todos nós estamos acostumados com uma certa impotência, não é verdade? Diante da morte, por exemplo, somos impotentes... Ainda assim, a impotência sexual, em particular diante da pessoa que se ama, é uma coisa muito angustiante... Não sei se o amigo já passou por esta situação, além de que não tenho intimidade para perguntar. Mas é comum, chega a ser comum. Por favor, não ria! Não foi em vão que a Natureza concedeu ao homem a impotência... É a demonstração inequívoca da fragilidade do nosso poder...

Cena 6

(Cândido e Rodrigo jogam dados, a "generala".)

CÂNDIDO — Eu vou nos reis.

RODRIGO — Pronto. *(Joga os dados.)*

(Jogam. São ágeis. Divertem-se: é um jogo duro.)

CÂNDIDO — Vi que você ficou chocado com aquilo que Estela falou sobre o julgamento de Nuremberg.

RODRIGO — Não entendi o que ela quis dizer.

CÂNDIDO — Estela vem de uma família muito tradicional. Os ideais do fascismo, da salvação do mundo através da raça pura, comoveram muito a ela. E a mim também, toda nossa geração. Depois veio Hitler e transformou tudo num crime hediondo. Mas isto veio depois.

RODRIGO — O senhor também chegou a simpatizar com os nazistas?

CÂNDIDO — Fui membro do partido integralista. Mas em 1938 já tinha me desiludido de tudo e saí. Quatro noves, marco o *four.*

RODRIGO — Nasci em 1936. Parabéns, seqüência de mão.

CÂNDIDO — Não pode ter nenhuma idéia do que estou falando.

RODRIGO — Se o senhor me explicar... três damas. É a média.

CÂNDIDO — Naquele tempo eu acreditava que o futuro do mundo podia depender de mim. Que a sociedade deveria ser comandada por uma elite, com maiores dotes e aptidões, capaz de conduzir os outros... à felicidade.

RODRIGO — Seria maravilhoso se fosse assim.

CÂNDIDO — Mas não é. Sofri muito quando descobri que não funcionava. Tento o *four*. Talvez estejam nas elites exatamente as pessoas menos indicadas para realizar o bem social. Agora dependo de quê?

RODRIGO — Meu Deus, por quê? Estamos empatados, praticamente.

CÂNDIDO — Porque há nelas um cansaço! Existem pessoas melhores que as outras, isso é inegável. Aquelas de espírito mais sutil... Mas é justamente que primeiro surge o desespero. O desespero da própria condição humana. Que é uma coisa péssima para a política! Hoje não tenho dúvidas: a democracia é o melhor sistema. Três damas.

RODRIGO — Todos iguais perante a lei. Mesmos direitos. Mesmos deveres. Seqüência?

CÂNDIDO — Todos iguais perante a vida! Por mais falso que isto possa ser, por mais injustiças que possa gerar. Sabia que somos primos, Estela e eu? Sua geração é muito menos politizada que a nossa. O que de alguma forma é ruim mas de alguma forma é bom. Cinco valetes, parabéns! Adoro ver uma generala, mesmo quando não sou eu quem faço.

(A política não é para os jovens, não combina com nenhuma inocência.)

RODRIGO — Só sei que ninguém é igual a ninguém. Verdade que o senhor vai trabalhar numa grande fábrica de automóveis? Numa multinacional?

CÂNDIDO — Quem te disse?

RODRIGO — Adriana.

CÂNDIDO — Fui convidado para um cargo de diretoria, por causa dos trabalhos que tenho feito para o banco. Estela quer muito que eu aceite. Mas pra mim é difícil, sou muito nacionalista, sempre fui, penso que a conflitarei... Embora veja os tempos mais sorridentes com esse governo Kubitschek. Estudei muito o assunto, talvez eu possa ser bem útil na questão da indústria automobilística... mas dentro de uma multinacional...

RODRIGO — O senhor será útil em qualquer lugar.

CÂNDIDO — Não sei.

RODRIGO — Escrevi um conto, acho que é um poema. Gostaria que o senhor lesse. Me desse uma opinião.

CÂNDIDO — Estamos pelos ases. Ganha quem fizer mais.

NARRAÇÃO DE RODRIGO ADULTO — *(Fechando a cena.)* ... Demócrito, o grego, pré-socrático, lançou a seguinte interessante questão, naqueles idos tempos: se a alma instalasse um processo contra o corpo, ou vice-versa, pelos danos e sofrimentos causados a uma pessoa durante sua vida, quem você condenaria? O corpo ou a alma? "A alma", responde Demócrito, surpreendentemente. É ela quem destrói o corpo, por negligência. Que o enfraquece por embriaguês e o corrompe por volúpia.

Cena 7

(Numa tarde de maio. Rodrigo tem uma rosa na mão, e está diante de Estela. A cena se passa na sala da casa de Cândido e Estela. As cortinas brancas são iluminadas pelas luzes de um entardecer que cresce.)

Estela — Eu vou bem. E você?

Rodrigo — Adriana não está? Vim de surpresa...

Estela — Ela foi ao curso de francês na Aliança. Não quer esperar?

Rodrigo — Volto depois.

Estela — Entra um pouco. Nem parece primavera, está um dia de verão.

Rodrigo — Na faculdade estava quentíssimo. Sua casa é tão bonita, assim de tarde.

Estela — Vou agradecer e concordar. Também gosto muito de minha casa. Quase não saio! Gosto muito de ler, ouvir música, então a casa, para mim, é um lugar importante. Tudo que eu gosto e acho bonito trago para dentro de casa. Vou oferecer, senão sei que você não vai pedir! Não quer que eu ponha num vaso essa flor que você trouxe?

Rodrigo — Não é preciso. Já vou embora.

Estela — Lindo entardecer estamos tendo hoje! É o maio, é o maio. *(Emocionada.)* Quando vejo uma tarde assim, esqueço os aborrecimentos e penso: "Estela, não seja ingrata!" A vida nos deixa pelo menos um bem precioso.

Rodrigo — O quê?

Estela — A beleza. Existe outra coisa mais importante?

Rodrigo — Não sei.

Estela — Tem de saber, você é um poeta. Não por causa do poema que você prometeu mostrar a Cândido. Ele me falou, o indiscreto. Vocês são todos iguais, sabia, os poetas? As almas muito diferentes, mas a aparência... Num poeta somente é possível ver os olhos e as mãos. Que belo entardecer!

Rodrigo — "Um momento de beleza é uma alegria para sempre."

(Valsa lenta.)

ESTELA — Ele está certo. A vida só vale enquanto bela. De miséria e dos miseráveis, dos limites e das imperfeições, já sabemos tudo. Eu tento não ver! Além da beleza... do lado de lá existe apenas o imoral. Como você vê, também sou uma romântica...

RODRIGO — A senhora e seu Cândido são pessoas como eu nunca conheci. Antes de chegar nesta casa eu me sentia só. Agora não me sinto mais. Eu e Adriana pretendemos nos casar no início do ano, assim que eu terminar a faculdade. Ela vai brigar comigo se souber que eu lhe disse. Queria dizer ela mesma.

ESTELA — Fica sendo um segredo nosso. Quando ela vier falar comigo, não saberei de nada. Vocês estão decididos? O casamento é uma coisa tão séria! Não seria melhor esperar um pouco? Testar um pouco mais a convivência?

RODRIGO — Não temos medo.

ESTELA — Deveriam ter. O amor é uma coisa tão delicada, e o cotidiano corrompe essa delicadeza. Não acredito nessas coisas modernas, de que é possível amar muitas vezes. A vida é pequena demais para isso. Ou o amor é grande, não sei! Não acha?

RODRIGO — Acho.

ESTELA — Pronto, já surgem as primeiras estrelas! De qualquer modo, será um prazer ter você na família.

(A situação fica extremamente bela e romântica. A tarde inclinando as luzes e criando grandes sombras.)

RODRIGO — Tenho de ir. Prometi a minha mãe jantar em casa.

ESTELA — Digo a Adriana que você esteve aqui. Não vai levar sua flor?

Rodrigo — A senhora por favor bote dentro de um vaso.

Estela — Presente para mim?

Rodrigo — É.

Estela — Obrigada. *(Sorri.)*

Narração de Rodrigo adulto — *(Fechando a cena.)* Logo depois de meu casamento com Adriana, num verão que passamos numa casa de campo, eu descobri que dona Estela tinha um amante. Antes eu não sabia que dona Estela tinha um amante. Isso lhe surpreende? Quantas vezes, depois da morte de Cândido, tive vontade de procurá-la! Falar com ela, saber como ela viu aqueles tempos confusos... Sobre a vida dupla que ela levava, sobre seu Cândido, sobre o amante e sobre mim... De como ela permitia que aquele adolescente a amasse tanto assim, naquele fim de tarde, de maio... Mas creio que ela gostasse de conversar sobre essas coisas! Negaria tudo, as evidências mais claras, diria que não sabe de que eu estou falando... preferindo manter-se dentro de mim como eu a vi e adorei, ali naquela tarde, fim de tarde de maio.

Cena 8

(Cândido invade a cena, entrando em sua sala. Vem ativo, jovial, vivo. E com uma missão a cumprir. Rodrigo está esperando por ele.)

Cândido — Muito bonito o seu poema. Você é um escritor!

Rodrigo — Obrigado.

Cândido — Não tem de quê, fiquei realmente impressionado. Particularmente com o copidesque que você fez sobre seu próprio material. Nota-se que a coisa em si foi escrita num sorvo, mas os cortes à caneta! Você cortou apenas o desnecessário...

RODRIGO — O senhor acha?

CÂNDIDO — Você é um escritor! Quanto à tragédia do grilo e da chama, o desejo do prazer a qualquer preço, enfim o direito e a liberdade de satisfazer um honesto desejo... são assuntos complexos. Mas que, no seu nível de profundidade, você realiza com muita emoção. Seu grilo tem todo direito de queimar-se na chama.

RODRIGO — Como assim?

CÂNDIDO — Você é um escritor, desculpe lhe dizer isso.

RODRIGO — Desculpe?

CÂNDIDO — Porque sei que é um peso, ora essa! Escreva mais, sempre que puder. É importante que haja escritores no mundo.

RODRIGO — Essa é minha grande discussão com minha mãe; ela acha que...

CÂNDIDO — Eles não entendem. Que o mundo se desarmaria, se não houvesse a inteligência. A sociedade criou a nosso redor uma redoma de ilusões. Um grande espetáculo, na maior parte de mau gosto, para que os homens esqueçam a realidade dolorosa de sua condição. Que nascemos, vivemos sem saber por que e logo morreremos, ansiosos por viver ainda muito mais. A inteligência e a arte, que é sua forma maior, parece não ter lugar dentro desse quadro, concordo. Nessa medida é preciso ter fé, perceber que a pintura de um Picasso, de um Cezanne, El Greco, Fra Angelico, a música de Beethoven, Vivaldi, Mozart, um livro de Dostoievski, um filme de Rosselini... são pontas do *iceberg* do grande mistério! E que apenas servindo a isto vale a pena viver. Isto é o real. A inteligência é a capacidade de perceber o real, único caminho da salvação nesses nossos tempos apocalípticos. Agora quem falou demais fui eu.

RODRIGO — Por favor, eu agradeço! Nunca ouvi ninguém falar assim. Ouço suas palavras... Como se fossem minhas!

CÂNDIDO — Espere um pouco. Quero lhe mostrar uns livros.

(Sai e volta um momento depois com um livro.)

CÂNDIDO — Ouça. *(Lê.)* "Agora irei sozinho. Ide também sozinhos, assim eu quero: quem for meu discípulo que não me siga."

NARRAÇÃO DE RODRIGO adulto — *(Fechando a cena.)* ...Beethoven e Nietzsche são apenas convidados especiais na orgia de descobertas daquele início da minha vida. Cézanne, Picasso e El Greco, O'Neill, Dostoievski, Tchecov, Rosselini, Felinni, Kubrick, Vivaldi, Berlioz, Mozart e outros amigos de quem não me lembro agora invadiram minha alma com a decisão cortante de um machado, e nunca mais fui o mesmo. Vieram pela mão de seu Cândido. E, com eles, a certeza de uma vastidão que minha alma sempre intuiu.

Segunda Parte: O Corpo

Primeiro fôlego: os pinheiros altos.

(A iluminação se transforma em outra, verde, que lembra os pinheiros, os pinheiros altos.)

NARRAÇÃO DE RODRIGO adulto — *(Iniciando o fôlego.)* Casamo-nos, eu e Adriana, no civil e no religioso, poucos meses depois. Mas nas almas e nos corpos, não nos casamos, continuamos a ter os problemas. Adriana e mamãe se odiando polidamente, porém cada vez mais. E nós nos importando com isso, imaginem o absurdo — os jovens adoram um problema no amor, são idiotas. Como se o amor somente se completasse tragicamente...

(Valsa.)

Queríamos ser um só, Adriana e eu, não suportávamos as diferenças. Uma vez, indo para a faculdade de engenharia, lembro-me que parei na Cinelândia para ver um velho alimentar os pombos. Aquilo para mim foi tão bonito, não sei bem por quê, que em certo momento tive de sair fugindo de lá. Porque Adriana não estava. Porque era uma traição a ela assistir sozinho a algo tão bonito... Os jovens são loucos, que pena! Perdem tempo, como se houvesse tempo a perder.

Cena 2

(A cena se passa no jardim de uma casa de campo, numa cidade de serra.)

ADRIANA — *(Levando Rodrigo pela mão.)* Olha como as folhas se movem...

RODRIGO — A brisa lá em cima é forte. Nunca vi um lugar assim.

ADRIANA — Bobinho, é só uma casa de campo. Papai sempre dá um jeito de alugar uma no verão.

RODRIGO — Nasci em Botafogo. Nunca passei um tempo maior assim fora do Rio.

ADRIANA — *(Beijando ele.)* Você vai ver quando descer a noite. Existem mais estrelas que você pensa.

(Música. Reversão de luz, desce a noite. E surgem as estrelas. Estela aponta, dona do céu.)

ESTELA — Órion, o caçador. As quatro estrelas formando o retângulo, com as três Marias no centro. A vermelha, da ponta do retângulo, mais perto do horizonte, chama-se Betelgeuse; duzentas vezes maior que o Sol...

ADRIANA — *(Rindo.)* Eu desconhecia, mamãe, este seu doutorado em astronomia...

ESTELA — Pois saiba que não aprendi com seu pai. Foi com meu pai, fique sabendo!

RODRIGO — Pena que seu Cândido não possa vir durante a semana.

ESTELA — Me sinto feliz debaixo de um céu assim!

ADRIANA — Eu vou lá pra dentro ler um pouco.

ESTELA — Vá, eu já vou também, quero dormir cedo, mas deixe Rodrigo, ele que prefere as estrelas.

(*Adriana sai.*)

ESTELA — Poeta!

(*Rodrigo quase se assusta.*)

ESTELA — (*Com carinho.*) Poeta! Você e Cândido se parecem até fisicamente. Quando ele era moço, tinha esse tipo de olhar. Perturba, sabe? É como se você fosse o nosso filho, e não Adriana.

(*Estela vai.*
Música.
Logo Adriana aparece, como se estivesse apenas esperando Estela sair. Fala baixo.
São duas crianças na noite.)

ADRIANA — (*Sofrida.*) Você não vem dormir? (*Beijam-se apaixonadamente.*) Você ainda gosta de mim? Ou somente se distrai com as frases de mamãe? Hoje ela está com a corda toda, é a dona do céu... A família diz que meu bisavô era também assim, homem de frases. Ele tinha terras, era rico, morreu de insuficiência respiratória, asfixia. Conta a família que o médico, seu amigo pessoal, vendo a triste situação, foi consolá-lo, dizendo: "Coragem, Carlos". Ao que ele respondeu: "Coragem eu tenho, o que me falta é ar". Vem dormir. Se não lutarmos pela nossa relação, quem vai lutar? (*Beijam-se.*)

RODRIGO — Não adianta. Vamos tentar ficar juntos de novo... e não vamos conseguir... Desculpe.

ADRIANA — Não se desculpe. A culpa não é só sua. Eu também não cumpro a minha parte, não me envolvo... É como se não tivesse de ser.

RODRIGO — Adriana, eu te desejo tanto!

(*Jogam-se nos braços um do outro. Beijam-se.*)

ADRIANA — O nosso amor não serve mais. Já está magoado, já foi quebrado o encantamento.

RODRIGO — Outro dia, indo para a faculdade, eu passei pela Cinelândia e vi o velho que alimenta os pombos. E aquilo me pareceu belo, muito belo. E então eu me senti culpado e fugi dali. Não podia ver uma coisa tão bela se você não estivesse ao meu lado.

ADRIANA — Você só fala em culpa. Comigo e com sua mãe. Você já telefonou pra ela, pra avisar que chegou?

RODRIGO — Já, mas isso são bobagens...

ADRIANA — Bobagens que machucam. Você é fraco, Rodrigo, diante de sua mãe, diante da minha, diante da vida, você se deixa levar. Quando é preciso me deixar para trás, você deixa. Não deviam existir pais nem filhos. Devíamos nascer sós, conforme vivemos.

RODRIGO — Vamos pra cama. Hoje vai dar certo.

ADRIANA — Não me toca! Me arrepiei toda, só de você me tocar! É muito humilhante... Melhor você ir dormir e me deixar aqui fora...

RODRIGO — *(Tentando tocá-la.)* Nós somos muito diferentes...

ADRIANA — É isso, somos muito diferentes. Eu tenho de ter forças pra me separar de você...

(Subitamente vê alguma coisa e leva um susto! Fala com medo.)

ADRIANA — Olha ali!

RODRIGO — Onde? Não é possível!

(Eles correm e se escondem para não serem vistos.)

ADRIANA — *(Num sussurro.)* Ali, na janela, no quarto da mamãe!

RODRIGO — Um homem! Ele saiu do quarto!

ADRIANA — Olha as mãos dela! Fechando a janela!

(*Uma sombra que atravessa, veloz, a cena. É tudo o que se vê. Silêncio por um longo instante. Adriana cai num pranto convulsivo, de mágoa e ódio.*)

ADRIANA — Vergonha, que vergonha...

RODRIGO — (*Aflito.*) Calma, calma!

Cena 2

(*Luz agora aparece apenas entre os pinheiros, no tempo do passado. Cândido atravessa o jardim, chegando na casa.*)

RODRIGO — Seu Cândido...

CÂNDIDO — (*Num susto.*) Sim?

RODRIGO — Sou eu.

CÂNDIDO — O que você está fazendo no escuro? Onde estão as pessoas?

RODRIGO — Adriana levou dona Estela ao cinema. Para que eu pudesse falar com o senhor...

CÂNDIDO — Você me assusta. Por que não sai da sombra?

RODRIGO — Dona Estela tem um amante.

(*Silêncio.*)

CÂNDIDO — Tenha calma. Vocês descobriram como? Adriana quis que você falasse comigo? Por que ela não está aqui?

RODRIGO — Não teve coragem, pediu que eu viesse. Adriana disse que já sabia, já desconfiava, que até já viu os dois na rua. E ontem... Um vulto saindo da janela do quarto, a noite passada. Dona Estela tem um amante. *(Surpreso.)* O senhor sabia?

CÂNDIDO — Sabia, tenha calma.

RODRIGO — E sabe quem é?

(Fica em silêncio.)

RODRIGO — O senhor sabe há muito tempo?

CÂNDIDO — *(Resolvendo falar.)* Estela tem esse caso há mais de dez anos. Adriana era uma menina quando isso começou. Morávamos ainda no sítio de Petrópolis. Adriana era uma menina.

RODRIGO — Não entendo.

CÂNDIDO — Ele era um homem bem mais moço que ela, quando tudo começou. Um rapaz, da sua idade. Que se apaixonou por ela. Filho de um antigo companheiro de luta política. Se apaixonou por ela. Faz mais de dez anos isso.

RODRIGO — Mas ela? Por quê?

CÂNDIDO — Estela não pode viver sem a paixão. Nos primeiros tempos eu não percebia. Sabia, sim, que ela não me amava como antes, mas me culpava disso. Eu andava muito absorvido. Com o trabalho, a política, o livro. Achei que de alguma forma a culpa era minha. Depois tudo ficou mais claro. Um dia Estela me comunicou, isso também faz muito tempo, que não queria mais ter relações sexuais comigo. Que, já que ela não me amava mais, sua moral não permitia que ela tivesse relações comigo. Sofri muito. Mas não quis a separação, a quebra da família. Um dia desconfiei e botei um detetive atrás. Ele comprovou tudo. Pra mim foi tão difícil acreditar que Estela pudesse amar um homem tão mais moço, mas era verdade. Então eu quis que ela confessasse. Me falasse tudo. Mas Estela negou. Durante anos, diante da evidência mais clara, ela negou!

RODRIGO — E por que o senhor não foi embora? Por que aceitou esse absurdo? Por que continuou em casa?

CÂNDIDO — Tenho um lado muito fraco. Eu poderia dizer que foi por causa de Adriana. Que eu não quis deixá-la sozinha. Esperei por você.

RODRIGO — E agora o senhor vai embora?

CÂNDIDO — Vou. A firma quer minha presença na diretoria de São Paulo, lá é que as decisões são tomadas. É uma boa oportunidade. Rodrigo, diga a Adriana que já sabia... Lembre a ela que amanhã vai ser domingo, e que estamos numa bela casa. Devemos viver esse domingo como se tudo estivesse bem, como sempre vivemos. Diga a ela... que peço isso.

Segundo fôlego: a agonia.

(As primeiras cenas deste fôlego final passam-se todas no hospital, quarto de Cândido e corredores.)

Cena 1

(Estela vai para a cabeceira de Cândido. Estela e Cândido, na noite no hospital.)

CÂNDIDO — Você é bonita. Se um artista inventasse seu rosto, não teria feito diferente.

ESTELA — Você sabe que eu não gosto que me digam que sou bonita. Já fui.

CÂNDIDO — Te vi com 18 anos agora. Essa febre, Estela, que não passa, me faz delirar. Ando veloz por todos os cantos da memória, como um carro sem direção. Divertido... mas perigoso. Eu não queria incomodar.

ESTELA — E isso é incomodar, Cândido?

CÂNDIDO — Tenho pensado muito em você. Mas uma coisa é pensar, a outra é ver.

ESTELA — Afinal, o que que você me arranjou? Tem certeza que esse hospital é bom? Vou ver se alguma coisa não está sendo feita. *(Vai sair.)*

CÂNDIDO — Estela. Me dá sua mão, só um instante. Como é ele? Quero ouvir de você. Agora posso perguntar.

ESTELA — Quem?

CÂNDIDO — Teu amante.

ESTELA — Eu não tenho amante.

CÂNDIDO — Você nunca me falaria dele, não é? Nem que a vida durasse 500 anos. *(Sente dor.)*

ESTELA — Muita dor?

CÂNDIDO — Não...

ESTELA — Sempre tive medo de dor.

CÂNDIDO — Perdão.

Cena 2

(Madrugada, quarto do hospital. Rodrigo na cabeceira de Cândido. Cândido delira.)

CÂNDIDO — Você está aí, menino? Você não me abandona, hein? Puxe esse lençol que eu estou com frio.

(Rodrigo endireita os pés do lençol.)

CÂNDIDO — Eles são horríveis aqui, esses enfermeiros. Quero ir para minha casa.

RODRIGO — O senhor logo vai. É só mais uns dias.

CÂNDIDO — Adriana está aí fora? Estou preocupado, ela é tão sensível...

RODRIGO — Ela foi um pouco em casa.

CÂNDIDO — Bom. Estela?

RODRIGO — Dona Estela está aí fora. Ela não sai daqui.

CÂNDIDO — Coitada. O lençol, escorrega. Fico com o pé de fora, sinto frio.

RODRIGO — Eu endireito.

CÂNDIDO — Rodrigo, eu vou morrer? Quero saber. E sei que você não vai mentir pra mim, vai me dizer.

RODRIGO — O senhor não vai morrer.

Cena 3

(Madrugada, hospital. Adriana na cabeceira do pai.)

CÂNDIDO — É você que está aí, filha?

ADRIANA — Eu.

CÂNDIDO — Fiquei calmo, agora. Nada está doendo. Devem ser os remédios que me deram.

ADRIANA — Talvez você esteja ficando bom.

CÂNDIDO — Parece que estou aqui há muito tempo. Tenho delirado. Você está bem?

ADRIANA — Estou.

CÂNDIDO — Muito preocupada?

ADRIANA — Bastante.

CÂNDIDO — Delirei com teus olhos. São enormes. Quando abri os meus, vi que era verdade. Chegue perto, filha. Fiz o possível, sabe, para que você fosse feliz. Se alguma coisa me acontecer, esta é a única obrigação que você tem comigo: seja feliz.

ADRIANA — Não fale assim, pai.

CÂNDIDO — Não, não pretendo morrer! Ainda tenho muito o que fazer na minha vida, muitos erros para corrigir!

ADRIANA — Quando você ficar bom, eu prometo ajudar você a se separar de mamãe.

CÂNDIDO — Vou fazer isso. Mas fica entre nós, promete? Sua mãe não é tão forte quanto parece. Sem nós ela vai se perder num turbilhão de ilusões. Você tem Rodrigo. É um bom rapaz.

ADRIANA — Eu só tenho você, meu pai. Com você eu serei feliz.

CÂNDIDO — Mesmo que eu morra — digamos — lembre que é natural que os pais morram antes dos filhos. Tente lembrar, embora para nossa família isto seja tão difícil... que você não é um fim, é um princípio. Não importa de onde tenha vindo, o ser humano nunca é um fim, é um princípio, ouviu bem, Adriana? Ouviu bem?

(Um tempo calados.)

CÂNDIDO — Adriana, eu vou morrer? Os médicos me desenganaram? Quero saber. Sua mãe jamais me diria. Rodrigo talvez não tenha coragem, o coração fraco, como eu. Mas você... talvez você! Eu vou morrer?

ADRIANA — Vai.

CÂNDIDO — Eu sabia que podia contar com você. Obrigado, você é uma ótima filha. Te amo muitíssimo.

Cena 4

(A cena agora é entre Rodrigo e Estela, num banco no corredor do hospital.)

Estela — Esses médicos entram e saem do quarto e dizem que estão fazendo o possível, mas eu não vejo nenhuma melhora. Talvez eles tenham desistido. Como você está?

Rodrigo — Bem, tenho fé.

Estela — Em Deus?

Rodrigo — Fiz uma promessa.

Estela — Qual?

Rodrigo — Se ele não morrer, eu vou dedicar minha vida a fazer vocês felizes. Ele, a senhora, Adriana, minha mãe. Vou amar vocês tanto e com tanta grandeza que vou fazer vocês felizes.

Estela — Você é um bom menino, mas não devia chorar assim. Não se deve nunca chorar na frente dos outros, por maior que seja a dor. É preciso manter a força, a dignidade, senão a dor toma conta. A vida é uma aventura maravilhosa, mas a fatalidade é soberana. Se ela chama, temos de nos apresentar. Mas com a cabeça erguida... Por que baixá-la?

Narração de Rodrigo adulto — Não pense o amigo, por um momento, que lhe conto uma estória verdadeira! Não existem estórias verdadeiras. A mentira é a alma do negócio. Quem era esse Cândido? Um homem é um conjunto de impressões mais ou menos vagas que deixa nos outros, essa foi a que ele me deixou... Ah, sim. Ele também tinha uma amante, também ele! Mas isso eu soube muito depois, no hospital.

Cena 5

(Calma do hospital, leito de morte.
Dia. Rodrigo na cabeceira de Cândido.
Luz ofuscante.)

RODRIGO — Como vai hoje, companheiro?

CÂNDIDO — Estou bem, estou ótimo. São fortes as injeções.

RODRIGO — O senhor vai ficar bom. Sinto falta de jogar dados. E das suas verdades.

CÂNDIDO — Rodrigo... Preciso de você mais do que você pensa. Preciso de um favor seu. Me perdoe. Rodrigo, tome nota de uma coisa.

RODRIGO — Nota?

CÂNDIDO — Sim, nota, é preciso.

(A mão de Cândido segura Rodrigo, como uma garra.)

Elisa, o nome dela é Elisa. 454223. Telefone pra ela e conte tudo sobre a minha situação. Ela deve estar muito aflita, é preciso que ela saiba. Faz pouco tempo, dois anos ou três. Me afeiçoei por esta pessoa. Eu me sentia só, terrivelmente só...

RODRIGO — Eu compreendo.

CÂNDIDO — Telefone agora, que é madrugada, para ninguém ouvir. E amanhã pode ser tarde. Essa coisa dentro de mim está me vencendo rápido. É minha amante, eu tenho uma amante. Telefone. Não tenho mais a quem pedir isso.

RODRIGO — Eu telefono.

(Rodrigo vai ao telefone.)

RODRIGO — Dona Elisa... Seu Cândido mandou telefonar. Não, ele não está em São Paulo, está no Rio, por isso a senhora não encontrou. Ele pediu pra senhora não vir cá. É uma virose. Eu lhe telefono todos os dias, dando notícias. Ainda não encontraram os antibióticos, os usados até agora não funcionaram bem. Preocupa, sim. Mas há esperanças, eu lhe telefono. Deram calmantes. Não está sofrendo. Ele não sabe.

Não, eu não estou mentindo. A senhora não pode vir, não, se houver piora eu telefono, confie em mim.

(Corre para a cabeceira de Cândido.)

RODRIGO — Falei com ela. Ela está bem. Manda um beijo. Manda dizer que ama o senhor. Que vai ficar ao lado do telefone esperando notícias.

CÂNDIDO — Ela não é como Estela. Muito diferente. Notou pelo telefone. Pobrezinha, deve ter ficado desesperada de vontade de vir para cá... Ela me ama de verdade, Rodrigo, mais do que Estela jamais me amou. Na cama, Rodrigo!

RODRIGO — Não fale tanto, o senhor não pode.

CÂNDIDO — Não podia confessar que eu tinha uma amante. Não podia, mas agora posso. Posso, agora eu posso tudo. Eu estou bem, estou bem, a dor passou... Elisa, ela se chama. Um dia Elisa me pegou pela mão e me levou para fazer amor com ela dentro de uma banheira, Rodrigo, na banheira do apartamento. Não é engraçado? E foi inesquecível. Vivi pouco esse lado da vida, nem sabia que existia. Não contei nunca isso a ninguém, da banheira, viu? Fica entre nós dois, entre nós três. É um segredo de nós três.

(Cândido está possuído. Puxa Rodrigo para si, fala ofegante.)

CÂNDIDO — É como no seu poema, eu compreendo agora, compreendo tudo! O grilo se joga na chama! Um dia eu era criança e brincava, no colo de meu pai. Depois cresci e fui criança e ainda era bom. Depois cresci e perdi a paz! Somente as crianças vivem em paz! Perdi a paz, mas descobri o prazer! Uma criança não sabe quantos prazeres o mundo contém, ah, não sabe! Os rapazinhos é que descobrem! Passeiam para todo o canto e vêem como o mundo pode ser divertido, não é Rodrigo? Mas então, quase ao mesmo tempo, eles compreendem, compreendemos, que os prazeres têm seus preços, duros de pagar... Então nos revoltamos! Queremos ser felizes, queremos sentir todo o prazer da vida, já que estamos nela! É o grilo rodando ao redor da chama. E o tempo continua passando... e cada vez compreendemos mais! Agora é a vez de entender... que o prazer não é infinito. Não, não é! Acaba. Na morte! Se um homem pudesse sentir tanto prazer quanto ele sabe que existe, seria um Deus... Se pudesse viver o jardim das delícias tanto quanto pode imaginá-lo...

(Cada vez com mais intensidade, e com mais força, quase trazendo Rodrigo para dentro da sua morte.)

CÂNDIDO — O espírito não existe, Rodrigo, somente existe o corpo! O espírito não existe, é uma tolice! Se o doutor me der mais duas ou três dessas injeções maravilhosas que fizeram passar totalmente uma dor que me rasgava... se ele me der mais duas ou três injeções eu sei que vou morrer. E talvez a morte seja o maior prazer! O grilo se abraça com a chama! Telefona para Elisa, Rodrigo, quando eu morrer, não deixe ela sozinha! Ela vai sofrer muito! É uma boa pessoa, avise você mesmo a ela, quando eu morrer.

(Morre. Blecaute lento.)

Cena 6

RODRIGO — *(Para a platéia.)* Foi ali, nos corredores do hospital, que ela se mostrou para mim... Nos corredores daquele hospital rezei com todas as forças para deuses em que não acreditava. Ali compreendi que se um dia fossem retirados de mim todos os meus entes queridos, isto não teria nenhuma importância, porque ainda assim eu poderia me lembrar deles. Ali, nos corredores do hospital, compreendi que mesmo que me jogassem numa cela asquerosa, para o resto dos meus dias, ainda assim eu poderia olhar por uma janela estreita e me lembrar da beleza do mundo, da beleza infinita do mundo. Ali eu compreendi que se a janela fosse emparedada, apagada a luz, meus olhos arrancados, bem como todos os meus sentidos, ainda assim dentro da minha cabeça eu poderia lembrar do Sol, da Lua, da beleza das árvores e das montanhas, dos livros de Dostoievski, Camus, Tolstoi, O'Neill, dos quadros de El Greco, Cezanne, van Gogh, Tanner, Goya, Modigliagni, da música de Mozart, Vivaldi, Puccini, Beethoven e toda a multidão dos guerreiros contra a morte. E que, portanto, dentro da minha consciência, ainda assim a maravilha da criação estaria intacta! E foi ali, nos corredores daquele hospital, que compreendi... que um dia a mão pesada virá para mim, como para Cândido. Virá de um alto infinito e esmagará a minha consciência. Vencendo assim o invencível. Derrotando assim, da mesma forma, o covarde e o bravo guerreiro.

(A cena modifica-se agora, completamente, ao som da voz de Maísa, cantando Bronzes e cristais:

Quem trilhar a senda florida
onde o bem se esquece do mal
verá que há momentos na vida
feitos de bronze e cristal...

Cena 7

(Um sofá gasto, uma poltrona, um tapete desolado. Elisa vai abrir a porta, chorando muito: é Rodrigo.
Está desesperada, mas tenta causar boa impressão.)

RODRIGO — Boa noite. Não deu para chegar antes. Errei de andar.

ELISA — Rodrigo? Rodrigo...

(Abraça-se com ele e chora.)

ELISA — Entra, não pode ficar na porta. Deve estar muito cansado. Desculpe a casa, está horrível. E uma desarrumação. *(Chora. Pára.)* Desculpe. É que eu tava bebendo um pouco de vinho. Quer um pouco? É nacional, mas é bom. Como estão todos lá? Acabou tudo, agora acabou tudo. Não... acredito, sabe? Que ele esteja lá, enterrado. Coitado, coitadinho... *(Chora muito.)* A vida não vale nada. *(Tentando se recompor.)* Mas você foi tão bom de ficar telefonando, e agora de ter vindo cá. Ele falava tanto de você... Ele gostava de você como um filho. Mais que um filho! Pronto, o vinho está aqui, não está muito gelado...

RODRIGO — Não tem importância.

ELISA — Ele gostava muito de você. Sempre dizia que você é muito inteligente. Você está sofrendo tanto quanto eu? Também gostava muito dele.

RODRIGO — Eu vim te dizer que o que eu puder ajudar... A gente não se conhece, mas você tem um amigo. Ele também falava muito de você, da senhora. Não sei se estou incomodando. Só vim porque tinha prometido vir, eu...

ELISA — Eu sei, e agradeço muito! Muito! Deve ser horrível para você vir cá depois de um enterro e se trancar dentro de um apartamento horrível, com uma velha horrível...

RODRIGO — Você não é velha...

ELISA — Sou, e agora sou mesmo! *(Bebe, ela bebe sempre.)* Nunca pôde passar pela minha cabeça aparecer na minha vida um homem como Cândido. Com ele não me sentia velha, ah, não! O que é bom dura pouco. Eu não merecia ele, de qualquer jeito... *(Pára.)* Ele sofreu muito, sofreu?

Você viu, estava lá, no fim? Se eu estivesse lá, não largava a mão dele... Iam ter de me arrancar pra eu sair de perto. Se eu estivesse no cemitério me jogava na cova, me conheço.

RODRIGO — Não posso lhe ajudar em nada. *(Levantando.)* Mas eu quero lhe deixar meu telefone, quero que você sempre saiba onde estou nos próximos dias...

ELISA — Fica, seu bobo, como pode estar incomodando? Que que você pensa que eu vou fazer quando você for embora? Sou capaz de fazer uma besteira? Vou me jogar na cama e vou chorar, me jogar contra a parede... Fica só mais um pouco. *(Enxuga as lágrimas, controla-se.)* Juro que não faço mais cena. Ele morreu, pronto, você veio me visitar. Ele gostava muito de você, por isso eu também gosto, tanto, tanto de você! Pronto. Não quer mais um vinho? Eu também vou tomar mais um. Fica, só mais um vinho! Prometo ficar calada, falar de outra coisa!

RODRIGO — Eu fico, então.

ELISA — Obrigada. Meia horinha só, depois eu deixo você ir. Adriana deve estar te esperando, não é assim o nome dela? Cândido falava muito dela também. Meu Deus, agora quem vai falar comigo?

RODRIGO — Você não tem família, amigos? Vou botar mais um pouco de vinho.

ELISA — Pode acabar com essa garrafa, eu tenho outra, mais uma na geladeira. Vou até abrir. *(Vai.)* Família, aqui não tenho, não. Minha mãe está viva mas mora no interior. Mas é como se não morasse, eu vim pro Rio tão cedo, me desliguei da família. Sabe como é, moça, eu queria viver no Rio! Vim trabalhar de secretária numa firma, depois fiquei trabalhando de secretária...

RODRIGO — Trabalha ainda?

ELISA — Larguei, faz tempo. Agora tava aí com um negócio de venda de perfumes, que não deu certo. Já vendi até jóias, mas ultimamente não. Agora vou retomar. *(Abre o outro vinho.)* Cândido me ajudava um pouco também. *(Com uma revolta súbita.)* Mas isso não tem importância, não, eu me viro, nunca precisei de homem pra viver... *(Serve-se de vinho.)* Esse está mais geladinho. E você? Faz engenharia, não é? Acho lindo engenheiro.

RODRIGO — Estou no último ano. Mas não pretendo viver disso, não tenho vocação.

ELISA — Você escreve também, não é? Poesias? Cândido me contava tudo.

RODRIGO — Tenho vontade de escrever uma peça de teatro.

ELISA — Se você quiser eu te conto uma porção de estórias, cada uma... Na vida eu já vi muita coisa! *(Ri.)* Estou ficando completamente tonta. Está me fazendo muito bem essa nossa conversa. Não quer tirar o paletó? *(Olha ele.)* Você é tão mocinho...

RODRIGO — Ele me disse que amava muito você. Pediu que eu te dissesse isso.

ELISA — Eu sei, ele era um doce... Tomava muito conta de mim. Só não esquecia da mulher! Mas quem sabe um dia até ia... *(Chora desesperada. Controla-se.)* Era um homem e tanto. Logo que conheci Cândido vi que ele era diferente. Fiquei apaixonadinha. Mas pra que ficar falando nisso? Não quero mais falar disso, acabou, pronto. Vamos falar de você. Você gosta de quê?

RODRIGO — Elisa, gosto de ler.

ELISA — Igualzinho a ele. Quem sabe um dia não podemos ir ao cinema? Agora eu queria ver se saía do Rio, se ia pra bem longe. Quem sabe visito minha mãe. Uma delícia esse vinho... Não estou bêbada não, estou?

RODRIGO — Não.

ELISA — *(Rindo.)* Eu, quando estou bêbada, passo por cada vergonha... Falo alto e não paro de dançar. Música, você gosta de música? Posso botar um disco na vitrola? É um disco que ele gostava muito.

RODRIGO — Pode. *(Bebe.)*

ELISA — Mas você não quer que eu ponha, não é? Afinal, estamos de luto. *(Tenta rir.)* Quando eu era menina, quando morria alguém na família, não podia tocar nem rádio durante um mês. Era pecado. Mas eu ligava escondido, sempre gostei de dançar... *(Bota o disco.)* Vou apagar um pouco essas luzes, está bem? Me fere a vista. Adoro um escurinho, mas sozinha, agora, não tenho coragem. *(Bota o disco. Um bolero vagabundo, romântico.)*

RODRIGO — *(Depois de um grande silêncio.)* Ele me ensinou muita coisa. E ensinou muita coisa para você. Agora morreu. Nós temos de ficar com ele vivo dentro da gente!

ELISA — Tenho um retratinho dele, quer ver? É o único que eu tenho, trago sempre na bolsa, é três por quatro. *(Senta ao lado de Rodrigo para mostrar.)* É assim que ele era. E nunca mais vou ver! *(Chora.)* Será que eu fui uma boa mulher para ele? É a única coisa que eu queria ter sido.

RODRIGO — Eu vou embora. Olha, acabamos com as duas garrafas de vinho. Tenho de ir embora, queria ficar um pouco com Adriana e com dona Estela.

ELISA — *(Dura.)* Ela também deve estar muito triste. Ela com aquele amante dela. Era uma ingrata, não sabia o homem que tinha dentro de casa. Eu sei de tudo, viu? Não, precisa pensar que eu não sei não. Ela é quem ganha mais com isso tudo! Ela ganhou. Cheguei até a pensar que ele foi assassinado, que mataram ele. Cheguei a pensar, de tão de repente! Não foi como se ele tivesse levado uma bala no peito? Porque tinha muita gente que não gostava dele... Os amigos do amante dela não gostavam dele. Na diretoria da Mercedes Benz não gostam dele. Até no Banco do Brasil tinha gente que não gostava dele. Mas que importância isso tem agora, não é mesmo? Nenhuma. Dona Estela é bonita como dizem?

RODRIGO — É muito bonita.

ELISA — E Adriana? Você está apaixonado por ela? Vocês, rapazinhos, têm sempre muitas namoradas...

RODRIGO — Eu não sou assim.

ELISA — Então pode ir embora. Talvez eu saia, telefone para alguém.

RODRIGO — *(Louco para sair dali.)* Gostei muito de te conhecer. Amanhã eu telefono para saber se você está passando bem. Ia esquecendo o cigarro.

ELISA — Eu vou estar passando bem. Também gostei de te conhecer.

(Estão na porta. Elisa beija ele no rosto. Ele também beija ela. Então Elisa desespera e abraça ele. Como uma fera.)

ELISA — *(Sussurrante.)* Me dá um beijo, um beijo de verdade, eu sei que você quer!

RODRIGO — *(Tenta se livrar dela.)* Não, eu não quero...

ELISA — Quer sim! Eu beijo bem, você vai ver... *(Beija ele à força.)* Não precisa contar pra ninguém, não, benzinho... *(Começa a tirar a roupa, desabotoa a camisa dele.)* Você é tão gostosinho, tem uma pele tão lisinha... *(Solta ele com brutalidade e tira a roupa inteira, numa rapidez espantosa.)* Vem, olha, tá vendo? Tá vendo meu corpo, eu estou pronta. *(Agarrando ele.)* Você vai gostar, eu vou te tratar bem...

RODRIGO — *(Tentando sair.)* Não por favor, deixa eu ir, eu não posso...

ELISA — Pode sim. *(Não deixa ele sair.)* Vem, meu cavalinho, deixa eu te pegar, deixa eu ver essa coisinha... *(Pega no pau dele.)* Delícia, delícia, tá ficando durinho, que pauzinho grande que ele tem... *(Vai abrindo o cinto dele.)* Vou fazer umas coisas que você nunca viu ninguém fazer, que só eu sei!

RODRIGO — Eu não posso, eu não quero...

ELISA — Quer sim! Então eu não estou vendo que você quer? Não tô vendo essa coisa grande, dura, estourando dentro da minha mão? *(Rolam no chão, Rodrigo beija ela.)*

ELISA — Isso! Vem, benzinho, quero você no fundo, eu te dou tudo! Vem chupar os peitos da mamãe, vem, nenê. Vem gozar muito, ai, como é bom! Enfia tudo, isso é que eu quero, morde... Vou te ensinar uma coisa. Você já fez carro alegórico? Sabe como é carro alegórico? Vem meu macho, me fode.

(A cena deve ser tão crua quanto possível, no limite do sexo explícito. Mas apenas por um instante. Logo as luzes vão ao escuro. No escuro, a voz de Rodrigo jovem, narrando, intenso.)

RODRIGO — Quando saí de lá eu queria correr, fugir. Foi demasiado o tempo de espera do elevador e meus pés se deixaram cair pelas escadas intermináveis, num barulho ensurdecedor. A portaria tinha um portão de ferro e, depois dele, amanhecia. O ar frio bateu no meu rosto. Então atravessei a rua e bebi mais, no botequim em frente, um gole só. E comecei a andar. Andei muito, quando dei por mim estava diante de Adriana. Eu queria falar com ela. Tinha uma coisa para dizer a ela.

Cena 8

(Rodrigo diante de Adriana.)

RODRIGO — Vim cá acabar o nosso caso, para sempre. Nunca mais quero te ver, quero que você me odeie. Não fica triste, você vai logo arranjar alguém que te foda direito. Eu vou indo, que na minha casa tem uma velha me esperando, que não faz outra coisa na vida senão mendigar pra eu ficar ao lado dela, ela é nojenta. Deixa eu levar o disco do Beethoven. Diz pra sua mãe que eu levei, de herança do teu pai. Ela fica bem de preto, sua mãe, vai chorar muito no quarto escuro para ninguém ver, sete dias e sete noites, e depois vai descansar nos braços do garoto dela — ele é que teve sorte, ela é bonita, sua mãe. Olhe, seu pai tinha uma amante, eu nunca te disse nada. Hoje eu fui lá e fodi com ela. Com você eu ficava impotente, com ela não fiquei, não. Tenho um pau enorme, sabia? Agora vou embora mesmo. Andar, andar até cair no chão, cansado. Aí eu vou pedir pra morte me levar pra junto do teu pai, mas a sacana nem vai me dar bola e eu vou levantar e vou continuar a andar.

(Música concerto para violino de Beethoven.
A cena muda completamente, suavizando-se e voltando ao clima verde da deslumbrante natureza dos pinheiros altos.)

Epílogo

NARRAÇÃO DE RODRIGO ADULTO — *(Enquanto o ambiente se forma.)* Estórias são estórias. Pesos que é preciso lançar irresponsavelmente no mar da fantasia, para que a alma fique mais leve e assim possa olhar o alto dos pinheiros. Talvez apenas as estórias belas devessem ser contadas, os poetas sabem disso e os músicos também... Me lembro, por exemplo, de um dia naquela casa de Teresópolis, quando dona Estela leu um poema para nós. Foi bom, ali. Pena que minha mãe não estivesse. E Elisa, pena que não estivesse também. O ar estava frio, bom de respirar, e dir-se-ia que o tempo, ele mesmo, podia parar naquele instante, sem que nada no Universo reclamasse.

(Durante esta narração, Rodrigo Jovem trará para a cena todos os personagens: Cândido, Adriana, dona Estela. Por último traz também sua mãe, que deixa um pouco afastada. Compõe com eles um cenário, sob os pinheiros. Então traz também Elisa.
Rodrigo é, agora, mais que o personagem, o autor e manipulador da própria peça a que assistimos.
Reúne todos os personagens ali, gentilmente. Embaixo dos pinheiros, entrega um livro a Estela, senta-se entre eles.
Então a cena está armada e pode começar.)

ESTELA — *(Lendo o livro.)*

> Sim, sei bem
> Que nunca serei alguém
> Sei de sobra
> Que nunca serei uma obra
> Sei, enfim
> Que nunca saberei de mim
> Sim, mas agora,
> Enquanto dura esta hora
> Este luar, estes ramos,
> Esta paz em que estamos
> Deixem-me crer
> O que nunca poderei ser.

(Ela fecha o livro. Sabe que leu bonito.)

RODRIGO — *(Temeroso de ferir o silêncio.)* — A senhora lê tão bem!

ADRIANA — Lindo!

ESTELA — Não sou eu, é o Pessoa.

CÂNDIDO — Mas que não recusa sua ajuda. Se estivesse entre nós também estaria aplaudindo.

ESTELA — *(Vaidosa e feliz.)* — Ó Cândido, você com seus elogios domésticos!

CÂNDIDO — São sinceros.

(Adriana e Rodrigo aplaudem, brincando.)

ESTELA — Assim fico encabulada, nunca mais leio outro! Querem um pedaço de bolo? Tem recheio de baba-de-moça, está ótimo, tenho até medo de engordar...

ADRIANA — Mamãe! Olhe como papai te olha! Parece um rapazinho apaixonado!

ESTELA — *(Olha.)* Deve ser este vestido que mandei fazer, é da cor que ele gosta. *(Para Cândido.)* Verdade, Cândido, que depois de tantos anos você ainda é apaixonado por mim?

(Cândido não responde, enrubesce.)

RODRIGO — Responda, seu Cândido!

CÂNDIDO — Nunca neguei esta evidência.

(Riem. Concerto para violino.)

AMORES
(Três atos, tempo atual)

(Colaboração de Priscila Rozembaum, março de 1995)

Personagens

TELMA E LUÍSA, irmãs, na faixa dos 30
PEDRO, marido da Telma, 35
RAFAEL, paixão de Luísa, 35
VIEIRA E CÍNTIA, pai e filha, 59 e 20

I ATO

Cena 1

(Vieira joga xadrez com Telma. No tabuleiro de xadrez.)

VIEIRA — Ingrata.

TELMA — Quem?

VIEIRA — Minha filha.

TELMA — Finalmente. Eu estou aqui há duas horas e quinze, morrendo de fome porque você me convidou pra jantar e não me levou, quis beber um uísque antes. Eu falei está bem, mas um só. O que que você disse?

VIEIRA — Juro que é um só.

TELMA — A garrafa tá na metade, você é um alcoólatra.

VIEIRA — Não é qualquer um que pode ser um alcoólatra. Eu bebo, fico cansado no dia seguinte, alcoólatra não fica.

(No plano geral.)

TELMA — Calma, Vieira, não exagera, até parece que o menino te deu um tapa na cara.

VIEIRA — Como é que você adivinhou?

TELMA — O menino te deu um tapa?

VIEIRA — Na cara.

TELMA — Em público?

VIEIRA — Não tinha muito público. Foi na porta do Teatro Ipanema, eu tinha ido ver uma peça lá. Eu fui ao teatro com eles, eles me convidaram, primeira vez que a gente se via depois de Nova York...

TELMA — Um tapa, assim sem motivo?

VIEIRA — Não propriamente sem motivo. Que parece que o menino fez uma peça de época na escola de teatro que ele freqüentou um mês e meio. E era uma peça do século XVIII, e ele estava bem no papel, e vestiu aquelas roupas, e tinha uma cena de bofetada que fazia sucesso, e ele ficou achando que bofetada, além de normal, é o máximo. Parece que deu duas, no Hipódromo, na semana passada.

TELMA — Xeque.

VIEIRA — Não é xeque. Você não pode me dar cheque, senão você entra em xeque.

TELMA — *(Movendo outra peça.)* Aqui pode?

VIEIRA — De peão. E esse é mate, mesmo. E eu detesto levar mate de peão. Joguei mal, não foi vitória sua, foi suicídio meu.

TELMA — No xadrez eu deixo.

VIEIRA — Aí, depois do *big-bang*, o garoto se retirou a passos largos e Cíntia atrás dele. E eu sentindo o rosto vermelho, aquelas pessoas me olhando com muito mais atenção do que tinham olhado o espetáculo. Depois telefonei pra casa de Cíntia a madrugada inteira, mas era só a secretária.

TELMA — Ela não atende. Aquela secretária da Cíntia é um muro fortificado entre ela e os mortais.

VIEIRA — O Olavinho tem 19 anos, Telma. Minha filha tem 20.

Quer dizer, minha filha, apaixonada por um garoto mais moço que ela, nessa idade, ela não está bem.

TELMA — Você está chorando?

VIEIRA — Olhos irritados. *(Vai botar os óculos escuros.)* Estou muito sentido com ela. Ela pisa na bola comigo...! A nossa relação tá péssima desde o Natal em Nova York. Nada mais cafona, cheguei a ficar com vergonha. Com as economias que ela fez, coitadinha, durante três anos, dando um duro danado, e com aquele comercial da Fanta Uva, que duvido que ela arranje outro bem pago assim no próximo século. Mas foi o garoto quem teve a idéia da viagem, obrigou, galã da Globo. Novela das seis, se ele não passa Natal em Nova York, fica tão sem *status* que pode até perder o emprego. Eu falei, vai, filha, mas telefona que seu pai fica aflito. E não telefonaram! Quinze dias, eu disfarçava, mas só Deus sabe minha angústia.

TELMA — Então não vi? Você mordia a gola da camisa.

VIEIRA — Aí chegam, ela me telefona. Quando o telefone tocou, eu já sabia que era ela, coração aos pulos: "Alô, pai! É a filha! Cheguei! Vamos sair? Nós três, eu, você e o Olavinho..."

TELMA — Você não devia ter ido.

VIEIRA — Eu fui. Mas na saída do teatro resolvi me queixar, assim sutilmente, que eles não tinham me telefonado. Eu disse, com um sorriso triste: "Vocês podiam ter me economizado umas insônias". Aí o garoto me chamou de pai exagerado.

TELMA — Upa!

VIEIRA — Aí, uns minutos de uma desagradável discussão sobre o conceito de pai exagerado. Aí, minha filha prognatou o queixo e me disse, Telma, sabe o quê? "Pai, você é exagerado. Nós estávamos em Nova York, tínhamos mais no que pensar do que ficar telefonando pra você!" Aí o garoto começou a rir, ele achou isso engraçado.

TELMA — Aí você disse pra ele: "Tá rindo de quê?"

VIEIRA — Exatamente o que eu disse: "Tá rindo de quê, menino?" Menino. Chamei ele de menino.

TELMA — Só menino?

VIEIRA — Menino burro. Aí Cíntia começou a gritar, e eu com ela, baixinho por que era ali na porta do teatro. E o garoto rindo cada vez mais alto. Telma, eu tinha de botar um paradeiro naquilo.Virei pra ele educadamente e disse: "Tá rindo de quê? Menino chato, burro e desinteressante". Aí, Telma, a mão dele descolou assim da calça, veio voando pelo ar... e me deu.

TELMA — O tapa na cara?

VIEIRA — Telma, eu levei um tapa na cara?

TELMA — Levou.

VIEIRA — Se minha filha não me pedir desculpas, nunca mais falo com ela.

TELMA — Não adianta cortar relações com a Cíntia, que quem fica ruim é você, isso está provado. Creia em mim: são os hormônios dos 21.

VIEIRA — Mereço respeito, Telma, não sou mais criança. Tenho um achaque de dois em dois meses. Esse ano fiz questão de tomar nota. Teve aquela época que eu fiquei tonto, depois a hérnia de hiato, a crise de rinite, a inflamação de garganta, que piorou a hérnia de hiato por causa dos remédios, um quisto que o médico garantiu benigno... Que me aguarda, Telma, daqui pra frente? A doença ou a velhice? O tigre feroz ou o leão faminto?

TELMA — Cuidado, senão você morre de autopiedade.

(A campainha toca. Telma abre. É Cíntia.)

CÍNTIA — Papai está?

TELMA — (Deixando ela entrar.) Ele mora aqui.

CÍNTIA — (Entrando.) Vim pedir desculpa, pai, acho que ontem foi tudo culpa minha.

TELMA — Bom, vou embora, deixar vocês dois mais à vontade.

CÍNTIA — Você tá de carro? Eu tô de carro. É só um minuto aqui, com papai. Te deixo em casa.

TELMA — Não precisa. Você está linda, eu estou com saudade sua, mas prefiro ir de táxi. Sempre vou conversando com o chofer, vai ver que ele sabe alguma piada nova pro show de Luísa.

CÍNTIA — É um show de piadas velhas, né? Ouvi falar, interessantérrimo.

TELMA — Uma antologia. Eu faço a luz também. Vai lá ver.

CÍNTIA — Tá.

TELMA — Você tá boa ?

CÍNTIA — Tô.

(Telma sai. Ficam Cíntia e Vieira, que se apruma no sofá.)

CÍNTIA — O Olavo gosta muito de você, pai. Ele está lá embaixo, mas mandou dizer.

VIEIRA — Filha, o que que você viu nesse menino, sinceramente? Ele nem te olha, vive fazendo charme pra todas as tuas amigas, com aquela calça apertada.

CÍNTIA — Pai, isso é tudo aparência. Olavo é louco por mim. Eu desvirginei ele.

Vieira — Ah, é, isso eu não sabia. Então tá certo, você tem obrigações, agora eu entendi. O pai dele tá querendo que você case na igreja?

Cíntia — Eu devia ir morar com minha mãe na França!

Vieira — Ela não ia te agüentar nem um minuto.

(Um momento.)

Vieira — Filha, eu estou é com saudade de você. Me lembro nós dois, você com uns 12, aí nesse sofá, nós dois assistindo *Rei Lear* no *tape*. Durante três dias, lia a cena e via um pedacinho. Depois no final, quando o Lear morre, você começou a chorar e não parava. E eu também comecei a chorar. E nós ficamos aí nesse sofá abraçados, chorando. A morte do Lear. Lembra? Eu gosto muito de você, filha, tô com saudade.

Cíntia — Também gosto muito de você pai, mas o tempo passou. Agora eu sou uma mulher de 21 anos. Os filhos têm que negar os pais, internamente. Eu tenho de negar você senão nunca vou saber quem eu sou.

Vieira — Maldito Freud. Mas pra isso seu namorado não precisa me esbofetear em público. Pra isso você não precisa esquecer o dia do meu aniversário!

Cíntia — Era quarta, mas eu achei que era quinta, pai.

Vieira — Pra que que um dia tem 24 horas, não é mesmo? Prum pai ficar pensando: será que ela vai telefonar agora? Vai ver que ela esqueceu meu aniversário. Não, minha filha jamais faria semelhante coisa. Eu fico preocupado com você.

Cíntia — Não se preocupe, não, que eu sei tomar conta de mim.

Vieira —Ninguém sabe tomar conta de si, sua boba, você acha que eu sei tomar conta de mim!?

CÍNTIA — Quer que eu tome conta de você?

VIEIRA — Não teria nada demais, menina, já tomei muito conta de você!

CÍNTIA — Menina é demais, vou embora!

VIEIRA — Vai coisa nenhuma, que isso não são horas de sair de casa!

CÍNTIA — Eu não moro aqui!

VIEIRA — Porque não quer!

CÍNTIA — Foi você que disse que era melhor eu ir morar sozinha!

VIEIRA — Cíntia, vamos encurtar o caminho. Você é adulta, não posso te impedir de nada, mas você precisa saber que deixar de ficar dependente do seu pai pra ficar dependente de um idiota desinteressante de 19 anos tá errado. Então fica logo dependente de mim, de uma vez, que pelo menos sou interessante!

(Depois de um momento, Cíntia esbofeteia ele. Depois de outro momento, Vieira esbofeteia a filha.)

Cena 2

(Luísa no show.)

LUÍSA — Dessa ninguém riu, mas não faz mal. Afinal ninguém tem tanto senso de humor assim.

Um velho chega na casa de um casal numa noite de frio. É preciso imaginar o frio, a neve, o abandono da choupana no alto da montanha. E a ventania. O casal, vendo o velho roxo e não dispondo de outro leito, bota-o para dormir em sua própria cama. E mais, entre eles dois. O velho adormece agradecido.

Meio da noite. O velho acorda, espantado. E berra, sem poder se controlar, uma coisa realmente inconveniente. O velho berra na calada da noite: "Preciso comer alguém, preciso comer alguém".

O marido não se espanta, tenta acalmá-lo, usando para isso uma convincente argumentação: "Meu senhor, acalme-se. Por três motivos. O primeiro é que, se não tivéssemos botado o senhor para dormir entre nós, certamente a esta hora o senhor já teria morrido de frio. Segundo, esta mulher que está ao seu lado é minha, e não se ofendeu com seu grito. Terceiro, tranqüilize-se: este pau duro que o senhor está segurando não é seu. É meu".

Sorriso simpático, o da senhora.

Homem violento entra em casa de prostituição. "Pago mil dólares mas bato na mulher". Prostituta corajosa: "Bate muito?" Homem: "Depende. Só até você devolver os mil dólares".

Cena 3

(Apartamento de Telma e Pedro, sala. Uma mesa para dois, luz de vela e sussurros.)

PEDRO — Tira a roupa. *(Agarra ela.)*

TELMA — Pera aí, Pedro. Devagar, senão você rasga o meu vestido, que eu comprei pra hoje.

PEDRO — Vem cá, gostosa...

TELMA — Calma, já vou.

PEDRO — Não precisa tirar o vestido, não, basta a calcinha. Deixa eu chupar teu peito.

TELMA — *(Deitando no sofá.)* Calma, toma.

PEDRO — Dá aqui essa boca, sua puta...

TELMA — *(Rindo.)* Meu Deus, você adora falar uma besteira...

PEDRO — Abre as pernas, vá...

TELMA — *(Finalmente demonstrando incômodo.)* Vamos brincar mais um pouquinho...

PEDRO — Pra quê? Não precisa.

TELMA — *(Saindo do sofá.)* Vamos abrir o champanhe antes?

PEDRO — Está bem. Desculpe a pressa, você está certa, estou apressado.

TELMA — *(Voltando para o sofá.)* Deixa pra abrir depois. Vem.

(Pedro beija ela, agora delicadíssimo.)

PEDRO — Será que eu ainda sei te beijar do jeito que você gosta? É assim?

(Telma começa a ficar muito excitada.)

TELMA — Vem, vem.

(Pedro vai beijá-la embaixo.)

TELMA — Não precisa. Me beija na boca.

(Telma fica excitadíssima. Pega nele... Mas ele chega para o lado.)

PEDRO — Desculpe, agora quem não está muito inspirado sou eu. Vamos mais devagar. Isso nunca me acontece, não é mesmo? Bom, com você eu tenho crédito.

TELMA — A culpa é minha. Eu é que ando completamente sem tesão, essa é que é a verdade.

PEDRO — Não, sou eu que ando.

Os dois — Eu.

Telma — Às vezes penso em desistir desse filho.

Pedro — Desistir, nunca! Nós decidimos tarde, é isso, agora tá difícil.

Telma — Será que é isso mesmo? Será que nós realmente queremos esse filho? Porque, chega perto do dia fértil, é essa confusão. Eu não entendo, você entende?

Pedro — Dá nervoso, esse negócio de período fértil dá um nervoso. Mas vamos lá.

(Agarra ela, tirando a roupa.
Ele tenta.
Ela vira uma fera.
Aí ele vira uma fera.
Fazem barulho, mas não dá certo.)

Pedro — *(Pulando da cama, ofegante.)* Tem razão, assim não tá dando, é deprimente.

Telma — O champanhe. Deve ter ficado quente.

Pedro — Eu te amo.

Telma — Eu também, mas e daí?

(E surge um beijo delicado, porém triste, caloroso e digno do amor que têm. Agora eles conseguiriam trepar de verdade... Quando batem na porta e entra Luísa, como um furacão.)

Luísa — Gente, gente, eu ia pra casa, quando vi estava aqui na porta de vocês, que eu preciso falar, que eu preciso contar pra alguém, gente! Me aconteceu uma coisa, não sei se foi sonho, miragem, milagre... mas que aconteceu, aconteceu. Prefiro falar, preciso pra vocês, pra vocês, sim, vocês merecem ouvir. Eu fui a uma *vernissage*. De um grupo de pintores novos. Recebi convite de um amigo de um amigo, estou sem ar.

TELMA — Luísa, calma, que foi que te aconteceu?

LUÍSA — Encontrei o homem da minha vida!

(Lágrimas lhe vêm aos olhos e ela dá um grito de alegria.)

LUÍSA — O homem da minha vida! Estou apaixonada, completamente apaixonada, apaixonada para sempre!

PEDRO — Que bom. É que eu pensei que você tivesse sido assaltada ou currada. Pelo menos automóvel roubado.

LUÍSA — *(Falando com Telma, certa de que ela poderá entender.)* Eu estava lá, em pé com aquele copo de vinho vagabundo na mão e gente à beça, aquela coisa, quando olhei e vi ele. Explicando um quadro dele lá pras pessoas. Ele me olhou. A boca dele continuou a explicar, mas os olhos dele me olhando. Ele me olhando. Os olhos profundos, como um deus! Eu não sabia o que fazer, meus amigos começaram a ir embora, eu não sabia se ia pra longe ou se chegava perto, devo ter fumado uns duzentos cigarros, amanhã meu peito vai estar doendo à beça. Fiquei lá, ah, como ele é lindo, fingindo que não estava olhando, morrendo de medo dele reparar, e achando que era impressão, que ele não tava olhando pra mim coisa nenhuma, minha irmã querida, como eu te amo! *(Beija Telma.)*

(A essa altura Pedro, sentindo sua noite perdida, já se desinteressou e abre o champanhe, para os três tomarem.)

LUÍSA — Ai eu tomei coragem e fui lá falar com o homem. Que que tem?, pensei: vou lá e falo com o homem.

TELMA — E você foi? Falou?

LUÍSA — Fui. Mas quem falou foi ele!

TELMA — Falou? E o que ele disse?

Luísa — *(Depois de um instante.)* Disse assim: você é linda e eu te amo. Estou apaixonado por você.

Telma — Ele disse isso?

(As duas irmãs saem pulando pela sala como duas crianças.)

Telma — E você, disse o quê?

Luísa — E eu respondi, eu também estou! Aí demos um beijo ali mesmo, um beijo ali, no meio da festa, na frente de todo mundo, um beijo que durou um século! *(Aos pulos.)* Eu não acredito que isso possa estar acontecendo comigo! É o amor! Telma, é o amor, do bom, à primeira vista, ai eu vou desmaiar!

Telma — Luísa, te conheço há trinta e cinco anos, nunca te vi assim.

Pedro — Calma, menina, que amanhã é outro dia.

Luísa — Eu sei que é difícil de acreditar. Mas você e Telma não se encontraram um dia? E não era para sempre? Então?

Cena 4

(Apartamento de Vieira. Noite. Ele está sozinho, na sala escura, iluminada pela luz que vem da cozinha. Imóvel, Vieira ouve os recados da secretária eletrônica.)

Secretária eletrônica — Oi, Vieira, é a Vera, secretária do Puzoni. Reunião com você amanhã, embora pareça incrível, às 9 da manhã. O assunto é a crise da novela das seis, mas não se preocupe, que eu senti que é uma crise normal. Quando é que nós vamos de novo à praia, juntos? Pena que você paquera as secretárias, originalidade besta, ô Vieira.

Voz de Cíntia — Pai, sou eu. É pra pedir desculpa. Claro. Fiquei louca, estou louca, mas te amo. Vou aí pra gente conversar. Tenho uma coisa a te propor, uma coisa importante. Vou aí.

(Cíntia chega ao apartamento de Vieira.)

Cíntia — Preparei talharim com legumes pra gente. Talharim colorido. Com umas amêndoas que eu comprei.

(Acende a luz e começa a botar a mesa para os dois.)

Vieira — Que bom que você veio. Eu não ia poder te procurar, estava muito, muito deprimido. Na bofetada nós não tínhamos chegado... Humilha.

Cíntia — Pelo menos foi um a um, melhor assim.

Vieira — Dois a um. Os pais gostam mais das filhas que as filhas dos pais?

Cíntia — Não, é que você gosta demais. Eu sou um ego só, pai. Vaidosa, egoísta, quando estou com um problema qualquer não penso mais em ninguém. Você repetiu durante tantos anos que eu era maravilhosa, que eu acreditei; agora é difícil me suportar.

Vieira — Nada. As meninas da tua idade, perdão, mulheres, são todas assim. Com o amor, então, enlouquecem. E tem de ser assim mesmo, foi assim que o Oeste foi conquistado. Afinal, eu é que não devia ter falado assim tão mal do Olavinho. Ele é um menino bonito, galã, bom rapaz...

Cíntia — O Olavinho não tem nada de bom rapaz. Bom filho da puta, isso sim. Eu que sou uma tarada... Com 21 namorar um garoto de 20!

Vieira — Que é isso, Cíntia. Se ele não gosta de mim é porque eu não soube conquistar, é um rapaz esperto...

CÍNTIA — ...um babaca, pai. Me separei dele hoje e não pretendo voltar mais.

VIEIRA — Ah, é?

CÍNTIA — Primeiro, ele não é galã, é elenco de apoio. Segundo, está namorando uma *starlette* da novela, nas minhas costas.

VIEIRA — Quem?

CÍNTIA — Não se preocupe, vai logo sair nos jornais. Peguei os dois em flagrante dentro do meu apartamento, acredita?

VIEIRA — São os hormônios dos 20.

CÍNTIA — Ela tem 25! Não quero saber mais desse cara. Pai, estou precisando passar um tempo sem namorar, cuidar de mim.

VIEIRA — Utopia: você não sabe ficar sem namorado.

CÍNTIA — De modo que eu queria voltar a morar aqui uns tempos. Alugar meu apartamento, que aí eu alugo e fico calma de grana. Tô precisando estudar, ler umas coisas, inventar umas reportagens pra vender *free*, que o que curto mesmo é jornalismo, essas coisas.

VIEIRA — *(Contendo a emoção.)* Minha casa é sua, filha, sempre foi sua... Hoje também fui ver meu negócio da Casa de Cultura.

CÍNTIA — Que bom, pai, isso sim é que vai te animar.

VIEIRA — Mas tá difícil. Na Secretaria, botaram milhões de dificuldades. Aliás, foi engraçadíssimo. Que eu fui lá procurar o Pedro, marido da Telma, pra ver se o Estado não tem uma sala vazia na zona sul que pudesse usar pra dar uns cursos, fazer meu ponto, uma coisa assim...

CÍNTIA — O Pedro, marido da Telma, tá trabalhando no Estado? Há quanto tempo não vejo ele...

VIEIRA — Sabia não? Funcionário público graduadíssimo, Procurador-geral. Não sei bem de que, mas é procurador-geral. Ele sempre foi muito bom advogado, né? Ele me explicou. Procurador-geral é um bando de caras que o Governo bota lá, pra dizer não. Pra descobrir porque não pode fazer as coisas! Por que eles, agora, têm muito medo de fazer coisas fora da lei, que cumprir a lei tá na moda...

CÍNTIA — Interessante, dá reportagem. Tô querendo fazer um trabalho sobre profissões extremas.

(Sentam-se para jantar.)

VIEIRA — Sim, porque na lei brasileira, se você for procurar mesmo, todo mundo é criminoso. Ou você sonegou imposto (que não há alma viva ou morta, mesmo canonizada, que não tenha sonegado algum), ou toma drogas, ou está com o exame de vista vencido na carteira de chofer... isso, se você não for ladrão mesmo, ou assassino.

CÍNTIA — Quer sal?

VIEIRA — *(Muito contente.)* Estão uma delícia esses legumes! E é ótimo conversar com você. Não te impressiona, filha, como é curta a distância entre a depressão profunda e esta calma euforia?

Cena 5

(Apartamento de Telma. Jantar bem servido, já na sobremesa. Telma, Pedro, Luíza e... Rafael, que Luíza trouxe para apresentar. Rafael é brilhante, engraçado, e desmedidamente carinhoso com Luíza. É evidente que estão apaixonadíssimos um pelo outro.)

RAFAEL — *(Comendo e falando animadamente.)* Era 30 de dezembro, véspera do ano-novo, eu e minha turma brasileira tínhamos tempo para decidir onde iríamos passar a festa. Saímos do hotel com calma e começamos a rodar pelas ruas de Los Angeles, quando percebemos que, estranho, as lojas estavam fechadas! Paramos no posto de gasolina para perguntar e ouvimos o que não queríamos: estávamos atrasados um dia, tínhamos nos confundido com os fusos; não era 30, era 31, véspera do ano-novo! A liberdade era tanta, que tínhamos perdido a noção das horas... Foi aí que eu tive uma idéia completamente original: por que não virar o ano em Las Vegas, no meio de todos aqueles cassinos? Devia ser divertidíssimo! E teria sido, realmente, se metade da população americana não tivesse sido iluminada pela mesma genial idéia... Adoro viajar!

(Todos riem muito da narrativa de Rafael.)

RAFAEL — Um dia inteirinho! *(Parando de comer.)* Babo com baba-de-moça, mas chega! Não posso engordar. Pintor tem de ser bonito, assim como médico tem de ser saudável. Sua irmã parece um girassol, daqueles bem amarelos, quando ri.

PEDRO — *(Que também se diverte muito.)* Viajar é ótimo. Precisamos ir também um dia desses. Telma, há quantos anos a gente não viaja?

TELMA — *(Para Rafael.)* Viajamos pela Europa dois anos depois de nos conhecermos, foi inesquecível.

RAFAEL — O inesquecível é todo dia.

(Troca um olhar com Luísa e riem de alguma coisa sabida apenas pelos dois.)

TELMA — *(Corando, para Rafael.)* Vou logo te avisando, nunca vi minha irmã assim!

LUÍSA — Uma vez tem de ser a primeira.

PEDRO — Não adianta, Telma, eles não estão perdendo uma.

LUÍSA — Olha quem fala em paixão! Rafael, apaixonados são eles dois! Não se separam por nada. Pensam as mesmas coisas, comem as mesmas coisas, acho que sonham a mesma coisa.

RAFAEL — Se for pesadelo, acordam assustados, juntinhos, expulsam do quarto os fantasmas, dão um beijo e dormem de novo!

TELMA — *(Um pouco encabulada.)* Também não é assim, Luísa; isso é uma mania tua.

LUÍSA — Vocês são os inseparáveis!

(Riem.)

LUÍSA — Gente, sei que fomos nós que chegamos atrasados para o jantar, mas Rafael vai ter de sair daqui a cinco minutos, ele tem um encontro de negócios.

RAFAEL — Com meu *marchand*, um abacaxi. Marquei uma temporada na Galeria, mas agora ele está querendo dar o espaço pra outro pintor. Mal sabe ele que eu também estou querendo dar a temporada pra outro *marchand*. Infidelidades plásticas.

LUÍSA — Rafael pinta em telas já pintadas.

TELMA — Como é que é?

RAFAEL — É uma técnica que eu desenvolvi com Bill, um rapaz com quem eu fui casado em Nova York. Eu compro quadros velhos de pintores desconhecidos, descolorizo a tela e pinto em cima, me deixando influenciar, ou não, pelo que restou. Retrabalhando a textura... Para que a tela já tenha estória antes mesmo do quadro começar. Não sei mais trabalhar de outra forma. Pintura é tempo não é forma nem cor, é tempo...

(Telma e Pedro foram calando aos poucos, sem saber se entenderam bem, surpresíssimos. Rafael percebe imediatamente.)

RAFAEL — Bom, acho que agora eu dei um fora, hein, Luísa. Pensei que você tinha dito a eles. Não gosto de fazer mistério com essas coisas. Eu fui casado com um americano em Nova York durante dois anos e meio, entre 90 e 92. Sou bissexual.

LUÍSA — *(Com absoluta naturalidade.)* Rafael é bissexual.

RAFAEL — Quer dizer, não sei se sou ou fui durante uma fase da minha vida. Agora sou apaixonado por Luísa, de véu e grinalda... *(Tenta achar graça.)* Falando sério, é que as pessoas têm tanto preconceito com esses assuntos que eu até preciso falar nisso no primeiro contato. Quer dizer, com as pessoas que me são importantes, me interessam.

TELMA — Luísa está feliz, é tudo que a gente quer.

RAFAEL — Então deixem comigo. *(Olha o relógio.)* Vou ter de ir, de coração partido, sei que é indelicadérrimo...

TELMA — Não, por favor, vá, não se atrase.

PEDRO — Negócios, compreendemos...

RAFAEL — Sábado, quem sabe, jantamos juntos de novo. Dessa vez, eu convido. Conheço um restaurante ótimo.

(Beija Telma, cumprimenta Pedro.)

LUÍSA — Vou levar ele lá embaixo, tá?

(Saem os dois. Ficam Telma e Pedro, atônitos.)

PEDRO — Não acredito no que eu ouvi.

TELMA — Luísa é louca.

PEDRO — Bissexual?

TELMA — Mas calma, Pedro, também não tem nada demais!

PEDRO — Fora a Aids, não tem nada demais, você quer dizer.

TELMA — Deixa de ser grosso, Pedro, paranóia isso. Ele é um amor, nunca vi Luísa tão...

PEDRO — Tá certo, tá certo, não precisa gritar comigo. Ele é um bom sujeito, também achei. Mas choca. Mas é perigoso.

TELMA — Espero que Luísa tenha trepado de camisinha.

PEDRO — Claro que trepou de camisinha. Telma, agora é você que está exagerando. Vai ver que ainda nem foram pra cama.

TELMA — A gente é irmã, se preocupa. Apaixonados não têm juízo.

PEDRO — Apaixonados eles estão.

TELMA — Fala baixo, que ela deve estar voltando.

PEDRO — Fala baixo o quê? Eu disse que eles estão apaixonados.

TELMA — Mas ela tem de pedir a ele o exame negativo...

PEDRO — Fala baixo, que ela deve estar voltando.

(*Luísa volta e se joga na poltrona, num suspiro de emoção.*)

LUÍSA — E aí? O que que acharam dele? Não é o melhor homem do mundo? E gostou de mim tanto quanto eu gostei dele! Pequena coincidência, que nunca me aconteceu! Todos os caras que eu gostei de verdade não gostaram de mim. Não me achavam linda, ele acha!

TELMA — Estamos muito contentes por você.

PEDRO — Muito contentes.

TELMA — *(Num ímpeto.)* E na cama, vocês...

(*Luísa nota o embaraço.*)

LUÍSA — Vocês estão querendo saber se nós já fomos pra cama, Rafael e eu?

Pedro — *(Imediatamente.)* Não!

Telma — Gostei dele.

Luísa — *(Compreendendo tudo, fala sério, emocionada.)* Na cama é uma loucura. Ontem eu não dormi. Trepamos três vezes. E com tanta delicadeza. É diferente, sabe, deve ser por causa da bissexualidade, como se entendesse melhor as mulheres. Como é que eu vou explicar? É uma ereção aos poucos, assumida, livre, sem compromissos. Nunca vivi nada assim. É claro que foi de camisinha, não sou maluca. Sei que existe a Aids, ele também sabe, já fez exame três vezes... Mas também existe felicidade.

Cena 6

(No escritório de Pedro, fim do expediente. Cíntia está sentada diante de Pedro, lendo umas anotações bagunçadas que tira da bolsa.)

Cíntia — Formado em Direito pela PUC, dos melhores alunos da turma. Ativista político, chegou a ser vice-presidente de diretório. Depois, já exercendo a profissão, continuou a estudar e formou-se em Filosofia, e fez cursos livres com meu pai, de quem se tornou o aluno predileto. Sua mulher é a única amiga mulher que meu pai tem. E ajudou a me criar. Você me conheceu eu era uma menininha, nunca tivemos intimidade e há muito tempo que não nos vemos.

(Continuando.)

Entra para o serviço público em 1990, por concurso, e no momento é um especialista em... burocracia, está certo dizer assim?

Pedro — *(Achando engraçado aquilo tudo.)* Se alguém tem uma questão que considera controversa, vem e me procura, eu atendo. E a partir deste livro, legislação do município, legislação do Estado e, naturalmente, a Constituição do país, verifico se existe alguma inconveniência ou interdição. Muitas vezes há. Na maior parte dos casos, há.

Cíntia — *(Liga o gravador.)* E sua posição tem prestígio?

Pedro — A prefeitura tem mais inimigos que amigos. É uma defesa.

Cíntia — Impressionante.

Pedro — Impressionante?

Cíntia — *(Tira a fita do gravador.)* Você é um cara bonito, simpático, inteligente num emprego desses...

(Ri e joga a fita no lixo.)

Cíntia — De qualquer modo, muito obrigada. Perdi meu tempo, mas obrigada de qualquer jeito.

(Levanta e vai embora.)

Pedro — *(Indo atrás.)* Um momento, eu não estou entendendo. Você me telefona pedindo uma entrevista. Eu te atendo depois do meu expediente — porque você é filha do Vieira... e porque te conheci pequenininha — mas não estou entendendo, você queria me entrevistar ou me agredir?

Cíntia — Pedro, você lembra do dia, no tempo em que você fazia os cursos de papai, que você foi lá em casa e ficou discutindo Heidegger com papai até a garrafa de uísque acabar?

Pedro — Não.

Cíntia — Pois eu me lembro. Você foi mais importante pra mim do que pensa. Pra mim você foi inesquecível.

PEDRO — Inesquecível?

CÍNTIA — Eu devia ter uns 10 anos, e fiquei na sala o tempo todo, ali ao lado de vocês, sem vocês olharem para mim. Telma percebia meu interesse, a certa altura me lembro que subi no colo dela e tudo. Eu nunca esqueço do brilho dos seus olhos, da ambição... Eu nunca esqueci. Arranjei um retratinho teu e colei na parede do meu quarto, junto com o Paul, o Paulo Ricardo e os Heróis da Resistência.

PEDRO — Eu não me lembro...

CÍNTIA — Ainda bem, porque você não é mais nada disso. *(Sai.)*

PEDRO — Cíntia!

CÍNTIA — *(Volta.)* O corredor está vazio, nunca vi tantas portas. Pra que lado mesmo é o elevador?

PEDRO — Eu não queria ter causado tão má impressão. É que a gente fica o dia inteiro fazendo um papel... depois não consegue sair. Não pretendo ficar aqui nesse serviço por muito tempo.

CÍNTIA — Quer mais uma chance. Eu dou. *(Bota o gravador na mesa, liga e pergunta.)* Como homem inteligente e culto, atualmente ocupando um cargo importante no governo da cidade, que acha do serviço público?

PEDRO — *(Depois de um momento.)* Não posso responder isso gravando. Tenho minhas responsabilidades.

CÍNTIA — Está bem, eu desligo. Quer um uísque? *(Tira da bolsa uma garrafinha.)* Faz parte de meu *kit* de repórter. Fale, agora. Não está gravando. É só pelo prazer, desisto da reportagem. Olha aí, vou desligar até meu gravador de bolso. Quero que você me diga coisas que nunca disse a ninguém. Ou prefere marcar outro dia?

Cena 7

(Luísa no show.)

Judeu rico, em Nova York, vai ao psicanalista, a conselho dos amigos, para ter mais *status*. Na primeira sessão fica calado. No fim da sessão o psicanalista fala: "Seu tempo acabou, são 300 dólares". O judeu paga. Segunda, terceira seção, o mesmo. Fim da quarta sessão, o psicanalista sente que o judeu está ansioso, tem alguma coisa para falar: "Seu tempo está terminado, 300 dólares, mas eu sinto que o senhor tem alguma coisa a dizer". Judeu, pagando: "Por acaso não está precisando de um sócio?"

Cena 8

(No quarto de Pedro e Telma. Os dois na cama, lendo cada um seu livro.)

PEDRO — Teus peitos estão inchados?

TELMA — Não.

PEDRO — Enjôozinho?

TELMA — Não.

PEDRO — Mas são cinco dias de atraso. E você é um relógio. É dessa vez, é dessa vez, querida. Quero que você saiba que eu estou muito feliz.

(Beijam-se.)

TELMA — Mas não quero que você tenha muita esperança, não, viu, que é pra depois não sofrer. Amanhã acordo e vou fazer o exame.

PEDRO — Nunca pensei que eu pudesse ter tanta vontade de ter um filho.

TELMA — Nem eu.

(Cada um pega um livro. Ela lê um romance clássico, Pedro qualquer coisa na moda sobre a sociedade moderna.)

PEDRO — Impressionante, como você gosta de ler livro grosso.

TELMA — Esse eu estou relendo.

PEDRO — Você é única pessoa que eu conheço que já leu Dostoievski todo, Tolstoi todo...

TELMA — ...inclusive *Guerra e paz*.

PEDRO — *Guerra e paz* é pinto, você já leu *A montanha mágica*. Sabe que eu não tenho mais paciência pra ler romance.

TELMA — Nem necessidade, né, que você me obriga a contar todos.

PEDRO — Preciso fazer minha cultura de algum jeito...

TELMA — Disponha, eu adoro contar, me sinto autora daquelas estórias maravilhosas todas.

(Voltam a ler.)

PEDRO — Sabe quem me procurou ontem no escritório?

TELMA — Quem?

PEDRO — A Cíntia, filha do Vieira.

TELMA — Cíntia?

PEDRO — Queria que eu desse uma reportagem pra ela, coisa de *free-lancer*, pra ver se vende em algum jornal. Sobre meu trabalho na prefeitura. Não via ela há um tempão, tá uma moça.

TELMA — Vieira se queixa da mesma coisa.

PEDRO — De quê?

TELMA — Que não vê ela há um tempão e que ela está uma moça.

PEDRO — Bonita, mas agressiva. Queria que eu falasse mal do serviço público; não vou fazer isso, trabalho lá...

TELMA — Claro.

PEDRO — Mas está bonita, ela. Pensar que eu a vi garotinha. Uns olhos...

TELMA — Vou ficar com ciúme.

PEDRO — Ora, Telma, é uma criança... Aí foi embora meio zangada comigo, queria até que eu marcasse outro horário de entrevista, mas não marquei, não.

TELMA — Marca sim. A Cíntia é assim agressiva, mas é puro charme.

PEDRO — Nosso filho...

TELMA — Filha.

PEDRO — ...também vai ter olhos lindos. Azuis ou verdes, você prefere?

TELMA — Castanhos tá bom. Pedro, nós não podemos basear nossa vida nesse filho. E se eu não puder ter?

PEDRO — Por que você? Vai ver que eu não posso ter!

TELMA — Sem filho, vamos nos separar? Sim, porque nossa situação é diferente: você pode esperar. Se eu ficar grávida agora, você será um jovem pai, e eu uma velha mãe.

PEDRO — E você não vai ficar grávida, você já está grávida. *(Levanta da cama.)* Vou abrir o champanhe.

TELMA — Mania que você tem de champanhe. Abre não. Pedro, *(E caindo em pranto.)* não abre, não, que eu estou com cólica.

PEDRO — Como assim, cólica?

TELMA — É cólica, sim, e está aumentando.

PEDRO — Ai, que merda, que merda, tem certeza que é menstruação!?

TELMA — *(Chorando.)* É sim, é sim... Começou há uns minutos quando eu tava lendo, não quis te dizer...

PEDRO — Porra, dessa vez eu tinha esperança!

TELMA — *(Com raiva dele.)* Desculpe, mas pára de reclamar, que quem tá com cólica sou eu!

PEDRO — Desculpe eu, vai tomar seu remédio antes que essa dor aumente, vai. Como é que chama?

TELMA — Ponstan.

PEDRO — Eu apanho. Onde é que está? Está no banheiro?

TELMA — Não tem mais, acabou.

PEDRO — Mas porra, Telma, como é que você deixa o Ponstan acabar? Tem que tomar antes da dor começar.

(Telma pega a chave do carro na bolsa.)

PEDRO — Onde é que você pensa que vai?

TELMA — Na farmácia 24 horas.

PEDRO — Que vai, coisa nenhuma! Fica aí descansando, deixa que eu vou. *(Pega a chave dela.)*

TELMA — *(Indo.)* Vou contigo, fazer companhia.

PEDRO — Fica aí, não chateia! Desculpa!

TELMA — Nem tudo na vida é como a gente quer! Todo mundo tem seus problemas!

PEDRO — Calma, não chora mais, tamos aqui, vou buscar teu Ponstan, não demoro. Todo mundo tem seus problemas.

Cena 9

(Numa mesa de um bar. Rafael está lá, Luísa chega.)

RAFAEL — Atrasada, atrasadíssima, ai ai ai... Merece palmadas no bumbum e vara de marmelo na mão. Mas como chegou linda e radiante, acho que as palmadas e a própria vara vão ser substituídas por beijos, nos mesmos lugares!

LUÍSA — *(Muito emocionada.)* Sacana, bobo! *(Beija ele.)* Rafael, tô precisando ter uma conversa com você.

RAFAEL — Eu também tô precisando ter uma conversa com você.

LUÍSA — A minha é séria.

RAFAEL — A minha, seriíssima. Escute cá. *(Tira da bolsa um pedaço de jornal.)* Cancún, no Caribe. Sabe o que tem lá, além do mar magnífico? Um cassino fantástico. Você já foi ao cassino?

LUÍSA — Não, Rafael, eu...

RAFAEL — Um cassino aonde você pode ir de calção.

LUÍSA — Eu não tenho dinheiro nem tempo pra ir a Cancún.

RAFAEL — Eu pago e te dou um pouquinho do meu tempo, se você fizer questão. Não se preocupe, não roubei um banco. Ah, se eu tivesse gabarito pra isso... É que o Alvarez, que eu vou te apresentar, malandro, organiza vôos *charter* para o Caribe, Cancún. Avião pequeno, cabe nós dois e mais uns poucos intrusos — e o Alvarez cismou, depois que conversou com um crítico do *JB* — também amigo meu — que topa trocar dois quadros meus por duas passagens. Tá barato, mas é cinco dias em Cancún, semana que vem, em minha companhia. Pega ou larga?

(Riem muito dessa bobagem, mas Luísa logo fica séria.)

Rafael — Que que há com você? E não me diga que não há. Porque eu nunca vi cair de uma gargalhada para uma cara triste tão depressa. Foi digno do *Guiness*.

Luísa — Rafael...

Rafael — *(Ainda na brincadeira, porém com medo.)* Arranjou outro, não me ama mais. Fala, coragem.

Luísa — É o exame. Nosso exame.

Rafael — Não fica preocupada com isso, vá. Fica pronto segunda, segunda eu vou lá contigo apanhar, não combinamos? Ou vou apanhar sozinho, se você preferir. Ô Luísa, você acha que eu tô com Aids?

Luísa — Eu te disse que ficava pronto segunda porque eu preferia ir apanhar, eu, sozinha.

Rafael — *(Pálido.)* E daí?

Luísa — Deu negativo pra mim e positivo pra você.

Rafael — Não é possível. Você está brincando? Deixa eu ver.

(Luísa mostra. Rafael olha.)

Rafael — *(Seriíssimo.)* Minha Nossa Senhora.

(Blecaute. Fim do primeiro ato.)

II ATO

Cena 1

(Apartamento de Vieira. Vieira lê um livro de Dostoievski, sozinho na sua casa, de tarde, persianas, entardecer. Toca a campainha. Ele abre. É Pedro. Momento de surpresa.)

VIEIRA — *(Assustado, depois de um momento.)* Tudo bem com a Telma?

PEDRO — *(Assustado com o susto dele, por um momento.)* Tudo ótimo! Ela não sabe que eu vim te visitar. Aliás, eu também não sabia que vinha. Passei na frente do teu prédio, de repente me lembrei dos velhos tempos... Você estava ocupado?

VIEIRA — Lendo. Entra, é um prazer. Grande prazer, entra.

PEDRO — *(Entrando.)* Há tempo que eu não te visito.

VIEIRA — Anos. O normal é a vida separar as pessoas. Pra não separar, só fazendo muita força.

PEDRO — *(Vendo o livro.)* Dostoievski?

VIEIRA — Estou tomando umas notas.

PEDRO — Autor predileto da Telma. Ela sempre me conta tudo sobre você. Eu sempre pergunto. Trabalho?

VIEIRA — É, prum curso que inventei que quero dar. História comparada da filosofia e da literatura no século XIX, coisa minha.

PEDRO — Vai ver que esse eu faço. Esse curso.

VIEIRA — Sim?

PEDRO — Sim o quê?

VIEIRA — Nos livros de Dostoievski, sempre que um personagem visita assim o outro, de repente, é porque tem alguma coisa importante para confessar.

PEDRO — Quem me dera ter esse gabarito. Você sabe que eu e Telma estamos querendo muito ter um filho, né?

VIEIRA — Ela me disse.

PEDRO — Ela me disse que te disse.

VIEIRA — Acho que fazem muito bem.

PEDRO — Mas tá difícil. Nós devíamos ter tido antes. Estou muito arrependido. Por ela esse menino já estava aí. Mas no início, as viagens, a profissão, eu não quis.

VIEIRA — Chato, mas dá pra resolver. E de resto, como a vida te trata?

PEDRO — Só Telma. E o trabalho, naturalmente. Nós tivemos uma crise nos dois primeiros anos de casado. Você sabe, não?

VIEIRA — Não.

PEDRO — Telma não te contou, na época?

VIEIRA — Não.

PEDRO — Tive um caso com a minha secretária. Coisa horrível. E Telma custou a descobrir. Um lugar-comum. E quando descobriu ela achou que aquilo era demais e quis se separar. Que eu já tinha tido uns casos antes, mas sempre uma coisa muito discreta... Mas dessa vez, rapaz, foi um escândalo. Era um mulherão. Ruiva. E gostava de um vestido amarelo. Tive um tesão louco por ela. Aí, quando Telma descobriu, eu neguei, naturalmente. Mas não adiantou. Ela quis separar. Eu, na verdade, não estava na hora de parar o meu caso com a ruiva. Aceitei. Ela sofreu muito, acho. E aí também o compromisso comigo mesmo: só a Telma. Há dez anos sou fiel. Só a Telma.

VIEIRA — Por que você está me contando isso?

PEDRO — Ela já tinha te contado essa estória, com certeza.

VIEIRA — Sabia da crise, mas não dos detalhes.

PEDRO — Não que eu me arrependa. Mas sofri muito. Enlouqueci mesmo. Foi então que eu compreendi que não queria mais nada na vida, desde que tivesse a Telma. E um filho com ela.

VIEIRA — Lugar-comum.

PEDRO — Posso dar um telefonema para o escritório? *(Disca.)* Graziela, Pedro. Vou me atrasar um pouco viu, meia hora. Mas não fui eu que marquei nada. Mas não pode, Graziela, ficar marcando sem me avisar. A moça da entrevista? Não marca. Marca, então. Depois do expediente. Daqui a uma hora eu estou aí. Quantas vezes a gente fica aí uma hora sem fazer nada?

(Desliga. Fala com Vieira.)

E você, como vai? Puxa, Vieira, que você me ensinou um bocado de coisa. Como vão as mulheres? Tem conseguido alguma coisa ou está sozinho mesmo? Vieira, ontem fui no meu mecânico consertar o cebolão. De lá debaixo do carro, sabe o que ele me disse? "Pois é, seu Pedro, mulher, se não tivesse boceta, não dizia nem bom-dia".

(Vieira ri. Riem.)

VIEIRA — Vem cá, eu não estou entendendo. Somos dois bêbados? É madrugada, num bar? O que que você está querendo? Te vi garoto, te conheço, você não é... tão desagradável assim!

PEDRO — *(Levantando.)* Eu não me separaria dela por nada desse mundo. Você não está entendendo, Vieira. Está tudo ótimo comigo. Às vezes gostaria que as coisas fossem mais leves, é verdade, como quando nos conhecemos, aquela paixão... Bom, estou atrasado, tenho de ir. Não sei nem porque vim te visitar, juro. *(Vai para a porta.)*

VIEIRA — *(Num sobressalto.)* Mas saberia se estivéssemos num livro de Dostoievski. Nos livros de Dostoievski, toda vez que um personagem confessa seus crimes desagradáveis, é porque está planejando outros piores.

PEDRO — *(Pálido por um momento.)* Dostoievski é russo.

VIEIRA — Disso ninguém duvida.

Cena 2

(Luísa no show!)

LUÍSA — Bar no alto de um edifício em Nova York, 112 andares. Bêbado conversa com um desconhecido: "Meu caro amigo, são os fenômenos da Natureza. Se o senhor se jogar daqui dessa amurada, cai. Mas não chega até embaixo. Lá pelo décimo sexto andar tem uma corrente de ar quente tão forte, que a gente pára de cair, a corrente pega e bota a gente de volta aqui, dentro do bar. Não quer experimentar?" O desconhecido se assusta: "O senhor está bêbado!". "Ah, é? Então vou lhe mostrar." E, para espanto do desconhecido, o bêbado sobe na amurada e se joga! E cai, cai, cai, até que começa a parar, parar, lá pelo décimo sexto, como se sustentado por uma corrente de ar quente, que vem subindo com ele... e o bota de volta no bar!

"Viu, eu não disse?" — comenta o bêbado com sarcasmo. Entusiasmado, o desconhecido exclama: "Maravilha, também quero experimentar!". Sobe na amurada e se joga. E cai, cai, cai, passa pelo décimo sexto rapidinho e continua caindo até se estatelar lá embaixo! O bêbado olha aquilo com um leve sorriso e volta pra mesa. O garçon passa por ele irritado, já conhece aquele bêbado, e comenta: "Puxa, super-homem, que tu fica mau pra caralho quando bebe".

Cena 3

(Escritório de Pedro. Mesma mesa cheia de papéis. Luz sombreada, talvez noite avançada. O gravador sobre a mesa. Também uma garrafa de uísque, gelo. Ele está bem bêbado, mas fala baixo, intenso, rápido, com precisão e lucidez, dando, finalmente, a entrevista.

Cíntia ouve encantada, sem interromper, de vez em quando rindo, sorrindo, ou até gargalhando. Enfim, é uma diversão, para os dois. Ou melhor, um jogo preliminar. Do amor.)

PEDRO — O serviço público é uma merda. Uma lição de impotência. A burocracia é a mãe da corrupção. Criado o sistema onde o fiscal fiscaliza o fiscal do fiscal, estabelece-se uma uma rede com muitos furos, por onde escapam os peixes dourados e espertos. Alguma coisa, para ser feita, necessita de uma licitação pública, que decide pelo mais barato, e não pelo melhor. O autor do projeto não pode executar a obra, é a lei. É muito comum obras e serviços não acontecerem por a verba sair atrasada, e ter de ser pedida outra vez, até não haver mais necessidade da obra ou serviço. Tá gravando? Não se confia em ninguém e portanto ninguém é confiável; é a ditadura da burocracia. São leis para os mais poderosos exercerem o poder, não é mais que isso. O funcionário público de carreira, um psicanalista diria que é um regredido. Necessitam, gostam, morrem sem uma hierarquia; é o primado, o paraíso da autoridade, o lugar onde a autoridade é amada!

CÍNTIA — Como a liberdade do homem é infinita, muitos escolhem não tê-la. São os homens de "má-fé", a *mauvaise foi* como Sartre chamou.

PEDRO — A fé no Estado! O Estado é uma mamadeira. Mama de todos os lados e dá o peito a muito poucos. Quem mama em desmasia fica gordo. O Estado engordou, é um gigante obeso. Que, tropeçando na realidade, caiu por terra. E, de tão gordo, não levanta...

CÍNTIA — Como aquela pobre moça que pesa toneladas e de vez em quando aparece na televisão, que horror.

PEDRO — O Estado odeia a ação, no seu íntimo. Como não pode se mover, odeia tudo aquilo que se move. Não acredita que nada de verdade possa ser feito, luta contra o mundo melhor. Não por maldade, e sim por descrença.

CÍNTIA — Por maldade?

PEDRO — Não, por descrença.

(Ela aplaude.)

PEDRO — O Estado convive calmamente com a indignidade, sem se considerar cúmplice dela. Cíntia, quando você vê o Jornal Nacional, você não pensa que o presidente também vê o Jornal Nacional? Porque é nacional, né? E que se o presidente fosse pessoalmente pro ar, todo dia, jurar que vai prender aqueles psicopatas que mataram os nenês no hospital, policiais que assassinam atrás das kombis, que vai dar um jeito nos 90% de Aids dos presídios e botar na cadeia os cafetões das meninas-prostitutas, e todas essas coisas tão comuns que indignam e consomem a nobre alma humana, assim, a gente ia acreditar muito mais nas medidas econômicas dele? Será que ele nunca pensou nisso? Será que o Fernando Henrique é inteligente mesmo, Cíntia? Ou só parece?

CÍNTIA — Você é tudo o que minha geração precisa ouvir. O Brasil vai mal, eu acho...

PEDRO — Eu também acho. Porque não nos precupamos mais com os miseráveis, nem nós nem o governo. Há uma preocupação do governo, sim, com a economia. É claro que eles acham que através da economia eles vão chegar aos miseráveis mas isso é simplesmente mentira, pode ser que aumente o lucro das empresas, sim, mas os miseráveis estão longe dos lucros. Com essa legião faminta cada vez maior, essa coisa de sempre brasileira, ninguém se preocupa mais, é normal, faz parte do Brasil, é assim. Triste, Cíntia, triste!

(Ela aperta a mão dele.)

PEDRO — Alguma coisa mais que você quer que eu diga?

CÍNTIA — Não, você já disse. Eu é que tenho de dizer.

PEDRO — Você?

CÍNTIA — Rapidamente. Embora seja um horror... *(Tira a fita.)* Esta fita não é minha, é sua. É o primeiro capítulo do livro que você vai escrever no ano que vem. Além disso... eu estou completamente apaixonada por você. Não é só você que está apaixonado por mim.

PEDRO — Eu sou fiel a Telma.

(Beijam-se, arrependem-se, beijam-se, arrependem-se. Dizem "eu não posso, não podemos, você não pode", beijam-se, arrependem-se, e comem-se. Ali mesmo, na mesa do escritório.)

Cena 4

(Apartamento de Rafael. Fim de tarde. A sala está às escuras, persianas fechadas. Luísa serve uma bebida para ele.)

RAFAEL — Estranha essa hora em que o teto da tua casa fica mais alto e a sala mais larga. E você vê tudo, as coisas mais familiares, como se fosse a primeira vez. Estranho, eu estou numa paz imensa, veja só. É bom saber. Falar com um médico assim, cara a cara. Passar pro lado de lá. Porque tem muita gente boa, Luísa, viu, no lado de lá. Ô, desculpe o engano, lado de cá.

LUÍSA — Agora é esquecer. Tocar a fita pra frente, não foi o que o médico disse?

RAFAEL — Repetiu três vezes. Tocar pra frente. Senti como se minha vida fosse uma bola de sinuca. Você joga sinuca?

LUÍSA — Bem à beça.

RAFAEL — Vou te levar num salão no Humaitá, podemos disputar uma partida, valendo dinheiro e fumando cigarrilha. Um dia ainda consigo matar todas as bolas numa tacada só — mas sabe o que é mais interessante, nesse negócio do médico? É que é pra sempre, nunca tive nada na minha vida pra sempre. Mas também não é propriamente pra sempre. Só até eu existir.

LUÍSA — De um dia pro outro vão achar a cura dessa porra.

RAFAEL — Não quero que ninguém saiba. Ninguém!

LUÍSA — Tem certeza?

RAFAEL — E você não viu o que aconteceu com o Tom Hanks? Ele ganhou o Oscar. Tem de esconder primeiro, depois cantar na ópera e enfrentar o preconceito. Você tá muito bonita nesse vestidinho, sabia? Por que você não tira ele? Como ontem e anteontem?

(E vem e beija ela. O beijo é sexual.)

LUÍSA — Calma, Rafael...

(Ela se esquiva.)

RAFAEL — Desculpe. Tem toda razão. Eu é que não devia estar te expondo a essa situação, não tenho nenhum direito. Dizem que com beijo não pega, mas nunca se sabe, não é mesmo?

(Agora é ela que se emociona e beija ele. O beijo é sexual.)

RAFAEL — Mas toca, só toca em mim, pra eu me sentir.

(Ela pega, beijam-se. Começa, pouco a pouco, uma masturbação. Luísa não agüenta, afasta-se dele, com evidente medo.)

RAFAEL — *(Depois de um momento.)* Ok. *(Inventando.)* Pega aí a câmera, já que você largou aquela outra coisa. Está aí ligada na televisão. *(Entrega uma câmera de vídeo para ela.)* Vamos fazer um vídeo histórico, em homenagem a nossa paixão. Aperta o botãozinho da frente.

(Ela obedece com eficiência.)

RAFAEL — Rafael ao vivo e em cores. Meu nome é Rafael. Sempre gostei de mulheres, porém minhas grandes paixões... sempre foram homens. Ou será que também isso é mentira? Sempre fui apaixonado por mulheres, mas, gostar mesmo, sempre gostei dos homens, sempre precisei de um braço forte ao redor de meus ombros musculosos. Mas, no momento presente, não há dúvida. Estou apaixonado por Luísa. Completamente, senão nem estava fazendo ela passar por esse embaraço todo. Sei que HIV dá medo até de apertar a mão. Compreendo seu medo, mas juro que o meu é maior.

Luísa, vou morrer cedo. E mal eu vi, mal, como o Maneco, Luisinho, Hermeto. Ai, que medo. Tenho vontade de chorar, gritar, fugir de volta pra Minas. Porém Minas não há mais. Por um momento sinto ódio de Luísa. Afinal, foi por causa dela que fiz o exame, eu bem que não queria fazer. Eu nunca devia ter me metido com mulheres. Lembro do pobre Paul, ele sabia de tudo, dizendo: *"Rafael, don't be an idiot, forget the women".* Mas chega de fazer este papelão de bi sofrido, depondo para a eternidade. Agradeço a Luísa por ter me ajudado a descobrir a verdade sobre mim mesmo. Corta!

(Ajoelha aos pés dela.)

RAFAEL — Genoveva Luísa, minha doce Genoveva Luísa. Há somente uma coisa que o nobre pajem Rafael não pode suportar. Torturas, sim! Pânicos? Por que não?

(Desfaz a posição e fala sério com ela. A sério e buscando as palavras.)

RAFAEL — Luísa, teu amigo não vai dar pra eu ser. Meu Deus, que bravura é essa que nasceu dentro de mim? Amantes ou nada — eu sei que estou pedindo demais. Queria eu poder decidir por você. Por que, inclusive agora, não é só amor. Tô até precisando de ajuda, sabia?

Cena 5

(Apartamento de Vieira.)

VIEIRA — *(Entrando em casa e trancando a porta, bêbado e em meio a um conturbado diálogo interior.)* Gostaria de deixar bem claro que gosto da TV Globo. Acho um lugar sério, que oferece as condições de trabalho que oferece e paga o dinheiro que paga. Trabalho lá há dezessete anos, nas mais variadas funções. E agora não querem renovar meu contrato, os filhos da puta, está certo isso? Vou telefonar pra Telma, a Telma sabe dar conselho. *(Disca. Desliga.)* Não, não vou preocupar ela com besteira, ela já está preocupada demais com esse negócio da Luísa. Acha, só a Luísa. Se alguém escreve, dizem que é má dramaturgia. Lílian querida, eu entrei na Globo como homem das idéias, representante do pensamento moderno. Já dirigi até núcleo de especiais, já fui até colaborador de novela. Fiz parte de várias equipes de criação e trabalhei anos na casa de criação, sempre criando. Fui sendo rebaixado nos últimos dezessete anos sem perder o emprego. Primeiro passei a não escrever mais, só aspirantes a escritores de novela, coitados... que é melhor. Depois, melhor ainda: passei um tempo que me pagavam só pra ler e dar opinião. Às vezes era duro, muita merda, mas ler é ler, não se pode ter tudo. Ou seja, cada vez melhor. Mas agora meu contrato acabou e não estão querendo renovar, tá certo isso?

(Acha um cigarro dentro da poltrona.)

É que na minha idade eu não posso mais pensar em dinheiro! Tenho de pensar na condição existencial, na morte, essas coisas interessantes que não adianta pensar. Dá pra imaginar eu sem dinheiro pra pagar o aluguel? Telefone cortado, eu sozinho aqui? Gás cortado no meio do banho quente? Não vai caber tudo na minha cabeça!

(Tosse e apaga o cigarro. Blecaute.)

Cena 6

(Luísa no show.)

Louca no hospício. Cisma que tem uma cobra na barriga. Médico jovem, audacioso e de vanguarda, tenta método inusitado. Dá anestesia, finge que opera e depois mostra uma cobra num vidro. Louca: "Que bom, doutor, estou curada. Pena que é uma fêmea, certamente deixou os ovos".

Senhora aflita mal passa pela porta, mas entra no médico confiante: "Doutor, por amor de Deus, engordei 60 quilos no último ano!" "Calma, minha senhora, vou lhe ajudar, a medicina é pra isso. Por favor, abra bem a boca, ponha a língua pra fora e diga 'muuuuu'".

Cena 7

(Na casa de Telma. Luísa, desesperada, chora com a irmã. Luísa chora muito, mais do que poderíamos prever. Depois se acalma.)

TELMA — Acalmou?

LUÍSA — Acho que nunca estive tão calma antes.

TELMA — Então vamos falar sério mesmo que isso te ponha nervosa de novo. Você jura pra mim, Luísa, que você não correu risco?

LUÍSA — Sei lá, eu uso camisinha! Quando ele gozou dentro estava de camisinha! Que mais que eu posso dizer? Sei lá!

TELMA — Calma que essa doença não é mais o que era. É claro que você não vai poder continuar com o Rafael. E apaixonada como você está, isso deve ser horrível... Os amores não têm mais jeito hoje em dia.

LUÍSA — Eu vou ficar com ele. Pensei muito. Isso é o que eu vim cá te dizer. Resolvi ficar com ele. Não posso largar ele agora que ele está doente. Não posso. Seria uma crueldade.

Sei lá, Telma. Uso camisinha dupla, ou não uso, pego também e pronto! Mas largar o Rafael, não largo. Ele é o amor da minha vida. Que não foi uma vida de amores.

TELMA — Você sabe o que está dizendo?

LUÍSA — Mas também não quero ouvir o que você vai me dizer. Pensei muito e estou decidida. Tem muito aidético aí — ai, que palavra horrível — que a mulher não abandonou.

TELMA — *(Aflita.)* Claro, se você é casada com um homem há vinte anos e ele fica doente, você não vai deixá-lo, já está no barco, é a tua vida. Mas é completamente diferente do teu caso. Há quanto tempo você está com o Rafael?

LUÍSA — Um mês e dezoito dias.

TELMA — Luísa! Muito pouco tempo pra arruinar uma vida.

LUÍSA — Eu sei, minha irmã, que o risco é enorme! Morro de medo de pegar, de já ter pego, sei que nunca vou poder ter um casamento normal...

TELMA — Filhos, você nunca vai poder ter!

LUÍSA — *(Num momento de maldade.)* Isso você e Pedro também não têm.

(Sai.)

Cena 8

(Da separação. Uma cena simultânea, pela primeira vez nessa peça. Apartamento de Vieira, Vieira ao telefone, falando com Telma, no apartamento dela.)

TELMA — *(Desesperada.)* Querido, acho que estou te telefonando pra pedir conselho. Que você, de fora, vê melhor...

Vieira — Quem sou eu, Telma, pra te dar conselho. Além disso, esse negócio de quem vê melhor é quem está de fora é evidentemente o maior absurdo, só quem está dentro é que acha.

Telma — Ela me disse, na minha cara, que vai ficar com ele. Ela vai morrer, Vieira, minha irmã vai morrer.

Vieira — Morrer nós vamos todos, né, Telma? E culpa é culpa...

Telma — Então você acha que está certo ela viver com um aidético? Ai, que palavra horrível...

Vieira — Horrível. Eu vou falar com ela.

Telma — Inclusive não contei nada pro Pedro, coitado. Ando achando ele deprimido, numa fase ruim, não quero deprimir mais.

Vieira — O Pedro está deprimido?

Telma — Você está deprimido, Vieira, tá com problema de trabalho. Como é que vai lá na Globo?

Vieira — Hoje o Oscarmandarino me chamou lá no sétimo, o cara dos contratos. O pior de todos os caras dos contratos. Até os outros caras de contrato acham que o Oscarmandarino é um filho da puta. Fui lá. O Oscarmandarino é gordo, simpático, me mostrou o retrato dos filhos dele, pela décima vez, toda vez que eu fui ele me mostrou os retratos dos filhos dele que, aliás, estranhamente, não crescem. Aí me abraçou, me elogiou, só faltou me beijar na boca, eu comecei a suar frio. Aí ele levou vinte minutos me contando o regime que está fazendo pra emagrecer, aí eu tive certeza. O Oscarmandarino confirmou que o superchefe mandou até pedir desculpa, mas que renovar meu contrato, não vai, não.

Telma — Quer dizer que você está despedido?

Vieira — Estou desempregado. Palavra horrível. Também não gosto de dizer. Inativado, inempregado, anti-ocupado, à toa, lazeroso.

Telma — Porra, Vieira, é foda! E como é que estão as tuas reservas?

Vieira — Morais? Eu não consigo guardar um tostão, você sabe disso.

Telma — Como é que você vai fazer?

Vieira — Posso fazer como você, tradução por laudas ou outras coisas divertidíssimas assim. Porque curso não adianta, né Telma? Quem faz meus cursos é aquela turma mesmo que faz meus cursos, tudo amigo, ou seja, não é aluno, é bolsista. Mas eu é que estou ficando com culpa de estar falando do meu problema com esse abacaxi aí, da Luísa.

Telma — Você vai, então, falar com ela?

Vieira — Vou, claro. Desativado, então, vou ter um tempão. Sabe o que é, Telma? É que não está fácil ser uma moça sozinha como a Luísa. A Cíntia, toda vez que ela está sem namorado fixo então, meu coração vem à boca.

Telma — Toda razão.

Vieira — Mas sabe que eu acho que ela arranjou alguém? Graças a Deus. Acho não, tenho certeza.

Telma — Ela te contou?

Vieira — Cíntia não me conta nada, Telma. Passou do bom-dia, boa-noite, ela considera invasão de privacidade. Mas se tem uma coisa que eu sei é ver quando ela se apaixona. E de uns quinze dias pra cá... ela se apaixonou. Entro na sala e ela está lá, parada no meio da sala, nem mais pra direita nem mais pra esquerda. Não tenho a menor idéia por quem, mas Cíntia está apaixonada, conheço minha filha.

(*Nesse momento Pedro chega em casa. Beija Telma no telefone.*)

TELMA — (*Para Pedro.*) Vieira.

PEDRO — (*Especialmente deprimido.*) Eu sei. Tudo bem? (*Vai pra sala e liga a tevê: Jornal Nacional.*)

TELMA — Querido, vou ter de desligar por que o Pedro chegou, vou esquentar uma comida pra ele.

VIEIRA — Já começou o Jornal Nacional, é? Vou assistir também. Assim eu fico bem deprimido e acho que minha situação tá ótima.

TELMA — Vieira, o Pedro chegou, tenho de desligar.

VIEIRA — Manda um abraço, depois a gente se fala. (*Desliga.*)

(*A luz se apaga na casa do Vieira, que vai lá para dentro ver o Jornal Nacional. A cena continua na casa de Telma. Pedro vendo o Jornal Nacional.*)

TELMA — Pronto, meu amor, vou esquentar teu...

PEDRO — Tô sem fome.

TELMA — Tá doente?

PEDRO — Ando sem fome.

TELMA — Tá sentindo alguma...

(*Ele levanta e desliga a televisão.*)

PEDRO — Conta. Como foi teu dia?

TELMA — Meu dia? Fiz compras de manhã, depois fiz vinte páginas da minha tradução, aí fui no supermercado, falei com o Vieira... Que que você tem? Me conta.

PEDRO — Nada, não. Depois a gente conversa.

TELMA — Ah, não! Conversa agora.

PEDRO — Não, não é nada disso que você está pensando. É que se eu soubesse falar eu falava, você sabe que com você eu falo tudo. Eu tô ficando velho, deve ser isso. É isso.

TELMA — 37 anos.

PEDRO — 38 em junho.

TELMA — Junho é no ano que vem.

PEDRO — Pois é, Telma, mas o que que eu fiz nesses trinta e oito anos? Sério, não começa a me defender. Eu quis ser um intelectual, não sou. Um poeta, eu quis ser. Não sou. O advogado das causas nobres. Não sou. E não sei mais quem eu sou.

TELMA — E a culpa é do nosso casamento.

PEDRO — Não fui eu que disse isso.

TELMA — Pedro, nós estamos juntos...

PEDRO — Há doze anos.

TELMA — Te conheço. Teu problema é comigo, sim.

PEDRO — É o tempo, a culpa é do tempo...

TELMA — Como assim?

PEDRO — Eu pedi um tempo na prefeitura.

TELMA — Férias?

PEDRO — Tempo, Telma. Tô precisando de um tempo.

(*Nesse momento a cena passa para o apartamento do Vieira. Entra Cíntia com uma mala de viagem.*)

VIEIRA — (*De dentro.*) Chegou, filha? (*Entra.*) Vai viajar?

CÍNTIA — Mala tava barata, comprei.

VIEIRA — Você tá boa?

CÍNTIA — Tô ótima. Por quê? Você não tá bom?

VIEIRA — Filha, fala direito comigo. Só perguntei.

CÍNTIA — Também só respondi. Vou viajar, sim. Amanhã de manhã. Vou pruma montanha. Mas não se preocupe, não, pai, tô ótima.

VIEIRA — Ótimo. Sozinha? Vai?

CÍNTIA — Sozinha, eu? Preferia não responder a essa pergunta, pai.

VIEIRA — Você sugere que eu faça alguma outra?

CÍNTIA — Você nunca precisou de sugestões, pai. Me dá um gole desse teu uísque.

VIEIRA — É longe, essa tua montanha?

CÍNTIA — Vou passar uns quinze dias. Tô apaixonada, pai. Me apaixonei.

VIEIRA — Isso é bom. O rapaz é legal?

CÍNTIA — Bom, vou arrumar a mala.

VIEIRA — Quer ajuda?

CÍNTIA — Tô um pouco tonta. Pai, se eu desmaiar você vai ficar muito aflito?

VIEIRA — Cíntia!

(*Cíntia desmaia. Vieira fica desesperado, não sabe o que fazer. Mas tem idéias. Pega as pernas dela e levanta. Cíntia acorda.*)

VIEIRA — Filha, filha...

CÍNTIA — Calma, pai, eu tô ótima. Tenho tido essas tonteiras.

VIEIRA — Vou telefonar pro médico. Que médico? Clínico? Cardiologista? Cardiologista. (*Começa a discar.*)

CÍNTIA — Precisa não. Fui ao ginecologista anteontem, ele disse que eu estou com uma disfunção. Hormônios. Que eu podia até desmaiar.

VIEIRA — *(Pondo a mão nela.)* Disse também que você podia ter febre? Porque você está com febre!

CÍNTIA — Que febre, pai, para com...

VIEIRA — Bebe um pouco d'água. Você está com febre, eu sou bom de mão. Vamos botar um termômetro.

CÍNTIA — *(Chorando.)* Não vou botar termômetro nenhum! Pára de ficar histérico!

VIEIRA — *(Tentando a calma.)* Não é histérico. Febre, bota termômetro. *(Vai buscar o termômetro.)* Quedê essa porra desse termômetro?

CÍNTIA — *(Desesperada.)* Tá no armário do banheiro, onde é que pode estar?

VIEIRA — Como é que você sabe?

CÍNTIA — Sempre esteve lá.

(Ele volta com o termômetro.)

CÍNTIA — Tá bom, eu boto. Você sempre achou que termômetro cura febre.

VIEIRA — Filha, não tenho nada com isso, desculpe perguntar. Não tenho o direito de perguntar, claro que você não é criança, mas é que, quem sabe, conversando, ajuda: por quem é que você está apaixonada?

(A cena passa para a casa de Telma que, aflita, tenta se entender com Pedro.)

TELMA — Eu já estou notando isso há dias. Tenho passado as noites acordada, olhando pra você. Porque se você arranjou outra, você me diz. Tudo que eu quero é saber. Esse negócio de tempo não existe. Você está apaixonado por outra?

PEDRO — Telma, que absurdo, isso!. Você sabe que eu não tenho mais outras. Pra você eu digo tudo...

TELMA — E pode mesmo dizer, porque eu te amo.

PEDRO — Eu também te amo.

TELMA — Te amo é a coisa que mais se diz nesta casa nos últimos meses. Não é esquisito isso?

PEDRO — É a isso, Telma, que ficou reduzido nosso amor? A uma cena de ciúmes? Daqui não passo, vou sair de casa hoje. Vou arrumar uma mala e dormir num hotel.

(Vai arrumar a mala.)

TELMA — Pedro, desculpe, eu sei que você não tem outra! Eu é que estou ficando paranóica! Te amo...

(Agarram-se, beijam-se.)

PEDRO — Também não quero mais ir embora, não! Eu é que estou paranóico! Pra que que eu vou embora se eu te amo? Você se lembra daquele dia? Em que nós vimos o amanhecer juntos, com a cama em frente da janela? E que nós nos amamos tanto que depois dormimos e acordamos os dois atrasados, disputando o telefone pra pedir desculpas, cada um a seu patrão?

TELMA — E que um ficava sugerindo a mentira que o outro devia dizer, e mandando o outro calar a boca pra não se ouvir do outro lado da linha...

(Agarram-se, beijam-se, começam a meter as mãos nas partes mais sensíveis. Vem o tesão...)

PEDRO — Nós nunca dizíamos vamos dormir, isso nunca dissemos, ficávamos juntos até a exaustão, conversando, namorando, eu nunca sabia quem tinha dormido primeiro...

TELMA — Ô, meu amor, como nos amamos!

PEDRO — Mas agora eu preciso de um tempo! *(Afasta-se dela.)* É só um tempo...

TELMA — *(Afastando-se dele, agora com violência.)* Porque está apaixonado por outra! Eu sei, Pedro, porque eu sinto. Pára de mentir! Eu sei!

PEDRO — Vou arrumar minha mala!

(A cena volta para Vieira e Cíntia.)

VIEIRA — *(Olhando o termômetro.)* Trinta e sete e sete. Quase oito.

CÍNTIA — É o Pedro, pai.

VIEIRA — O Pedro Pedro?

CÍNTIA — Me apaixonei. E ele por mim. Paixão.

VIEIRA — O Pedro da Telma?

CÍNTIA — Meu Pedro.

VIEIRA — Cíntia, ele é casado!

CÍNTIA — Eu sei, pai, mas atualmente todo mundo é casado. Pergunta pra minhas amigas. E eu me apaixonei. E acho que nós vamos crescer muito juntos. E acho que ele está malcasado.

VIEIRA — Você não pode fazer isso com a Telma. Ela adora você.

CÍNTIA — Eu não sou tão amiga da Telma assim, pai, você é que é.

VIEIRA — Ela ajudou a criar você. Acho que você devia falar com ela, assim, abertamente...

CÍNTIA — Mas não sou eu, pai, é o Pedro que tem de falar com ela. A amiga é sua e a mulher é dele.

(Pega a mala para sair porta afora.)

VIEIRA — Calma, filha, vamos acalmar. Você não pode sair assim, com trinta e oito!

CÍNTIA — Também tenho direito de ser feliz.

VIEIRA — Tá bom, deixa, eu telefono pra Telma. *(Começa a discar.)*

CÍNTIA — Se você não largar esse telefone agora, eu nunca mais quero te ver! Nunca mais vou deixar você botar os olhos em mim!

(Sai porta afora.)

VIEIRA — Cíntia!

(Agora a cena se passa de novo nos dois apartamentos. Vieira disca para Telma.)

TELMA — *(No meio de seu drama, controlando as lágrimas.)* Alô.

VIEIRA — Sou eu, querida: Vieira.

TELMA — Vieira, agora não vou poder falar contigo. Estou tendo uma conversa séria aqui com o Pedro, amanhã te explico.

VIEIRA — Ah, é, coincidência. *(Olha o apartamento vazio.)* Eu também estou tendo aqui uma conversa séria com a Cíntia.

TELMA — Ah, é? Amanhã, então, a gente se fala. Quando eu acordar...

VIEIRA — Telma, é um assunto sério, até desagradável, mas importante.

TELMA — Cíntia tá aí contigo?

VIEIRA — Não, ela foi embora.

TELMA — Cíntia foi embora?

(Depois de um momento, um curto momento, Telma entende tudo. Larga o telefone na mesa e encara Pedro, fuzilante.)

VIEIRA — Telma!

(Telma vai até Pedro. Pára diante dele e o esbofeteia. Depois de um momento, Pedro pega a mala e sai.)

PEDRO — *(Chorando e saindo.)* Desculpe. Perdão, desculpe, desculpe, perdão. É que ela está grávida, senão eu não fazia isso com você! *(Sai.)*

VIEIRA — *(Que ouviu pelo telefone.)* Quem está grávida?

(Telma corre até a porta. Vieira corre até a porta.)

VIEIRA — Cíntia!

TELMA — Pedro!

(Luzes se apagam, fim da cena.)

Cena 9

(Última cena do ato. Apartamento de Rafael. Ele acaba de chegar da praia. Está penteando o cabelo e cantando uma ária de My Fair Lady. *Toca a campainha, ele vai atender, é Luísa. Luísa entra cantando a mesma ária de* My fair lady *e fazem um dueto. Mas não há nada de teatral nisso. Ela ouviu ele cantar e também conhecia a música. Às vezes a vida arma duetos.)*

RAFAEL — Se ao menos você conseguisse alcançar o lá bemol!

(Pausa.)

LUÍSA — *(Sem deixar ele falar.)* Quero me afastar de você, que eu amo tanto, que eu só quero abraçar, quero me afastar de você. Não agüento sofrer! Eu queria ser uma pessoa melhor, mais corajosa, queria dar pra você minha vida inteira, mas não agüento sofrer! Sei lá o que eu vou sofrer? Tenho direito a uma vida saudável. Você acha que eu vou me perdoar? Eu jamais vou me perdoar!

(Pausa.)

RAFAEL — *(Jogando sua última cartada.)* Luísa... eu mudei de idéia. Eu disse que você podia decidir. Mas não pode. Eu é que vou decidir por nós dois. Você vai ficar comigo. Muitos casais no mundo vivem assim. Você pode ir embora e nunca mais voltar, mas se você fizer isso... Luísa, vai ser uma covardia.

LUÍSA — *(Envergonhada.)* Não é covardia, Rafael. É medo.

(Sai correndo e deixa ele sozinho. Ele sai atrás. Desiste. Volta. Murmura de si para si.)

RAFAEL — Filha da puta.

(Fim do segundo ato.)

III ATO

Cena 1

(Telma, para a platéia.)

Luís Artur. Eu conheci o Luís Artur no colégio ainda. Foi meu primeiro namorado e com ele eu perdi minha virgindade, debaixo de uma mangueira, na casa da avó dele, durante um verão de férias. Ele era muito apaixonado por mim, e nosso caso terminou quando, no verão seguinte, eu contei a ele que estava apaixonada por um rapaz chamado Pedro, que era de outro colégio. Luís Artur não disse uma palavra. Chorou com o rosto impassível, virou as costas, foi embora. Passei anos sem falar com ele.

Eu me apaixonei pelo Pedro à primeira vista e hoje me lembro de nossos primeiros tempos como um turbilhão de emoções e pensamentos. É sempre à primeira vista que alguém se apaixona, e é sempre um turbilhão de emoções e sentimentos. O meu com o Pedro durou anos.

Depois houve o dia em que aquilo passou e, pra mim, foi de repente. Eu lembro uma noite em que nós estávamos trepando, nós trepamos um milhão de vezes. Quando, no meio da excitação, eu olhei o Pedro, e achei que ele não estava tão excitado assim. Que ele não me amava mais, como antigamente — compreendi isso num susto e esqueci no instante seguinte.

Depois, nas noites seguintes, reparei em mim. E vi que também eu não trepava mais como antigamente, não tinha a mesma emoção. Tudo que aconteceu conosco depois — o esfriamento, os conflitos, a rotina — foi o que acontece com todo mundo, inevitável.

A separação é o próximo acontecimento. Foi brutal, aquele negócio com a Cíntia. Eu amava a Cíntia quase tanto quanto amava o Pedro, quase morri de dor. Enfim, deixa pra lá, passou. Nos primeiros meses me senti muito feia, além de desesperada. Tentei seriamente arranjar um ou outro namorado, mas na hora H, eu fugia horrorizada. Foi aí que reapareceu o Luís Artur.

Eu até ri quando ele telefonou, dizendo que gostaria de me ver de novo. Pensei, porra, será que é pra esse cara que eu vou dar de novo, recomeçar minha carreira? Será que eu sou tão certinha assim?

Mas como ele é casado, com três filhos, o Renato, o Raimundo e o Robertinho — a mulher dele chama Rosário — achei que podia aceitar o convite.

Jantamos, e ele disse que nunca tinha me esquecido, que eu era o grande amor da vida dele, que tinha se lembrado de mim todos os dias de todos aqueles anos. E pior: parecia verdade. Luís Artur tinha engordado bastante e se transformara num tipo clássico de pequeno-executivo — semi-bem-sucedido. Terno bem cortado, dose razoável de senso de humor e nenhuma capacidade de ingerir álcool sem perder o controle. Porre no terceiro uísque.

Advogado também, da Telerj, foi um dos primeiros a ter celular. Ele insistiu pra me comer, o Luís Artur! Insistiu dois meses, com uma insistência insistida, eu não queria de jeito nenhum. Eu estava doida pra trepar — não por tesão que, com aquela angústia que eu estava, tesão era ficção científica. Muito menos pelo Luís Artur. Além disso, era casado. Eu não conhecia a mulher dele, mas estava traumatizada com casos de adultério.

Mas ele insistia, flores e cartões.
E eu jantava. Passei a jantar com ele pelo menos uma vez por semana, ele tomando três uísques e eu três. Ele bêbado, cada vez mais apaixonado, e eu jurando que, apesar do restaurante ser bom, aquele era meu último jantar com Luís Artur.

Até que um dia... ele não tomou uísque nenhum.
Eu tomei seis. Era uma noite de verão e me bateu uma memória afetiva violenta, sei lá. Quando vi estava num motel da Barra, cercada de todos aqueles espelhos e gozando feito uma desvairada, aos berros, eu que não sou de fazer barulho.

Foi uma noite só, uma trepada só.
No dia seguinte me senti muito mal. Telefonei pra casa dele, agradeci muito, pedi desculpas e implorei encarecidamente pra ele não me procurar mais.

Não sei se foi dignidade dele, o que foi, mas o fato é que ele não me procurou mais. Ele é um sujeito formidável, Luís Artur, perdi certinho minha virgindade, no final das contas. Duas vezes com o mesmo homem.

E ainda bem que ele não apareceu mais. Porque acho que ele não ia acreditar no que aconteceu. Eu também não acreditei.

No mês seguinte minha menstruação não veio. E eu sou um relógio, dá pra dizer o dia do mês pela minha menstruação. Fiz exame e estava grávida.

Se alguém na vida disser que tem uma mínima coerência, manda falar comigo. Luís Artur jamais vai desconfiar que é o pai do meu filho; ele pensa que tive muitos outros, o bobo.

Não tirei. É. Estou com seis meses agora, olhem, de frente não se vê, mas de lado, perfeitamente. *(Mostra.)* Achei que não tinha sentido eu tirar um filho com 35 anos, eu que quero tanto. *(Começa a chorar de emoção e a morder os lábios para controlar-se.)* Hoje fui sozinha fazer o ultra pra saber o sexo: é uma menina. Vai se chamar Luísa, como a tia. Pena que eu não possa contar pra ele, o Luís Artur ia ficar contente de ter uma menina. Luísa não sabe ainda, vai ficar contente também. E isso é bom, porque depois daquele negócio do Rafael ela anda tão tristinha...

Cena 2

(Luísa para a platéia.)

Eu tava há um ano sozinha quando encontrei o Rafael.
E fui eu que insisti pra ele fazer o exame.
Se culpa matasse, eu tinha morrido em alguns dias.

O momento da vida em que uma pessoa se sente mais só é quando ela tem de tomar uma decisão séria e descobre que não tem ninguém pra tomar por ela.

Pensei tudo antes. Ficar sem sexo para o resto da vida, que que tem? Sublima, o que que tem? Muita gente faz isso, que que tem? Não é perfeito, mas existe perfeito?
Filho não pode ter, mas e daí, criança não é um saco?

O Vieira chegou a me dizer que moralmente eu tinha obrigação de ficar com o Rafael, que não se abandona um homem doente... Mas que muitas vezes, na vida, a gente não pode ser moral, que a moral é uma coisa que o homem inventou para uso em campos muito limitados.

Rafael ficou meses sem querer falar comigo. Eu telefonava, telefonava e ele não atendia.

Mas aos poucos aquilo foi passando, incrível.

Hoje somos bons amigos, juro. Incrível como sofrimento é uma coisa que passa.

Ele está lindo, ótimo de saúde, a coisa não manifestou. Ele voltou a trabalhar, voltou até a jogar tênis, fomos a uma boate e ele, que já dançava muito bem, está até dançando melhor.

E acabou arranjando um namorado, o Marcos Paulo. Que é lindo como ele, também muito divertido, também bi e também soropositivo.

Os dois estão muito apaixonados, o Marcos Paulo é ótima pessoa. Fiquei muito contente quando ele me aceitou.

Outro dia fui comprar móveis com eles. Resolveram casar, poucas vezes ri tanto na minha vida. De vez em quando saímos os três.

Acho que pra provar que tudo é possível. E se tudo é possível, por que a cura da Aids não é?

Cena 3

(Pedro para a platéia.)

De alguma forma a Telma, na nossa relação, sempre tomou conta de mim. Na relação com a Cíntia, eu é que tomava conta dela.

Nos apaixonamos, é verdade. Mas amor mesmo, acho que não houve, não. Quando passaram os primeiros tempos, comecei a perceber a menina de 20 anos que eu tinha do lado, encantadora porém inconseqüente. E ela também, acho que se chateava com aquele coroa complicado que tinha tido um filho com ela em vez de com a mulher.

Foi uma separação calma, na medida em que podem ser calmas as separações com filho no meio. Depois que o Rodrigo nasceu, um pouco depois, acho que a gente teve a sensação de que não tinha mais nada pra fazer juntos.

Ainda bem que existe o Vieira, é ele que está, na verdade, tomando conta agora do Rodriguinho.

Outro dia olhei pro meu filho dormindo e fiquei olhando horas. E aos poucos, sabe o que eu achei? Que ele era parecido com a Telma. Vejam que loucura...

Acho que foi essa a última lição que Cíntia me ensinou. Que eu amo é a Telma.

Nunca vou ter coragem de ir lá, isso é uma coisa decidida dentro de mim. Ainda mais agora, que o filho dela nasceu, aquilo foi uma punhalada no meu coração... chega! Mas morro de saudades. Saudades daquela transmissão de pensamento que a gente tinha. Se eu não fosse um covarde, ia lá.

Fazia uma mala, ia lá. Batia na porta, pedia perdão... e fosse o que Deus quisesse.

Cena 4

(Cíntia para a platéia.)

A Telma me perdoou, impressionante! Papai não; de vez em quando ele ainda volta ao assunto.

Um mês antes de eu ter o Rodriguinho, a Telma me chamou pra jantar.

Ficamos o jantar inteiro com lágrimas nos olhos. Lembramos todo nosso passado, até o batom que compramos juntas, a minha primeira menstruação... e paramos, naturalmente, antes do episódio Pedro.

Depois nos abraçamos, nos despedimos, nos despedimos, nos abraçamos... eu adoro a Telma. Mas sei que ela não acredita nisso.

E o Pedro, bom, acabou mesmo. Mas ficou a coisa mais linda que eu tenho na vida, o Rodriguinho. Ele é muito esperto, sabem, muito inteligente, todo dia tem uma novidade. Sabe dessas crianças que brilham? Quando ele ri, qualquer pessoa que está do lado ri também. E ele ri muito. Sabe fazer cara de porquinho, manda beijo, mostra a barriga e a orelhinha... ele é um gênio.

Tive um filho, consegui ter um filho, que amo muito mais do que jamais amei nada. Digo "consegui" porque eu não queria, meus planos nunca foram esses. Eu queria ter meu filho aos 30, 35, pra não atrapalhar minha carreira.

No momento em que engravidei... compreendi que o certo era ter um filho logo, jovem, como tive. Cumprir esta etapa benditamente obrigatória, pra aí poder ir cuidar da vida.

Minha mãe de verdade morreu na semana passada. Nos arredores de Paris — ela morava lá — num desastre de automóvel. Tinha 49 anos, uma menina. Pra mim foi um choque, quando recebi a notícia, embora eu tenha visto ela poucas vezes durante a vida — uma vez que ela veio me ver, outra vez que papai me levou lá pra conhecer ela — e nunca por mais de algumas horas. Ela e papai se separaram eu tinha 3 anos, sempre adorei esse charme, de menina sem mãe.

Mas assim mesmo ela era superimportante pra mim. E agora que ela morreu... quero saber tudo dela.

Ela me deixou um dinheiro, de modo que vou passar seis meses em Paris. Vou aproveitar, fazer um curso de âncora que tem lá, que lá tem um ótimo. Um diretor de cinema, francês, que eu conheci aqui no Brasil, me arranjou uma bolsa. Vai ser importante para mim. Profissionalmente, esse diretor é um cara interessante... mas não vou só por causa dele, não. Quero descobrir tudo o que for possível sobre minha mãe.

Cena 5

(Vieira para a platéia.)

Cíntia é radical como a mãe dela, uma francesa comunista *hippie* de 1968, que chegou a ser aluna de Marcuse *luimême*. E que veio pro Brasil num Carnaval, caiu no samba comigo, e ficou três carnavais. Marianne, ela se chamava. Marianne de *ma jeunesse*.

Logo depois que Cíntia ficou grávida, lembro que a Globo resolveu não me mandar embora. E me botou no *merchandising*. Meu trabalho era ler as cenas das novelas que têm *merchandising* e dizer se aquilo não está demais, se não atrapalha a novela, se não haveria um modo mais sutil de fazer aquele mesmo *merchandising* etc. Interessantíssimo. Finalmente um emprego à minha altura. Fiquei muito agradecido.

Mas agora ando até pensando em sair da Globo, juro. Quer dizer, largar aquilo jamais, mas largar o emprego e ir pra lá todas as tardes, de porre, fofocar de sala em sala. Marianne deixou um dinheirinho pra mim também, vejam só: 50 mil dólares pra mim, 50 mil para Cíntia — delicado da parte dela, não?

50 mil não é nada pra muita gente, mas pra quem nunca conseguiu economizar um puto, feito eu, é uma fortuna definitiva, me sinto um milionário. É tudo que eu preciso nas entressafras, entre os bicos que eu arranjo sempre, aqui e ali.

Cena 6

(Final. No apartamento de Telma. Luz de abajur, clima noturno. Um filme clássico, sem som, no vídeo. Luísa e Vieira jogam xadrez.)

LUÍSA — Xeque.

VIEIRA — Você adora dar xeque, Luísa, por isso é que você perde sempre. Xeque! Fica toda alegre. *(Movendo a perda.)* Pronto, saio do seu xeque. E ameaço tua rainha. Que que adiantou me dar xeque?

LUÍSA — Não sou competitiva, não adianta. Nunca vou aprender a jogar esse troço.

VIEIRA — Acho que ouvi um barulhinho. Merda ter quebrado essa babá eletrônica, impossível viver sem babá eletrônica.

LUÍSA — Não ouvi nada.

VIEIRA — Mas vai ver.

(Luísa vai. Volta.)

LUÍSA — Estão dormindo, os dois. Nos dois bercinhos, um de azul outro de rosa. Vem ver, vale a pena. Um pedaço do paraíso, aqui no quarto ao lado.

VIEIRA — *(Indo.)* Já vi. *(Vai ver de novo.)*

(A sala fica vazia por um instante. Logo voltam.)

VIEIRA — Maravilha, mistério puro. Acho que Deus não existe, Luísa. Mas se existe, é um bebê.

LUÍSA — Dois. *(Vendo um retrato numa moldura, de Telma e Pedro jovens, que já apareceu nesta peça.)* Os inseparáveis.

VIEIRA — É, você sempre achou. Incrível que eles tenham conseguido voltar!

LUÍSA — Também, com dois filhos para cuidar.

VIEIRA — Cuidar não, que somos nós que cuidamos.

LUÍSA — Ô Vieira, só hoje, pra eles irem ao cinema. Eles estavam doidos pra ver o filme.

VIEIRA — É, hoje é extra, como é que estão mesmo os nossos horários normais?

LUÍSA — Terças, quintas e sábados à noite. Era só terça e quinta, pra Telma poder fazer o curso de dramaturgia e Pedro o de aperfeiçoamento. Mas agora, com a ida de Cíntia para a Europa, ficou o sábado também.

LUÍSA — *(Recolocando o retrato na mesinha.)* O perdão é uma bobagem, é uma coisa que o tempo traz.

VIEIRA — A velhice também...

LUÍSA — Não só voltaram, como estão ótimos. Telma ontem me disse que eles trepam todos os dias, como se fossem dois adolescentes apaixonados. E Telma está pensando em voltar a advogar, os dois abrirem um escritório juntos. Você acredita?

VIEIRA — Um *happy end*. Xeque! Acho que esse é mate.

LUÍSA — Não é, não, olha o bispo lá.

VIEIRA —Ah, é. Xeque!

LUÍSA — Vou cobrir teu xeque te dando xeque — ó que beleza.

VIEIRA — E eu saio, pronto.

LUÍSA — Ainda não foi desta vez.

VIEIRA — E tua vida sexual, como vai? Pergunto sem segundas intenções, garanto. Seria *happy end* demais pra essa estória se nós dois casássemos e fôssemos felizes para sempre. Quedê aquele teu amigo que eu te vi umas vezes com ele, o que é engenheiro?

LUÍSA — Marcelo? Estou sempre com ele. Hoje mesmo conversamos horas no telefone. Meu aniversário é no mês que vem, ele tá oferecendo a casa dele pruma festa.

VIEIRA — Quando eu olhei vocês dois, disse pra mim. "É com esse que a Luísa vai conseguir superar a dor do Rafael."

LUÍSA — É, de alguma forma. Mas não de toda forma.

VIEIRA — Cuidado com o cavalo.

LUÍSA — Ele é bi também, o Marcelo. Conheci ele através de um amigo do amigo do Rafael. E me apaixonei logo, eu que pensei que jamais ia amar de novo.

VIEIRA — Bi?

LUÍSA — Pois é, mas não diz pra ninguém, que não fica bem pra mim.

VIEIRA — Puta coincidência, não?

LUÍSA — É, parece que eu gosto, deve ser minha tara...

VIEIRA — Por enquanto não dá cadeia.

LUÍSA — Mas agora é diferente. Me apaixonei mas não dei. Aprendi a lição com o Rafael. Sabe que nunca demos um beijo na boca, o Marcelo e eu? Ele também é apaixonado por mim, mas sem sexo, nem um beijo na boca...

VIEIRA — Não faz uma certa falta?

LUÍSA — Claro que faz. Eu, de vez em quando, tenho uns namoradinhos pra isso, já tive dois.

VIEIRA — Tarada.

LUÍSA — Bem jovens. Jovens, doces, educados, que acham que eu sou o máximo, só pra trepar.

VIEIRA — Esquema criativo. Satisfatório?

LUÍSA — Você está falando de orgasmo? Ah, eu gozo muito! Mas depois que eles vão embora, choro a noite inteira.

VIEIRA — Não se pode ter tudo.

LUÍSA — E sua vida sexual, como vai? Só contei a minha pra poder saber da sua.

VIEIRA — Você está fazendo um trabalho pra faculdade, sobre terceira idade?

LUÍSA — Ainda não.

VIEIRA — Minha vida sexual é modesta. Meus hormônios ainda estão na faixa normal, porém próximos do limite inferior. Quando tenho a disposição suficiente, faço a ronda dos bares, tentando humildemente verificar se tem alguma mulher razoável que queira dar pra mim por uma noite.

LUÍSA — E tem?

VIEIRA — Raramente, porém não me queixo. É que para as jovens eu já sou um velho, elas não se interessam. E mulher da minha idade eu não gosto, me sinto totalmente edipiano. Mas não sou radical. Minha última namorada tinha 17, minha penúltima, 52.

LUÍSA — Tarado!

VIEIRA — Mas é divertida a ronda dos bares. Um pouco trabalhosa, porque é preciso permanecer até a última esperança, é uma coisa profissional. Quer, passo hoje no teu show, te apanho e te cicerono na luta, quer?

LUÍSA — Não posso, tenho acupuntura às 8.

VIEIRA — Você deixa alguém te espetar agulhas às 8 da manhã?

(*Entram, eles têm a chave, Pedro e Telma, vindos do cinema.*)

PEDRO — (*Para Vieira.*) Formidável!

VIEIRA — Eu não disse: formidável.

TELMA — Muito divertido, Vieira. Mas eu te confesso que me dá tanta aflição, que tem horas que perco o prazer de ver.

VIEIRA — É uma parábola moderna. Um filme simples, mas de sentimentos grandiosos. Acho, inclusive, uma bela estória de amor?

LUÍSA — Meu Deus, que filme vocês foram ver? *Cidadão Kane?*

TELMA — *Velocidade máxima.*

(Neste momento toca o telefone. Telma atende.)

TELMA — Alô? Não acredito que seja você, está tão perto. E aí, menina, estou morrendo de saudades sua. Teu filho tá bom, tá bom... Pára de gritar, que já te falei que o telefone tá ótimo.

VIEIRA — Cíntia, de Paris. Eu disse a ela que eu ia estar aqui a essa hora.

TELMA — E minha filha também está ótima. Estão dormindo lado a lado no escritório do Pedro, que agora é o quarto deles.

LUÍSA — Diz pra ela que eu também tô aqui.

TELMA — Vou passar o telefone pro teu pai, senão ele tem um enfarte.

VIEIRA — Ô filhinha, como é que você está? Saudades. Sei que não precisa gritar, o telefone está ótimo. Rodriguinho? Passou, completamente. Nem aquela alergia no pezinho tem mais. Ficou resfriado a semana passada, mas só uma coisinha de nariz. Trinta e sete e seis. Claro que telefonei para o pediatra. Ele é simpático, aquele rapaz, pedi a ele que até desse um pulo pra ver o Rodriguinho e ele veio. Outro dia conversamos, estamos amigos, ele gosta de filosofia. Ficamos amigos.

TELMA — *(Beijando-o e falando para Pedro.)* Vou ter de ir senão perco a hora do show e telefonei pra lá, já venderam 35. *(Beija Pedro.)* Toma conta direitinho aí do que é nosso. Vamos, Luísa?

LUÍSA — Pedro, diz ao Vieira que, se ele quiser passar no fim do show, eu mato a acupuntura.

VIEIRA — *(No telefone.)* Tá fazendo frio aí? Você está bem de saúde, nê? Resfriou por causa do frio, não? E como vai o curso? E tem se divertido, fora isso? A vida é pra gente se divertir muito, sempre que pode, é isso mesmo, filha. Mas telefona a cobrar, filha, sempre que quiser. Te amo loucamente, você é o amor da minha vida, é isso, só. Não, não tô chorando, não.

(Desliga. Ficam os dois homens.)

VIEIRA — Mandou um beijo pra você.

PEDRO — Obrigado. Tá melhor a sua relação com ela, afinal.

VIEIRA — Dizem que os filhos se afastam dos pais mas, depois de certa idade, voltam.

PEDRO — É verdade.

VIEIRA — Mentira pura! Os filhos vão e nunca mais voltam. Você, que agora — quem diria — é pai do meu neto, ah, esses tempos modernos... aproveite enquanto o seu é pequeno. Os filhos são milagres, luzes que se acendem e iluminam tudo ao redor. São as maiores paixões que a lei permite, sem considerar crime. Aproveite, sugue o Rodriguinho, não perca esta! E se prepare para a despedida, lá pelos 16, 17 anos. Mas o teu é homem, vai ver que é diferente, sei lá. Eu e Cíntia, nós nos amamos, ah, como nos amamos! Eu nasci de novo, regurgitei, tive sarampo, descobri as flores, engatinhei, depois andei assim como um bêbado, depois aprendi tudo que meu pai, emocionado, tinha pra me ensinar, depois entrei pros colégios, me achei feia, me achei linda, vivi os primeiros amores, li os primeiros livros, inclusive Dostoievski, perdi minha virgindade. Fiz tudo isso através de Cíntia, ela me deu isso tudo. É muito, hein! E um dia ela foi embora. Cansou do meu repertório, quis armar o dela. É injusto, anormal, impiedoso, porque o mundo é assim, injusto, anormal e impiedoso — não são essas suas virtudes, que que tem? Você quer terminar essa partida que eu comecei com Luísa?

PEDRO — Detesto xadrez, Vieira.

VIEIRA — Assim é bom, a partida fica incompleta. Para que matar reis no final?

PEDRO — Luísa mandou te dizer que se você quiser passar no show, ela amanhã mata a acupuntura. Não entendi, mas estou transmitindo.

VIEIRA — Não é pra entender, é pra decorar.

Cena 7

(Finalíssima: Luísa no show.)

Mosquito. Mosquitinho. Adora ir ao teatro. Mas a mãe acha que ele é muito pequenininho pra ir ao teatro, e ela não quer levar, porque, como todo mundo, detesta teatro. Mas o mosquitinho insiste tanto, que ela não agüenta e deixa: "Tá bom, filhinho, vai ao teatro, mas por amor de Deus, cuidado com os aplausos!"

Março de 95

SEPARAÇÕES
(Peça em seis atos)

Personagens

Ricardo, 35
Cabral, 54
Laura, 53
Glorinha, 35
Maribel, 22
Cíntia, 25
Diogo, 40

PRÓLOGO

**Voz em *off* anuncia: a noite em que o
Real Astoria fechou, março de 1995**

(*Luzes se acendem sobre uma mesa de restaurante animadíssima, onde estão reunidos todos os atores. Garçons, ao redor, empilham cadeiras sobre mesas.*)

RICARDO — Gente! O Real vai fechar mesmo. Incrível, mas verdadeiro: Só cantando a Valsa de Despedida. "Adeus amor, eu vou partir..." Alguém sabe a letra?

(*Cada um sabe um pedaço. Acham muita graça. E finalmente conseguem cantar. As pessoas de fora de cena, não-visíveis (outras mesas e pessoal do restaurante), cantam também, aderindo ao esporro. Cantam e brindam, enquanto as luzes vão se apagando.*)

Adeus amor, eu vou partir,
ouço ao longe um clarim.
Mas onde eu for eu irei sentir
os teus passos junto a mim.
Estando em luta,
estando em paz,
te esquecerei jamais.
Perto ou longe,
aonde for

ouvirei a tua voz.
A luz que brilha em teu olhar
a certeza me deu
de que ninguém pode afastar
o meu coração do teu.
No céu, na terra,
aonde for
viverá o nosso amor.

NARRADOR (CABRAL) — Muitas cenas desta peça têm lugar num restaurante tradicionalmente freqüentado por artistas de teatro e intelectuais. Que não existe mais há muito tempo... Chamava-se Real Astoria. Depois que foi vendido, virou uma pizzaria horrível, agora é um tapume, depois vai virar só Deus sabe o quê, dizem que um prédio de escritórios... Qualquer coincidência com fatos ou pessoas reais é mera coincidência.

Esta narrativa é um produto da imaginação dos atores, remotamente inspirada em acontecimentos ocorridos no final de milênio, mais precisamente há uns dez anos, no Leblon, Rio de Janeiro.

I ATO

Cena 1

(Uma mesa no Real Astoria. Cabral, Glorinha, Laura, Ricardo e sua jovem namorada Maribel.)

CABRAL — *(Explicando para Ricardinho.)* É Kubler ou Kupler-Roth. "On death and dying". "Da Morte e do Morrer"...

LAURA — Belo título.

RICARDO — Eu jamais leria um livro com isso escrito na capa.

CABRAL — Ela é médica, psiquiatra ou psicanalista, e levou anos estudando doentes terminais. O que que vai na cabeça das pessoas que sabem que têm seus dias contados...

GLORINHA — Cabral só pensa na morte.

CABRAL — Um homem, depois dos 40, que não tem como preocupação principal a morte, é um imbecil. A Kubler-Roth, depois de entrevistar uma centena de doentes terminais, descobriu que o processo interno deles pode ser dividido em quatro etapas, a partir do conhecimento da doença até o instante fatal.

GLORINHA — Sabe o que é isso, gente? É que ele amanhã tem de ir a São Paulo dar um curso, e está com medo do avião.

RICARDO — *(Recordando.)* Kubler-Roth, terminais quatro etapas...

CABRAL — Exato. Primeira etapa: a negação... Não, não é, não pode ser, vou a outro médico, o exame tá errado... Segunda:

a negociação... Se eu ficar bom, nunca mais vou fazer isso, fazer aquilo, e faço promessa, e vou a bruxos, apelo pra qualquer deus, acreditando ou não, enfim, tento negociar. Terceira etapa...?

RICARDO — *(Tentando prever.)* A fuga...

MARIBEL — A sublimação!

CABRAL — Depois da negação e da negociação, vem, implacavelmente, a revolta, esta palavra horrível. Por que foi dado a mim tão triste destino? Por que a mim e não a outros?

MARIBEL — E depois da revolta, que poderá vir?

GLORINHA — Não posso dar palpites, porque eu conheço esse número do Cabral.

LAURA — Não li o livro, mas conheço a teoria.

RICARDO — A negação!

MARIBEL — Não, Ricardo, não confunde, a negação é a primeira fase. Depois da revolta vem Deus!...

RICARDO — Liga pra ela, não, gente, Maribel é esotérica.

MARIBEL — Detesto que você diga que eu sou esotérica, Ric, parece que eu sou burra. É Deus, não é Cabral, que mais pode ser?!

CABRAL — Quase, minha flor. A quarta etapa é a aceitação. A aceitação da morte. Negação, negociação, revolta e... aceitação. Bonito caminho, não? E depois ainda tem uma quinta etapa...

GLORINHA — Maribel uma?

CABRAL — Mas essa não tem nome. Tem gente que chama de agonia, outras de estado de graça. É o momento que precede o instante da Morte, em geral delirante, sem tempo, sem comunicação com o exterior.

MARIBEL — Meu Deus, que horror!

(Chega Cíntia.)

CÍNTIA — Oi pai, oi Glorinha. Passei por aqui, sabia que vocês estavam aqui, vim pegar uma carona

CABRAL — Você está sem carro?

CÍNTIA — O carro hoje ficou com o Rodolfo. Só tenho carro dia sim, dia não.

RICARDO — Isso é que é casamento. Ih, olha quem tá ali, sozinho naquela mesa. Diogo.

MARIBEL — Que Diogo? Aquele debaixo da cabeça de touro?

RICARDO — Éramos do mesmo time de vôlei na praia, no verão passado.

CÍNTIA — E ele jogava bem?

RICARDO — Na defesa, bem.

CABRAL — *(Reconhecendo.)* Foi meu aluno predileto num curso livre de filosofia que eu andei dando há uns anos; adoro esse rapaz, tem muito senso de humor. Ele é filho da Rute Rosário.

LAURA — A poetisa?

CABRAL — Família toda ilustre. Pai do Supremo, falecido, tio embaixador, a avó fazia teatro amador, sabe esse tipo de gente?

RICARDO — Vou lá. *(Sai.)*

CABRAL — *(Tomando uísque.)* Diz que eu estou aqui!

CÍNTIA — Eu quero ir ao banheiro, tô morrendo de vontade de fazer xixi, quase fiz no táxi.

GLORINHA — Vou contigo.

MARIBEL — Posso ir também?

(Vão. Ficam na mesa Cabral e Laura.)

CABRAL — Por que as mulheres gostam tanto de ir ao banheiro juntas? Alguém precisa pesquisar isso, mas não eu. Sou casado.

LAURA — E tá bom o casamento?

CABRAL — Adoro a Glorinha. Casamento é foda.

LAURA — Você me parece bem insatisfeito...

CABRAL — É sempre assim, entre uma peça e outra. Se eu não estou ensaiando fico louco, enlouqueço. O que é o amor, Laura, você que sabe de tudo?

LAURA — É você que sabe de tudo, Cabral.

CABRAL — Amar é querer o bem do outro. Fora disso, os sentimentos podem ter outros belos nomes: paixão, fascinação, desejo... mas amar é querer o bem do outro.

LAURA — E quando o bem do outro é o teu mal?

(Vê-se agora a cena em outra mesa do bar, onde Ricardo foi sentar com seu amigo, Diogo, que não vê há algum tempo. Diogo toma vodka com gelo.)

RICARDO — ...Aí eu ganhei o prêmio e tô com essa passagem para Paris...

DIOGO — Eu sei, li nos jornais, parabéns. Adoro viajar, você vai quando?

RICARDO — Não sei, tem uns produtores aí querendo fazer uma nova peça.

DIOGO — Qual peça?

RICARDO — Me fala de você, ô cara, como é que vai a arquitetura?

Diogo — O escritório vai indo bem... mas é muito chato. *(Ri.)* Eu acho tudo muito chato.

Ricardo — Eu também!

Diogo — Você é artista, artista não é chato.

Ricardo — Vê-se bem que você não conhece o meio.

Diogo — Gosto da arquitetura. Mas queria estar fazendo uma coisa mais livre, mais artística... teatro! Bom, o chato sou eu.

(Riem.)

Ricardo — Tá querendo trabalhar muito e ganhar pouco, vem! Vamos sentar lá na minha mesa? Tou com minha nova namorada esotérica, o Cabral, uma velha amiga dele, que é editora de uma revista de assuntos femininos...

Diogo — Eu fiz um curso com o Cabral.

Ricardo — Meu projeto é o máximo. O título vai ser *A Revista do Século*. Uma revista no final do século, com todas as características da revista clássica da Praça Tiradentes, usando os acontecimentos mais relevantes do século. Estou pensando em dar para vários escritores escreverem, cada um uma parte...

Diogo — Ambicioso...

Ricardo — Mas falta gente como você, informada, que faça pra mim a pesquisa, que ajude a compor a coisa...

Diogo — Eu gostaria de tentar...

Ricardo — Insistiu, se fodeu. Quinta de noite, reunião na minha casa?

Diogo — Tá marcado!

(Volta a cena da mesa, Cabral e Laura.)

CABRAL — No início eu me apaixonava com freqüência por jovens atrizes, amigas, primas, meu coração bate fácil. E a Glorinha sofria muito e eu ficava muito culpado. Um dia cansei de me sentir culpado. Agora não dou mais em cima de mulher nenhuma. Se vejo uma mulher que me interessa, arranco os olhos, boto no bolso e sigo meu caminho. Seria perfeito, se não me fizesse um mal danado.

LAURA — Um homem só é fiel patologicamente.

CABRAL — Você acha, é? As feministas devem te adorar. Eu sou um elefante, Laura. Preciso ter outras mulheres, viver a ilusão da paixão! É só mais umas poucas, que também já estou cansado. E depois... seguir o caminho do elefante. Os elefantes, quando ficam velhos e sentem que vão morrer, eles se afastam do bando e saem andando sozinhos e livres pela floresta, até chegarem ao lugar onde os elefantes morrem. E, ali, morrem. Os aventureiros buscam incessantemente esse lugar, porque lá há um tesouro em dentes de marfim, mas não encontram. Só os elefantes sabem, intuem quando a morte se aproxima e vão pra lá. Às vezes eu tenho a certeza de que... eu devia me separar da Glorinha, senão eu vou me arrepender muito.

LAURA — E não vai se arrepender de separar?

CABRAL — Melhor se arrepender de ter feito de que não ter feito.

(Voltam as meninas do banheiro. Glorinha. Cíntia e Maribel.)

CÍNTIA — Hoje eu tô a fim de tomar um porre. Daqueles de não reconhecer meu marido quando chegar em casa. *(Pega uma garrafa.)*

(Volta Ricardo trazendo o Diogo.)

RICARDO — Diogo!

DIOGO — Prazer.

CABRAL — Senta, menino, há quanto tempo a gente não se vê! Não, não, senta, não, deixa que eu levanto pra te dar um abraço. *(Faz isso.)* Como vai o Frederico? *(Explicando.)* Nietzsche, Diogo adora Nietzsche.

DIOGO — Existe algum outro filósofo?

(Riem. Sentam-se todos.)

DIOGO — Tenho lido bastante filosofia, não tanto quanto eu gostaria. O trabalho não deixa tempo.

CABRAL — Você faz mesmo o que, que eu esqueci?

DIOGO — Arquitetura.

CABRAL — Arquitetura são as pirâmides, o *Empire State Building*, a catedral de Barcelona. Coisas grandes, um pouco como se o homem tivesse necessidade de chamar a atenção de Deus, gritando: "olha, tô aqui".

DIOGO — Tá certo!

CABRAL — E aquele romance que você começou a escrever nos tempos do curso?...

DIOGO — Monografia. Não acabei.

CABRAL — Começar é fácil. A gente tem de ir é até o fim, mesmo que saia uma merda. Só quando você fecha é que você vê o que a coisa é. Um homem tem de terminar tudo o que começa.

CÍNTIA — Ouço isso desde que eu nasci.

CABRAL — Glorinha, tô exausto, vamos embora. Amanhã tenho de tomar avião e acordar cedo, duas coisas que me fazem um mal enorme. E ficar fora do Rio nas vésperas do teu aniversário!

MARIBEL — Você faz aniversário, é?

GLORINHA — Daqui a uma semana.

MARIBEL — Quantos anos?

GLORINHA — Trinta e cinco.

MARIBEL — Puxa, não parece! Eu tenho 22. Você é linda, ninguém te dá mais de 30!

CABRAL — Não adianta, que esse garçom não vai parar aqui. Vou pagar no caixa. Assim converso um pouco com o Arnaldo. *(Vai.)*

MARIBEL — Quem é o Arnaldo?

GLORINHA — É o caixa. Cabral é padrinho de casamento dele.

RICARDO — Gente, o Diogo agora é companheiro de luta. Vai trabalhar comigo na revista.

CÍNTIA — Acho careta esse projeto da revista.

RICARDO — Careta por quê?

CÍNTIA — Não sei, acho careta. Tem certas coisas assim, que eu acho careta.

GLORINHA — Vocês parem de brigar, vocês dois. Diogo, eles se odeiam.

DIOGO — Tem gente que só se dá bem brigando.

(Cabral volta.)

CABRAL — Pronto, tá pago. Agora é só ir pra São Paulo e ganhar dinheiro pra pagar a próxima.

LAURA — Eu também tenho de estar cedo, amanhã, na redação...

RICARDO — E, Glorinha, não se esquece, hein? Daquilo que eu te falei. Tá pensando?

GLORINHA — *(Tentando falar só para ele.)* Eu pedi até amanhã pra te dar uma resposta.

CABRAL — *(Desconfiado.)* Que é? Resposta de quê? Vocês dois têm segredos, agora? Também quero saber.

NARRADOR (LAURA) — Foi lindo o romance de Cabral e Glorinha, apesar da diferença de idades. Ficaram loucos um com o outro, quando se conheceram. Tinham tanto para se falar, que ganharam poderes parapsicológicos. Encontravam-se sem querer, várias vezes por dia, por absoluto acaso, nos pontos mais diferentes da cidade. Era como se os deuses do amor, eles mesmos, conspirassem a favor da união. Em seus primeiros encontros, bebiam uma garrafa inteira de uísque e até de porre, falando, falando, antes de terem coragem de subir para o apartamento, tal era a intensidade do encontro. Sempre se diziam: não temos compromisso, nosso amor é hoje, pode acabar tudo amanhã. Depois iam para a cama e trepavam gloriosamente até o sol raiar, e o sol raiava todos os dias. Ela 22, Cabral 41. Bem vividos.

Cena 2

(Apartamento de Glorinha e Cabral.
A porta se abre, eles já discutindo.)

CABRAL — Não vai aceitar, não.

GLORINHA — Vou aceitar, sim. É a minha vida!

CABRAL — Não vamos brigar por causa disso.

GLORINHA — Motivo pequeno, minha vida?

CABRAL — Não é isso que eu quis dizer. Não vamos brigar porque você recebeu um convite profissional.

GLORINHA — O primeiro que eu recebo em anos...

CABRAL — Não te convidam porque sabem que você está sempre trabalhando comigo.

GLORINHA — Todo mundo deve me achar péssima atriz.

CABRAL — Você é ótima atriz.

GLORINHA — Só você acha. Eu estou é ficando velha, feia, cheia de celulite...

CABRAL — Uma celulite, que você me mostra e eu não consigo ver. Pára com isso, Glorinha! Isso é inferno astral do teu aniversário, passa. Feio sou eu.

GLORINHA — Você é homem.

CABRAL — Já fui mais.

GLORINHA — Você tá sempre com os teus projetos, as pessoas te amam, você tem uma filha linda. E eu sempre na tua sombra.

CABRAL — Projetos que eu mesmo invento e cavo, porque se eu esperar que me chamem pra trabalhar morro de fome. As últimas quatro peças que eu dirigi foram um absoluto fracasso. Se não são os cursos que eu dou e a devolução do imposto de renda do ano passado tinha de tomar dinheiro emprestado este mês.

GLORINHA — Pára de se queixar, Cabral, dá azar.

CABRAL — Tô angustiado por causa do avião.

GLORINHA — Te falei pra ir de ônibus.

CABRAL — De ônibus eu chego lá exausto, não dou um bom curso, aí não me chamam de novo e eu preciso da merda da grana que eles me pagam.

GLORINHA — Então agüenta...

CABRAL — Se estiver sol, tudo bem. Você viu se tem nuvem no céu? Não tem um telefone aí que dá previsão do tempo? Que chovendo é foda.

GLORINHA — É avião grande, Cabral, não fica nervoso. Pronto, já estamos nós aqui, de novo, falando dos teus problemas. Não era de mim que a gente tava falando?

CABRAL — O que que você achou da Cíntia hoje, hein? Aquela Maribel é bastante simpática. Fico aflitíssimo com a Cíntia solta na rua, bêbada, na madrugada. Vamos deixar o telefone perto da porta do quarto, que ela pode querer telefonar?...

GLORINHA — De manhã começam a telefonar e acordam a gente, deixa na cozinha...

CABRAL — *(Colocando o telefone.)* Já é quase de manhã.

GLORINHA – Cinco horas! E eu que queria acordar cedo! Pra ir nadar! A única coisa que eu gosto de fazer, porra! Não adianta. Eu não faço nada do que eu quero, mesmo.

CABRAL — Glorinha, minha linda... Deixa de ser boba, você não precisa fazer nada. Você é a Glorinha, minha linda! Me dá um beijo. Por que que você não me dá um beijo? É o que tá faltando entre nós: beijos.

(Silêncio.)

GLORINHA — Tô enjoada.

CABRAL — Eu sabia! Quando eu te vi passando da cerveja pro terceiro uísque...

GLORINHA — Tomei dois uísques. Dois, no máximo três, e o terceiro você botou água! Na frente de todo mundo! Como se eu fosse uma bêbada...

CABRAL — Não agüento mais te ver vomitar, Glorinha. Toda vez que você bebe, você vomita, teu fígado é ruim, você teve icterícia!

GLORINHA — Hepatite, com 18 anos. Eu gosto de vomitar, eu sei vomitar.

CABRAL — Mas não sabe beber! Não sabe sua medida, tem que saber a medida! Saber parar antes de enjoar...

GLORINHA — Olha quem fala. Você deve ter bebido uns dez! Meia garrafa eu vi você acabar.

CABRAL — Eu não vomito.

GLORINHA — Mas amanhã, dia de viagem, não vai conseguir nem levantar, de tanta ressaca. E vai passar o dia inteiro se queixando de cansaço...

CABRAL — Eu tenho 54 anos, Glórinha, sou um senhor... me respeita...

GLORINHA — Por isso é que não pode mais beber dez uísques numa noite. Olha aí, Cabral, não tenho nem mais prazer de ir ao bar com você. Fico aflita de ver você beber. Você quando começa não pára.

CABRAL — Não gosto de parar.

GLORINHA — E bebe e fuma. Hoje você estava acendendo um no outro. Amanhã fica se queixando que o peito tá doendo... Você não tem mais idade pra isso...

CABRAL — Glorinha, pára de falar mal de mim, é de você que a gente estava falando. Tá muito enjoada? Quer um Engov? Sal de fruta, sal de fruta é ótimo.

GLORINHA — Detesto o gosto.

CABRAL — Toma assim mesmo, fecha o nariz e toma. Quer eu boto...

GLORINHA — Não. Está tudo rodando. Eu vou ao banheiro, Cabral!

CABRAL — Tá bom, porra, mas deixa a porta aberta. E não baixa a cabeça pra vomitar que é pra não engasgar. E quando eu mandar parar, você pára! Eu vou ficar aqui ao lado da porta.

GLORINHA — Mas não olha, hein, não olha!

(Cabral fica esperando. Ela vomita duas vezes.)

CABRAL — *(De fora da porta.)* Chega! Chega, Glorinha, agora chega. Respira vai, respira...

GLORINHA — Fecha a porta... *(Vomita mais.)*

CABRAL — Ai meu Deus. Respira. Não baixa a cabeça.

(Ela pára de vomitar, depois de um momento. Abre a porta do banheiro.)

GLORINHA — Pronto, acabou. Tô ótima. Tô ótima.

(Fica dentro do banheiro lavando a boca. Cabral traz um copo d'água.)

CABRAL — Água, toma água, que é pra hidratar.

GLORINHA — *(Toma.)* Tô ótima mesmo. Eu vomito, fico ótima.

CABRAL — É, eu sei.

GLORINHA — Tá zangado comigo?

CABRAL — Não! Fico aflito, só, mais nada. Pode arrebentar uma veia na tua garganta, sei lá.

GLORINHA — Desculpe.

(Silêncio.)

CABRAL — Vou tomar mais um uísque.

GLORINHA — Tá. Mas é só mais um, tá? Pra acalmar.

CABRAL — Posso pegar cigarro na tua bolsa? O meu acabou...

GLORINHA — O meu também tá no fim. Mas tem outro maço.

CABRAL — Quero conversar, é sério. *(Senta.)*

(Silêncio.)

CABRAL — Glorinha, tô ruim da cabeça. Glorinha, muito angustiado... Não leva a mal, não, mas precisamos dar umas folgas... Sair sozinho, cada um pro seu lado, umas duas vezes por semana... Tá muito grude.

GLORINHA — Então é isso, outra vez! Nós já experimentamos, Cabral, isso de folga não existe, não dá certo! Você é o primeiro que volta atrás, telefona pra onde eu estou, quer me encontrar...

CABRAL — Você que me telefona.

GLORINHA — Você.

CABRAL — Tá bem, nós dois. Mas agora é diferente. Eu estou me sentindo muito fechado nesse casamento.

GLORINHA — Eu também estou me sentindo muito fechada nesse casamento.

CABRAL — Que a gente exagera, né, Glorinha? Nenhum casal é como a gente. O cara acorda, vai trabalhar, só encontra a mulher de noite, viaja... A gente acorda junto, almoça junto, trabalha junto, fica junto o dia inteiro...

GLORINHA — Na penúltima peça, quando eu não quis fazer sua assistência, você quase me matou.

CABRAL — Eu não consigo entender o amor sem trabalhar junto. Senão não é amor, é caretice. Trabalhar é que é o bom... Além disso, você não é minha assistente — você é a melhor assistente. Quantas peças nós já fizemos juntos?

GLORINHA — Oito.

CABRAL — A mais esperta, a mais inteligente. Você é artista, né, Glorinha? Sabe de tudo. Você é que faz as peças, eu é que sou seu assistente. E é um barato a gente trabalhando junto, ninguém encosta na gente...

GLORINHA — É um barato, sim. Mas daí que a gente fica junto o dia inteiro.

CABRAL — É asfixiante.

GLORINHA — Asfixiante. Mas esquema de folga é besteira.

CABRAL — Nós nunca tentamos pra valer.

GLORINHA — Cabral, se é pra ter folga... não é melhor separar de uma vez? Dar um tempo?

CABRAL — Glorinha, tenho uma vontade enorme de desistir de tudo, desse negócio de liberdade, tudinho, e ficar só com você, abraçado, até o fim dos meus dias, vontade enorme. Mas se eu fizer isso, vou estar assinando meu atestado de velhice, entende? Filosoficamente não está certo, Glorinha, um homem ser casado! Há alguma coisa de imoral nisso.

GLORINHA — Então vamos nos separar! Hoje! Agora!

CABRAL — Quem tá falando em separação? Separar a gente não agüenta, não quero nem ouvir essa palavra. Olhe, vamos fazer o seguinte: nessa próxima peça, agora, você não faz a assistência, por mais que doa. Pronto, meio termo!

GLORINHA — Então tá bom. Dá tempo de eu fazer a assistência do Ricardinho.

(Silêncio.)

CABRAL — Você não vai fazer assistência de Ricardinho nenhum.

GLORINHA — Era isso que você estava dizendo quando nós chegamos, abrimos a porta de casa!

CABRAL — Vai fazer pra quê? O que que você vai ganhar com isso?

GLORINHA — Um salário, eu que nunca ganho dinheiro, vou conhecer pessoas novas, aprender coisas novas...

CABRAL — Aprender o que, Glorinha? Você acha que o Ricardo tem alguma coisa pra te ensinar?

GLORINHA — Depois de tudo que você me ensinou...

CABRAL — É isso mesmo! Ricardinho não é diretor ainda.. Ele tem talento, mas não dirige. Faz o exercício da direção, a pose. Estuda métodos, faz laboratórios, dá cursos, come as alunas...

GLORINHA — Pára de implicar com o Ricardo. Ele é meu único amigo, você detesta ele.

CABRAL — Eu adoro o Ricardo. Além do que...

GLORINHA — O quê?

CABRAL — Ele tem muito bom coração. Ele é capaz de até, um dia, ser bom diretor, quem tem bom coração tem tudo. E teve muita classe na separação de vocês, isso eu não esqueço. E esse negócio dele querer tanto que você faça a assistência é isso, hein, no fundo é isso. Tirei a mulher dele, agora ele está querendo tirar a minha assistente, é isso.

GLORINHA — Nojento, Cabral.

CABRAL — Glorinha, compreenda meus motivos! Nós estamos em novembro. Quando é que estréia essa peça dele?

GLORINHA — Em março.

CABRAL — Pois é, é que março, Glorinha, vem depois de janeiro e de fevereiro. É o verão. Aquele calor lancinante que ferve o cérebro. Você sabe que eu trabalho feito uma mula, o ano inteiro, pra passar o verão com você e Cíntia em Teresópolis!

GLORINHA — Vai você, eu fico no Rio! Subo no fim de semana, nas folgas...

CABRAL — E assistente de direção tem folga, Glorinha? Parece boba! Ainda mais com o Ricardinho!

NARRADOR (RICARDO) — Ricardo era o namorado de Glorinha, antes de Cabral aparecer. Namoro sério, dois anos, eram quase noivos. Ela 19, ele 21 anos, atores do mesmo grupo de teatro, os mais bonitos da turma. Ricardo tinha cabelos compridos e encaracolados, creiam. As famílias aprovavam, iam casar, constituir família. Mas como o amor tem indomáveis desígnios, um dia ela começou a ficar distante e cheia de mistérios. Ricardo custou a imaginar que ela tinha outro, era difícil, pra ele, pensar que alguém pudesse traí-lo, pois afinal ele era o máximo... Mas com o tempo teve certeza que havia mais alguém na parada. Mas achou que era alguém da idade dele, um ator de um outro grupo... Nunca podia pensar...

Quando Ricardo descobriu, Glorinha e Cabral já estavam juntos há uns quatro meses, apaixonadérrimos.

Ricardo sofreu um bocado. Mas como é um rapaz de boa índole, menos de um ano depois cedeu às insistências de Glorinha e tornaram-se grandes amigos.

Cabral ficou contente com a amizade. Ele sempre foi da opinião que amantes verdadeiros, quando deixam de sê-lo, têm de ao menos tornar-se amigos, senão o mundo fica por demais cruel. Ele ficou amigo de Ricardo também. Eles são muito diferentes. Discordam de tudo, a respeito de quase todos os filmes e peças. Mas quando concordam, os dois ficam muito felizes e contentes.

GLORINHA — Preciso ter as minhas coisas. Minha vida pessoal. A impressão que eu tenho é que nunca faço o que quero, estou no lugar que quero... e sim o que você quer.

CABRAL — *(Tomando uísque.)* Eu sei, não sou burro, você tem de ter uma vida pessoal. Compreendo. Se você fosse convidada pra trabalhar com o Antunes, ou mesmo numa novela da TV Globo, que é um vexame mas que dá *status*, eu não ia dizer nada...

GLORINHA — Se não fosse no verão.

CABRAL — E vida pessoal não é só trabalho, Glorinha! Lê um livro, faz uns cursos...

GLORINHA — Eu leio o triplo de livros que você lê, ou melhor, o triplo de livros que você não lê.

CABRAL — Não tenho tempo de ler, prefiro quando você lê e me conta. Mas vai aprender inglês, francês, espanhol, você sabe pouco de línguas. Preenche seu tempo! Apreciação musical, ouvir as nove sinfonias de Beethoven. Dança de salão! Não quer fazer um curso de decoração de interiores? Eu não faço porque não tenho tempo, mas acho interessantíssimo...

GLORINHA — Vá à merda, Cabral. Vá à puta que o pariu.

CABRAL — Eu sei que às vezes você fica muito sozinha... Eu, quando não tô ensaiando, tô no computador.

GLORINHA — Meu trabalho é o seu, até meus amigos, agora, são mais seus amigos que meus... Vou tomar mais um uísque.

CABRAL — Vai tomar uísque depois de vomitar, Glorinha?

GLORINHA — Eu é que sei. *(Vai servir.)* Voltando ao assunto, como é, pra você, esse negócio de folgas? Fala sério comigo, não vou ficar chateada. É pra trepar com outras mulheres, não é?

CABRAL — Não. Duas vezes ou três por semana a gente sai separado, pra ter vida pessoal, esse negócio que você está falando aí. E no maior respeito. Não pode nem dizer pro outro onde é que vai ou foi! E é proibido contar a noite no dia seguinte, senão não vale nada. Vida pessoal.

GLORINHA — Você tá mentindo! O que você quer é tempo pra ter outras, essas menininhas todas que te procuram pra conseguir papel... Você quer é se separar! Tá bem, a gente se separa! Se separa neste minuto, se você quiser. O que que têm? Eu vou pra casa da minha mãe, tenho quarto lá.

CABRAL — Eu sei, Glorinha, que você tem quarto na casa dos seus pais.

GLORINHA — Eles ficam contentes. E eu fico segura, tenho pra onde ir, quando quiser me separar de você.

CABRAL — Separação, Glorinha, é uma palavra que eu não quero nem ouvir. Eu te amo.

GLORINHA — Por quê?

CABRAL — Você é linda, doce, inteligente, artista, e não é agressiva. A não ser comigo. Eu também não sou agressivo, gosto de gente assim. E além disso você é um tesão.

GLORINHA — Que é isso, meu querido, a gente trepa tão pouco...

CABRAL — Casamento incestualiza. Mas, por falar nisso, vamos trepar? Até de manhã? Tô com uma saudade danada...

GLORINHA — Ah, Cabral... Eu tô tão cansada...

CABRAL — Eu te descanso, vem.

(Começam a trepar ali mesmo.)

CABRAL — *(Trepando com a Glorinha.)* Hoje é dia fértil?

GLORINHA — Se fosse, eu tinha avisado pra você não gozar dentro.

CABRAL — Eu quero gozar dentro.

GLORINHA — No dia fértil?

CABRAL — É, andei pensando umas coisas...

GLORINHA — Vem cá, a gente vai trepar ou conversar?

CABRAL — Vamos conversar um pouco, depois a gente trepa?

GLORINHA — Vamos.

CABRAL — Glórinha, você vai ficar besta com isso que eu vou te dizer.

GLORINHA — Que é?

CABRAL — Há quantos anos você está comigo, mesmo?

GLORINHA — Treze.

CABRAL — Pois é, uma criança. Você me deu a sua juventude de graça, não casou com o Ricardinho, não...

GLORINHA — Onde é que você quer chegar?

CABRAL — No filho. No filho que você sempre quis ter. E eu sempre disse não.

GLORINHA — Por favor, Cabral, eu tô com dor de cabeça, não vamos falar desse assunto, por amor de Deus. Você não quer, não quer, pronto.

CABRAL — Eu não quis! É que eu sempre achei que não tinha mais idade pra isso, que ia tirar mais ainda minha liberdade e, principalmente, porque eu ainda estava criando a Cíntia, que você sabe que a mãe dela aparece pouco. Eu não tinha espaço.

GLORINHA — Pra que repetir isso?

CABRAL — Porque é a coisa que você mais quer no mundo, esse

filho! Esse negócio de falta de vida pessoal no fundo é isso, falta de filho! E eu vou perder você se eu não te der esse filho! De modo que... De modo que... eu resolvi. Quero ter, Glorinha... Vai ser um problema, mas eu dou um jeito, dou um jeito. Próximo dia fértil, quero gozar dentro.

GLORINHA — Não, agora não quero mais.

CABRAL — Mentira. A Cíntia está criada. Não sei, é uma boa época, teu aniversário vem aí... Fiz um acordo aqui, comigo mesmo. Quero fazer um trato contigo, um contrato. Eu tenho esse filho contigo, ficamos juntos mais dois anos. Um pra gravidez, outro que no primeiro ano do nenê não se faz mais nada. Dois anos. E depois a gente se separa. E vai cada um viver sua liberdade. E cuida junto do filho e pronto. Eu vou estar solteiro aos 56, tá razoável. É esse o trato. Aceita?

GLORINHA — Tô enjoada, acho que vou vomitar de novo.

CABRAL — Vai não, toma esse Engov, toma esse Engov. *(Obriga ela a tomar.)* E aí, não quer não? O que que foi? Pensei que você ia ficar contente com a minha proposta.

(Glorinha abraça ele e começa a chorar.)

CABRAL — Que é? Que é isso? Tá chorando de quê?

(Luz sobre Maribel. Pequeno monólogo, com música, enquanto Glorinha chora...)

MARIBEL — Mulheres não entendem de homens, dizem. Homens não entendem de mulheres, isso é certo. Cabral não sabia que ao abandonar Glorinha com um filho recém-nascido, antes mesmo de tido o filho, não apenas era ridículo como muito inábil, àquela altura. Os dois em crise, precisando se separar... Cabral fez exatamente o que não devia fazer: forneceu um bom motivo! Glorinha, 35, como qualquer mulher em seu lugar, não queria ter um filho sob contrato...

Cena 3

(Cena de Ricardo e Glorinha, no apartamento de Ricardo.)

GLORINHA — Eu vou fazer essa assistência de qualquer jeito! Pode contar comigo...

RICARDO — Vê lá, Glorinha, não quero confusão com o Cabral.

GLORINHA — Cabral não manda em mim e não tem nada a ver com isso. Eu preciso ter a minha vida, antes que seja tarde, antes que fique velha...

(Toca o telefone, Ricardo atende.)

RICARDO — Alô. Oi, querida, agora não posso. Tenho uma reunião com meus assistentes. Te telefono de noite. Não, eu dou um jeito. Esta noite é tua, garanto. Eu também. Pra você também. Mil. *(Desliga.)*

GLORINHA — Era a Maribel?

RICARDO — Não, a Roberta. Tô com duas namoradas.

GLORINHA — E elas sabem disso?

RICARDO — A Roberta sabe da Maribel, mas a Maribel não sabe da Roberta.

GLORINHA — Entendi.

RICARDO — O pior é que estou apaixonado pelas duas. As duas são lindas, as duas dão pra mim lindamente.

GLORINHA — Cafajeste. E se a Maribel descobrir?

RICARDO — Acende um incenso e me come vivo. Sabe o que ela fez ontem? Me levou num templo budista. Meditei e tudo. Depois viemos pra cá, tomamos um chá na cama, foi ótimo.

GLORINHA — Acho você bem apaixonado pela Maribel.

RICARDO — Mas a Roberta tem seus encantos. Ela é o oposto da Maribel. Entra no quarto, tira a roupa todinha antes de qualquer coisa. Ela funciona! Minha impressora quebrou, chamei um técnico, o cara não deu jeito. Ela sentou, mexeu, mexeu, consertou. Pendura cortina, sabe sempre que horas são, é impressionante. Além de que, apaixonadérrima por mim.

GLORINHA — Isso a Maribel também é.

RICARDO — A Roberta é mais fria na cama que a Maribel, é verdade. Mas sabe que eu gosto disso! Fica uma coisa pensada...

GLORINHA — Homens...

RICARDO — Não é mal ter duas. Talvez seja uma velha vocação humana. Se uma resolver me mandar um ponta-pé na bunda, tem outra.

(Toca a campainha.)

RICARDO — Deve ser o Diogo. *(Olha o relógio)* Pontual.

GLORINHA — O Diogo vem cá?

RICARDO — Claro, a reunião é com vocês dois.

(Entra o Diogo.)

DIOGO — Boa tarde.

RICARDO — Esse é um momento histórico, o primeiro encontro dos assistentes! Vale uma foto, vou buscar a máquina.

(Vai, ficam os dois.)

GLORINHA — Eu não sabia que você estava no projeto...

DIOGO — Pois eu sabia que você estava. E achei ótimo. Aquela noite, no Real Astoria, não conseguimos conversar...

GLORINHA — Eu também simpatizei muito com você.

DIOGO — Antes assim, é bom que os assistentes se entendam...

(*Ricardo reentra, com a máquina polaroid.*)

DIOGO — Começamos pelo *making off*.

RICARDO — Não se movam, é só um instante. (*Tira a foto.*) Pronto. Juntos para a eternidade.

DIOGO — Fiz a pesquisa que você pediu.

RICARDO — Da primeira guerra?

DIOGO — Das guerras do século. São as mais sujas de toda a história da humanidade, eu acho... Trouxe uns livros para vocês verem, com imagens bem significativas, se você insistir na idéia dos *slides*. Olhem...

(*Sentam os três no chão, vendo os livros.*)

NARRAÇÃO SOBRE CABRAL — O teatro é assim, agregador. O envolvimento com os ensaios tem as características de uma paixão, a mesma fugacidade, a mesma descoberta do desconhecido... De modo que a paixão ela mesma é comum no processo teatral. Da atriz pelo diretor e vice-versa. Da atriz pelo ator e vice-versa, que transferindo o amor de seus personagens para a vida real, criando uma tórrida relação que, em geral, acaba com a temporada etc.

No quarto dia de ensaio, enquanto Cabral dava um movimentado curso em São Paulo (do qual ainda ouviremos falar), Glorinha se aproximava inevitavelmente do introvertido Diogo. Levava sempre ele em casa, em seu automóvel. Uma noite pararam perto da portaria dele. Não em frente da portaria, porque afinal ele era casado, mas na esquina...

DIOGO — Acho todo mundo chato, mas eu sou mais chato que todo mundo. Sei que o mundo é belíssimo, mas é como um quadro genial na parede de um museu. Não vou levar pra casa. Por mais que admire, não tem nada a ver comigo, não é meu. Acho todo mundo burro, eu mais burro que todo mundo. No entanto, somente prezo a inteligência. Não me importa o cinema, somente o grande cinema. Não me importam os livros, que queimem todos e fiquem apenas os grandes livros. A arquitetura é um *business*, como uma quitanda. Mas a grande arquitetura não, essa vale a pena viver para vê-la. Sou o rei da estranheza. Outro dia acordei e, por dois minutos, apanhando sol na minha pequena varanda, não me senti estranho, foi estranhíssimo. Nasci estranho, acho que vou morrer estranho... O mundo é um país estrangeiro do qual não sei a língua. Não conhece a frase de Sartre, é das minhas prediletas: "De repente senti algo frio na minha mão, era a maçaneta da porta".

GLORINHA — Você é engraçado.

DIOGO — Verdade, tento ser. Me esforço muito, embora seja a mais sem graça das pessoas. Ninguém tem nada a ver com meus problemas, o mundo é uma festa elegante, cheia de gente. Me convidaram, devo estar alegre, leve e disposto a tudo.

GLORINHA — E você se diverte na festa?

DIOGO — Quando estou sozinho, na minha poltrona, lendo meu livro *(leio três por semana.)*... Quando aqueles escritores geniais vêm todos falar comigo, me sinto confortado e amparado, mesmo no inverno fico quentinho. E sempre ando a pé. Não guio, evito caronas de amigos, táxis. Se me convidam para jantar, vou a pé até o restaurante. Não posso perder meia hora sabendo aonde vou sem aproveitar.

GLORINHA — Você é um príncipe.

DIOGO — Decadente ao extremo. Meu reino já foi destruído, os bolcheviques estão entrando pelas janelas e eu não percebi ainda. Fora isso, tenho uma filha, linda. *(Mostra o retrato na carteira.)*

GLORINHA — Quantos anos ela tem agora?

DIOGO — Doze. Uma graça...

GLORINHA — A mesma idade que Cíntia tinha quando encontrei o Cabral.

DIOGO — Cabral é um paizão. Como é que vão... vocês dois?

GLORINHA — Não quero falar disso, não. Me fala de você, da tua mulher.

DIOGO — Chama-se Dorothy. É americana. Estudava pintura em Los Angeles. Veio para o Brasil numas férias, ficou.

GLORINHA — E ela estuda pintura aqui?

DIOGO — No Parque Laje. É difícil para uma americana se acostumar com a informalidade radical brasileira. Mas ela adora a luz do Brasil.

GLORINHA — Ela deve ser uma pessoa bacana.

DIOGO — Eu respeito os artistas. Vou chegar agora em casa, às vezes chego de manhã, depois de algum programa, a Dorothy está dormindo e no dia seguinte nem me pergunta aonde eu fui. Ela é educadíssima.

GLORINHA — Mulher ideal.

DIOGO — Boa mãe para Alice. E uma mulher bonita também.

GLORINHA — Então qual é o problema?

DIOGO — Falta de amor, eu acho. *(Pegando um cigarro.)* Preciso parar de fumar. Têm muitas coisas que eu preciso largar.

GLORINHA — Por exemplo?

DIOGO — Eu faço casas bonitas, pra gente rica. Eu convenço eles que a casa que eles querem é a que eu faço.

GLORINHA — E consegue?

DIOGO — Ganho bom dinheiro com isso. Projetei dez casas o ano passado, um condomínio.

GLORINHA — Eu li num caderno B.

DIOGO — O escritório é uma aporrinhação.

GLORINHA — Larga o escritório.

DIOGO — Meu sócio ficaria felicíssimo. Apesar de que ia perder a companhia nos bares. Nós sempre vamos a uns bares depois do expediente, na cidade mesmo. Bares de executivos. Eu estou cansado de tudo isso, Glorinha. Quero o meu tempo livre...

GLORINHA — Pra quê?

DIOGO — Pra escrever um romance. Um romance estranho. Sobre minha família. Meu pai era um aventureiro, jogador... perdeu e ganhou fortunas. E minha mãe é uma rainha. Igual à mãe dela, a matriarca da família, que tem 92 e nem pensa em morrer... Gente muito ligada na vida. Ou seja, preciso escrever esse romance. Se eu não escrever, ninguém escreverá.

GLORINHA — E por que não escreve?

DIOGO — Comecei. Não sei, paro, acho que não sou um escritor. Livro ruim é muito ruim, me dá um pudor, sei lá, que vai ficar uma merda, que meus amigos vão todos me apedrejar, que até os cães vão ladrar à minha passagem...

GLORINHA — *(Divertindo-se muito.)* Pára, Diogo...

DIOGO — Mas qualquer dia eu escrevo.

GLORINHA — Você tem os olhos tão tristes.

DIOGO — Dá pra ver atrás dos óculos?

GLORINHA — Alguma coisa que eu possa fazer? Pra eles ficarem mais contentes?

(A situação fica muito romântica.)

DIOGO — Pensei em você ontem.

GLORINHA — E eu em você o dia inteiro. Há muito tempo meu coração não bate assim.

(Beijam-se.)

DIOGO — Não quero me meter numa crise de casamento...

GLORINHA — *(Com tesão.)* E eu tô fazendo o quê?

(Beijam-se, rola o maior tesão.)

NARRAÇÃO DE MARIBEL — Daquela noite em diante, Glorinha não era mais mulher do Cabral. Mas ela não deu pro Diogo naquela noite, não, quis dar mas não deu. Ela tinha seus princípios, precisava separar-se de Cabral antes...
No dia da volta de Cabral, véspera do aniversário de Glorinha, caiu um pesado temporal. Mas Cabral resolveu vir assim mesmo, no último avião, de tanta saudade que sentia dela. Qual não foi sua supresa quando, no aeroporto, naquele clima agônico de ponte aérea, encontrou, como companheira de viagem, ninguém menos que Cíntia, sua filha, que tinha ido tratar de um comercial em São Paulo. Pai e filha vieram de mãos dadas em meio à turbulência.

Cena 4

CÍNTIA — Calma, pai, é só uma nuvem...

CABRAL — No tempo do ácido lisérgico, eu tinha mais medo de avião do que hoje em dia, então resolvi tirar isso a limpo. Sabe que o ácido mostra tudo?

CÍNTIA — Nunca tomei ácido. Minha geração perdeu esta.

CABRAL — Tinha de ir a Brasília para um festival de cinema. Botei na boca metade de um ácido e entrei no avião!

CÍNTIA — Pai, que coragem! E aí? Morreu de medo?

CABRAL — Ao contrário. Fiquei numa paz absoluta. Lá no meio das nuvens entendi tudo, conversei com Deus...

CÍNTIA — Que interessante. E o que Ele disse?

CABRAL — Primeiro me explicou que todo progresso humano é um incesto.

CÍNTIA — Incesto.

CABRAL — O homem tentando roubar do Deus-pai a mãe-natureza.

CÍNTIA — Certo.

CABRAL — Disse também que eu tinha toda razão de ter medo de avião, que avião é perversão. Que um homem foi feito pra andar com os pés sobre a terra firme e não dentro de um caixão de ferro, hermeticamente fechado, a 12 mil metros de altura, a 1.600 km por hora, temperatura externa 25 graus abaixo de zero, não foi assim que o comandante falou? Não sou um *milk-shake*.

CÍNTIA — *(Tirando da bolsa.)* Quer Plasil?

CABRAL — Tô tomando uísque. Você tá triste hoje?

CÍNTIA — Pareço triste?

CABRAL — Você tá rindo demais.

CÍNTIA — Tá bom, pai, eu te conto!

CABRAL — Aproveita seu pai antes que o avião caia.

CÍNTIA — É que eu sou uma adúltera, pai. Profissional. E isso às vezes dá uma certa solidão.

CABRAL — Você engana o Rodolfo?

CÍNTIA — Com freqüência. Agora, por exemplo, estou loucamente apaixonada. Por um vitrinista que trabalha na Agência do Rio. O homem tem um charme danado, é uma graça na cama... e é talvez, atualmente, o melhor amigo do Rodolfo.

CABRAL — E o Rodolfo sabe?

CÍNTIA — Deus me livre! Não quero ferir ele, de jeito nenhum. Nem perder ele, de jeito nenhum. Minha relação com Rodolfo é séria, uma relação de oito anos, afinal foi ele que tirou minha virgindade. Eu engano o Rodolfo perfeitamente, pai. Ele nunca vai saber!

CABRAL — E você consegue ir pra cama com os dois, sem problema nenhum?

CÍNTIA — Tô com uma aversão danada pelo Rodolfo, sexualmente falando, é claro.

CABRAL — E ele não percebe?

CÍNTIA — De jeito nenhum! Eu seguro minhas pontas. Custa um certo esforço, mas ele não percebe.

CABRAL — Impressionante sua firmeza de caráter.

CÍNTIA — A fidelidade é uma utopia, pai. Da qual às vezes nos aproximamos muito... mas que jamais poderemos exercer inteiramente. Um sonho americano, como a democracia.

CABRAL — Quer dizer que é possível amar duas pessoas ao mesmo tempo, sem conflito nenhum?

CÍNTIA — Três, quatro...

CABRAL — Tá aí uma que minha geração perdeu. *(O avião entra num vácuo, ouve-se trovão.)* Isso é que eu chamo baixar aos infernos. Também tô no maior problema. Com a Glorinha.

CÍNTIA — Sei, sua liberdade.

CABRAL — Deixa eu te contar. Que assim eu fico com vontade de morrer, nem ligo pro avião. Fui dar esse curso em São Paulo. Tinha muitos alunos. E muitas alunas. E eu tô lá falando de minhas filosofias, teatro pra cá, teatro pra lá, quando eu vejo tô falando numa direção só. Na direção de uma morena sensual com cara de libanesa, coisa finíssima. Quando eu vejo já estou ao lado dela. Aí, no intervalo, ela vem, olho no olho, aquela coisa. Convidei pra jantar.

CÍNTIA — Pai, você não se corrige.

CABRAL — Em São Paulo vale tudo, né, Cíntia? Tudo acontece em São Paulo... A angústia lá é tanta, que carioca acaba, faz besteira. O jantar foi ótimo, depois saímos pela rua, abraçados, como dois namorados. Ela é muito pobre, sabe, Cíntia, interessantíssimo, fez o curso porque arranjou uma bolsa. Mora num subúrbio, não tem dinheiro nenhum. Mas é culta, atriz, sensível. Personagem de Dostoievski...

CÍNTIA — Aí você levou a moça até seu hotel.

CABRAL — Era perto do restaurante, dava pra ir a pé.

CÍNTIA — Quem escolheu o restaurante?

CABRAL — Aí subimos no quarto. Eu morrendo de medo que a Glorinha telefonasse, a Glorinha adivinha a hora que eu chego no quarto.

CÍNTIA — Põe o telefone fora do gancho.

CABRAL — Foi o que eu fiz. Aí começamos a nos beijar... e foi muito bonito! Há muito tempo que eu não beijava ninguém, fora a Glorinha. A Sônia, é o nome dela, tem uns lábios grossos, era tão diferente. Não te impressiona como são diferentes as pessoas...

CÍNTIA — Impressiona.

CABRAL — Mas ficou nisso, nos beijos. Paramos por aí. Ela de repente disse: "É melhor a gente parar. Porque eu estou gostando muito de você e sinto que você tem alguém". Quer dizer, olha a sensibilidade dessa menina! Aí eu achei bom também parar, pra que continuar? E paguei pra ela um táxi pro subúrbio, que já era tarde. E ela foi embora, levei na portaria. Nem telefone deixou, não tem, só endereço. Mas os lábios dela... ainda não esqueci, não consigo esquecer.

CÍNTIA — Romântico.

CABRAL — Foi ela sair e a Glorinha telefonou pra saber se eu estava bem. Tava chegando do ensaio do Ricardinho.

CÍNTIA — Você está um pouco apaixonado por essa Sônia, pai, te conheço.

CABRAL — Que barulho, porra, que esse avião tá fazendo, isso é tempestade de raio. Ou senão é parafuso solto — mas não posso procurar ela de novo. Se Glorinha descobre...

CÍNTIA — Descobrir como, pai? Só se você contar.

CABRAL — Glorinha não é Rodolfo, não, Cíntia. Ela descobre tudo. Glorinha é telepata.

CÍNTIA — Bobagem. A vida é uma só, você tem direito a suas vivências! E melhor se arrepender de ter feito de que não ter feito. Acho que a turbulência tá passando.

CABRAL — Nada, trovões e raios. Só falta um leão solto nas ruas. Vou tentar dormir, assim esqueço. *(Os dois fecham os olhos.)* Sabe o que mais me dói, filhinha? É que a Glorinha jamais faria uma coisa dessas comigo.

NARRAÇÃO CABRAL — Quando Cabral chegou em casa, exausto, do aeroporto, a Glorinha não estava. Logo telefonou, explicando que o ensaio tinha se prolongado, que ela ia demorar mais duas horas. Foi muito carinhosa no telefone. Cabral fumou uns duzentos cigarros naquelas duas horas, de tanta irritação. Então ele chega, morto de saudade, depois de passar uma semana fora, e ela está no ensaio! Depois pensou na Sônia. Aí tomou um uísque, depois tomou dois e três. Aí Glorinha chegou.

GLORINHA — Desculpe, meu amor, eu não podia sair antes do final do ensaio. São as primeiras leituras.

CABRAL – Eu te disse pra você não fazer essa assistência! Tô com fome, tô cansado, tô com saudade de você... Você faz aniversário daqui a sete minutos!

GLORINHA — Quer dizer que você passa uma semana fora e eu não posso me atrasar duas horas?

CABRAL — *(Perdendo a paciência.)* Você não gosta mais de mim como gostava, ah, não gosta, não!

GLORINHA — *(Perdendo a paciência.)* E você, ainda gosta?

(Silêncio.)

GLÓRINHA — *(Dura.)* Tava bom lá em São Paulo? Deu um bom curso?

CABRAL — *(Duro.)* Brilhante. Por quê?

(Glorinha olha pra ele e começa a chorar.)

GLORINHA — A gente só faz brigar! Precisamos dar um tempo, um mês. Você não queria folga? Folga de um mês. Pra ver se a gente ainda quer ficar junto.

CABRAL — Um mês é muito, não foi disso que eu falei.

GLORINHA — A gente se telefona todos os dias, se for preciso. Vai ser duro pra mim também. Mas nós dois estamos precisando de um tempo, pra botar a cabeça no lugar.

CABRAL — Você está apaixonada por alguém, Glorinha? É isso?

GLORINHA — Não, Cabral, que desconfiança! E você, tá?

CABRAL — Claro que não. Mas concordo que estamos precisando de alguma solidão... Um mês é muito, a gente pode se perder.

GLORINHA — Quarenta dias. Quarenta dias, como Jesus no deserto, você sempre fala nisso. Se nosso amor for pequeno a gente se perde, se não, não.

(Silêncio.)

NARRAÇÃO (LAURA) — E assim começou a separação. Cinco minutos depois, Cabral deu os parabéns a Glorinha e desejou-lhe muitas felicidades. Ela levou umas peças de roupa, o livro que estava lendo, disse que se precisasse de mais alguma coisa vinha buscar, que afinal ninguém ia para a China. Pensou em Diogo e seu coração bateu. No dia seguinte, foi para a cama com ele. Cabral achou melhor que a proposta de separação tivesse partido dela. Botou mais um uísque, pensou em Sônia e teve certeza que Glorinha só tinha proposto o tempo de separação porque, no fundo, tinha sentido o negócio da Sônia, de alguma forma. E que afinal quarenta dias era realmente um tempo bom, simbólico, suficiente para que os dois elaborassem seus problemas, satisfizessem seus desejos e pudessem então viver felizes para sempre.
Foi com esse espírito, e com a certeza de que Glorinha não o trocaria por nenhum homem do mundo, que ele a beijou, na porta, já com lágrimas de saudade.

(Intervalo.)

II ATO

Voz em *off* anuncia, no escuro: primeira fase – a negação

Cena 1

(Na cama, quinze dias depois, Glorinha e Diogo. Acabam de trepar, gozam. Eles tiveram uma trepada apaixonada. Caem, cada um para seu lado, exautos e satisfeitos. Falam carinhosamente.)

GLORINHA — Já te aconteceu quantas vezes?

DIOGO — De eu me apaixonar de verdade?

GLORINHA — É.

DIOGO — É a primeira vez. Não precisa acreditar.

(Glorinha levanta da cama e serve mais um uísque para os dois. Eles bebem o tempo todo. Sem ficarem bêbados e sem falarem nisso.)

GLORINHA — O Cabral... ele diz que a paixão é a única moeda cósmica que temos à nossa disposição.

DIOGO — Ele é um transcendente. Eu sou nietzschiano.

GLORINHA — "Não sou um homem, sou dinamite", Zaratustra.

DIOGO — *(Pegando.)* Livro de cabeceira. Você pode abrir em qualquer página, é sempre genial.

GLORINHA — Tenho medo de Nietzsche. Sobre as mulheres, o que ele diz?

DIOGO — Página 80. *(Lê.)* "A mulher é para o homem perigo e divertimento. Quando for encontrar uma mulher não se esqueça de levar o chicote". "Um homem deve temer a mulher, quando ela odeia: porque o homem é apenas malvado, a mulher é má".

(Glorinha ri, mas não muito.)

GLORINHA — Era veado, Nietzsche?

DIOGO — Não, mas tinha um bigode enorme.

(Riem.)

GLORINHA — O Cabral diz que Nietzsche só cometeu uma falta imperdoável, ficou louco.

(Os dois riem. Beijam-se sensualmente. Ficam sérios.)

DIOGO — Você não pára de falar no Cabral.

GLORINHA — Preocupação. A gente está se falando todos os dias. Hoje é o décimo quinto dia da famosa quarenta. Ele até finge... mas não está bem, não. Quer me encontrar, me convida pra jantar. Deixou até um poema na minha portaria.

DIOGO — Minha mulher também desconfiou.

GLORINHA — Você chega em casa de madrugada toda noite...

DIOGO — Encontro ela dormindo, ela nem acorda. No dia seguinte, quando eu acordo, ela tá levando a Alicinha pro colégio, ou absorta, pintando, mal nos falamos. Acho que ela percebeu que há alguma coisa, mas seria incapaz de uma cena de ciúmes.

GLORINHA — Cabral diz que ciúme é falta de educação.

DIOGO — Você não pára de falar no Cabral.

(Beijam-se.)

DIOGO — Ah, que boca que você tem...

GLORINHA — Você também... Delícia... E tuas mãos...

DIOGO — Tenho de ir hoje ao escritório. Há três dias que eu não vou lá.

GLORINHA — Tem de ir agora?

DIOGO — Agora não tem força no mundo que me tire daqui. Chega pra cá.

GLORINHA — Outra vez?

DIOGO — O que que você está achando dos ensaios?

GLORINHA — Não sei ainda. O Ricardo abre opções demais. O teatro tem de ser mais intuitivo. Pensar muito, no teatro, atrapalha. Tem de respeitar o processo. Se você respeitar o processo, o processo te respeita e a peça se faz.

DIOGO — Gosto de ouvir você falar de teatro.

GLORINHA — O ator são dois. O que manda e o que obedece. Saio de mim e comando meu corpo.

DIOGO — Sai de você e vai pra onde?

GLORINHA — Pro meu lugar, praquele lugar que é só meu. Qualquer dia te convido pra ir lá. É uma loucura, quem não é ator não entende. Uma loucura sob controle.

DIOGO — Eu não sou louco, isso não sou...

GLORINHA — Eu sou, louca por você! *(Sobe por cima dele.)* Falar nisso, que horas são?

DIOGO — Quatro e meia.

GLORINHA — Meus Deus, estamos atrasadíssimos, o ensaio é às cinco e meia.

Diogo — A gente vai se atrasar um pouco...

(Beija ela. Eles se excitam, começam a trepar outra vez. Como no início da cena.)

Narração (Ricardo) — Nietzsche entendia pouco de mulheres, mas num ponto tem razão. Quando um homem se apaixona pode ser para ele o Paraíso, uma grande alegria... Quando uma mulher se apaixona é um compromisso, uma missão. De fazer seu homem feliz, resolver todos os seus problemas. Glorinha estava muito apaixonada pelos encantos de Diogo. Por exemplo, Cabral só dava uma na cama, mesmo quando era jovem. Jamais duas. Botava todo amor que tinha numa única vez. E se orgulhava disso.

Cena 2

(Cabral vai visitar Laura, uma semana depois da cena anterior. Laura no sofá. Cabral anda de um lado para o outro, esvaziando uma garrafa de uísque, muito nervoso. Ele bebe o tempo inteiro, sem ficar bêbado e sem falar nisso.)

Cabral — Quarenta menos vinte e um...

Laura — Você precisa aproveitar esses dias...

Cabral — E eu não tento? Na mesma noite que ela saiu de casa telefonei pra Sônia, a dostoievskiana paulista que eu te contei, que eu estava apaixonado... Trouxe pro Rio. Seis dias de angústia, na cama, praticamente. E olhe que eu estava achando que ia ser uma maravilha. Foi muito chato. A paixão passou completamente, eu fiquei frio, cada vez pensando mais na Glorinha, mais preocupado com o que ela poderia estar fazendo longe de mim... Depois que botei a Sônia na ponte aérea, voltei pra minha casa, aquela casa oca, vazia. Carente como uma esponja, peguei o caderno de telefones e sai telefonando prumas amigas que me deram bola um dia, quando eu tava com a Glorinha. Homem casado tem sempre uma lista. A maior parte não estava em casa, outras sem comunicação, outras desconversaram – um vexame. Até que uma topou sair comigo. Ex-aluna, bonitinha, esperta, 25. Fiquei louco quando conheci ela, num curso que eu dei, mas tava casado, me segurei. Jantamos. Não é que a garota também era louca por mim, desde aquele tempo? Propus um motel, ela aceitou com uma naturalidade. Fomos. Na hora ela pediu a camisinha, no motel tinha. Mas eu não estou acostumado. Broxei. Precisa prática. Cheguei em casa, não dormia. Tentei bater uma punheta, pensando na Glorinha. Nem punheta. Estou exausto.

LAURA — Você é o oposto de mim. Me separei do meu marido faz vinte anos, estou solteira desde então. Tive meus casos aqui e ali, claro; atualmente nem isso, tô numa carência danada. Mas acho ótimo, não tenho nenhuma vontade de casar de novo. Quer dizer, tenho uma bruta vontade de arranjar um companheiro, o que na minha idade é difícil. Mas angústia não. Viver sozinho é ótimo. Qual é o seu intervalo médio entre um casamento e outro? Os anteriores.

CABRAL — Dois, três anos, no máximo.

LAURA — Não é à toa que somos amigos íntimos. Eu sempre vivi sozinha, querendo me casar, e você sempre viveu casado, querendo ficar sozinho. Não é engraçado?

CABRAL — Engraçadíssimo. Aí ontem tomei coragem e telefonei pra Glorinha. Disse que estava com muita saudade, precisava ver, encontrar.

LAURA — E aí, ela?

CABRAL — Fria... Disse que era cedo, que ainda não tinha condições de falar comigo.

LAURA — Essa menina tá com outro, Cabral! Não se engane...

CABRAL — Nada! Deve estar saindo com as amigas, conhecendo pessoas novas, indo nadar todo dia, essas coisas. A Glórinha não dá fácil. Eu mesmo levei dois anos cantando e um mês pra comer. Quero pensar nisso, não. *(Levanta, senta.)* Fiquei bêbado de repente!

LAURA — Você bebeu meia garrafa.

CABRAL — *(Bêbado.)* Será que ela, agora, neste momento, está nos braços de outro? Deixa pra lá, não quero pensar.

LAURA — Quer dormir aqui?

CABRAL — *(Bêbado.)* É, dormir em casa vai ser péssimo. Há anos que você me paquera, Laura. Desde que você me conheceu que você me paquera...

LAURA — E hoje te peguei.

CABRAL — Cara-de-pau tua, dizer isso.

LAURA — Hoje você está bêbado, solitário, rejeitado, detestando a idéia de dormir sozinho e louco pra testar a sua virilidade. Hoje eu sou a sua companhia ideal. Você vai dormir aqui. E vai me comer. Quem espera sempre alcança.

CABRAL — *(Depois de um momento.)* Impressionante seu conhecimento da natureza humana.

(Luzes se apagam.)

NARRAÇÃO (CÍNTIA) — No dia seguinte Cabral acordou com o sol, numa ressaca alucinada. Saiu da casa de Laura pé ante pé e conseguiu alcançar o carro. Guiou como pôde até em casa, estranhando aquele mundo louco de ônibus e carros cruzando aleatoriamente, aquelas pessoas indo para o trabalho como se nada estivesse acontecendo, como se não estivessem percebendo que o mundo não existia sem a Glorinha.

Queria falar com ela, era tudo o que Cabral queria naquela manhã horrível! Dizer a ela, ternamente, que estava arrependido de tudo, de todas as dúvidas, pra ela voltar hoje mesmo e acabar com aquele pesadelo. Teve a certeza de que ia falar com tanto sentimento que Glorinha não ia poder recusar. Telefonou às oito, ela não tinha chegado. Às nove, às dez, às onze. Ao meio-dia ela atendeu. Pela voz parecia muito alegre e bem-disposta. Mas não quis encontrar. Então Cabral disse que era muito sério. Glorinha, contrafeita, marcou na varanda do Real Astoria, às seis da tarde.

Cena 3

(No teatro, Ricardo espera impaciente. Chega Diogo.)

RICARDO — Marco às cinco e meia com vocês dois, pra gente tramar o ensaio das oito, são seis horas, nem você nem Glorinha! A estréia é daqui a um mês, os atores todos esperando lá dentro...

DIOGO — Calma, Ricardo, você sabe que eu sou pontual. Problemas pessoais.

RICARDO — Fala.

DIOGO — Eu tenho dormido todas as noites com a Glorinha, você sabe. Mas estava tudo bem com a Dorothy, sempre tivemos um pacto... E a Dorothy é educadíssima, eu já te disse. Hoje chego de manhã, meto a chave na porta e a porta não abre. A chave gira, mas a porta não abre. Bato, grito, desço, telefono, nada. Como se não estivesse ninguém em casa. Fico aflitíssimo, mesmo que ela tivesse saído, minha filha tinha de estar lá a essa hora. Volto pra tentar de novo, bato, bato até que ela abre a porta dos fundos, que tem aquela corrente que só deixa entreabrir. Era a Dorothy, pela fresta. Falando baixo pra não acordar Alice. Dizendo que eu passasse de tarde pra apanhar as minhas coisas na portaria, porque naquela casa eu não entrava mais. Que ela não queria um marido apaixonado por outra. Que eu podia ficar com minha filha um fim de semana sim e outro não. Fria, dura, com muito ódio de mim, discurso todo preparado. E eu que pensei que a Dorothy era incapaz de uma coisa dessas. Sabe por que a porta da frente não abria? Ela tinha encostado a cômoda da sala na porta, eu vi pela fresta. E a Glorinha foi para o Real, teve de encontrar o Cabral, que tava chorando no telefone.

RICARDO — O Cabral é chorão.

DIOGO — E com você está bem?

RICARDO — Tudo ótimo. A Maribel foi dormir comigo e encontrou no banheiro um touca que a Roberta esqueceu lá. Dei todas as desculpas, menti como pude, mas ela ficou muito desconfiada. E a Maribel é uma fera pra negócio de fidelidade. Ela é muito idealista e eu sou um bastardo que só pensa no mundo material. Ela me ensina muito, a Maribel.

DIOGO — Então larga a Roberta.

RICARDO — Não posso, a Roberta é fantástica. Submissa na cama e prática na vida real, estou até querendo botar ela na produção.

DIOGO — Mas você não botou a Maribel no elenco?

RICARDO — Vou ter de mentir com toda minha convicção.

DIOGO — Você está dividido.

RICARDO — Absolutamente, quero ficar com as duas.

DIOGO — Mas a Roberta vai aceitar manter a mentira?

RICARDO — A Roberta aceita, ela é legal. Ela é legal. O Cabral é legal, você é legal, a Dorothy e a Glorinha são legais, a Roberta e a Maribel legalíssimas. Eu, então, sou superlegal. Que que adianta? O amor é um naufrágio sem salva-vidas. Uma invasão da Normandia. Um tumulto no Maracanã. E tá na hora do ensaio. Que não tá nada legal, tá uma merda...

Cena 4

NARRAÇÃO (GLORINHA) — Cabral chegou meia hora antes da hora marcada no restaurante. Tomou três uísques na meia hora em que esperava, apenas para neutralizar aquela angústia que ele sentia no meio do peito e poder aparentar um certo *high spirit*. Glorinha, por sua vez, estava muito nervosa. Um amor de doze anos não passa assim de repente, ela não queria de modo nenhum ferir o Cabral. Não queria mentir para ele. Mas não podia dizer que estava apaixonada por outro, seria cruel demais. Existiria um meio-termo? Glorinha jogou os cabelos louros para trás, abriu um sorriso e entrou no Real.

(Glorinha chega. Cabral levanta para receber.)

GLORINHA — Você está bem. Corado. Foi à praia?

CABRAL — Só se for o prazer de te ver.

GLORINHA — Tá bebendo?

CABRAL — Primeiro uísque.

GLORINHA — Quero não, eu tô de ressaca. Obrigado pelo seu poema, o que você deixou na minha portaria.

CABRAL — Fiz outro, quer ouvir? *(Tirando um papel do bolso.)*

"Agora sei que te amo de fato
Mais que minhas liberdades
ou rimas
ou primas
ou outras que vieram depois
posto que sou porque sois...
Além da lua, dos sóis e das estrelas
que vimos juntos, ou quaisquer outros assuntos.
Sei que vos amo mais que temo a Morte
E conheço a fonte de meus problemas —
Mas que tudo, antes e cedo
Sofro porque fiquei com medo
de te escrever poemas."

(Entrega para ela o papel.)

Queria que você voltasse pra mim hoje, Glorinha. Agora.

(O diálogo fica nervoso.)

GLORINHA — Não posso ainda, Cabral. Essa nossa separação tem me trazido muita coisa importante...

CABRAL — Importante somos nós dois...

GLORINHA — Você não deixa eu falar.

CABRAL — Desculpe...

GLORINHA — Não quero que você sofra. Mas realmente eu estou na dúvida se nós devemos voltar ou não...

CABRAL — Nós só demos um tempo, você me ama, eu te amo...

GLORINHA — Não sei se ainda te amo.

(Silêncio curto.)

CABRAL — *(Ficando puto.)* Tem outro na jogada. Quem é?

GLORINHA — Ninguém.

CABRAL — Tem outro, Glorinha, não sou criança.

GLORINHA — Não tem...

CABRAL — Estou vendo na tua cara.

GLORINHA — Tenho outros, é isso, pronto! Eu não queria te dizer, mas você insistiu. Nós estamos separados! Posso ter aventuras, casos.

CABRAL — Quantos outros?

GLORINHA — Três. São três!

CABRAL — É muito. Isso não te cansa, não?

GLÓRINHA — Estou numa fase que eu quero me divertir.

CABRAL — E você consegue se divertir sabendo que eu estou sofrendo?

GLORINHA — Preciso cuidar da minha vida...

CABRAL — Volta pra mim hoje!

GLORINHA — Não posso.

CABRAL — Porque é hoje ou é nunca, Glorinha. Eu tenho meu orgulho.

(Silêncio curto.)

GLORINHA — Então é nunca!

CABRAL — Nunca pensei ouvir dizer uma coisa dessas. Você é má.

GLORINHA — A pior criatura do mundo! Sou má, egoísta...

CABRAL — E puta. Tá me deixando pra trás pra cair na gandaia...

GLORINHA — Eu não queria vir te encontrar, sabia que ia dar nisso...

CABRAL — Quem são os três? Um deve ser o Diogo, eu conheço aquele nietzschiano aristocrata de merda. O outro deve ser ator da peça. Ou só tem veado lá? O terceiro não sei. Quem são?

GLORINHA — Não vou contar.

(Silêncio curto.)

CABRAL — Vai embora, Glorinha. Some da minha frente. Não quero nunca mais te ver.

(Depois de um momento ela levanta e vai embora. Ele fica, enlouquecido.)

CABRAL — *(Escondendo a cara nas mãos)* Meu Deus, o que que vai ser de mim?

(Baixam as luzes.)

III ATO

**Voz em *off* anuncia, no escuro:
segunda fase – a negociação.**

NARRAÇÃO (MARIBEL) Ah, a dor do amor! Dói por não ser mais o que era. Dói por tudo que poderia ser, se ainda fosse, mas não será jamais. Dói a perda da paixão, da moeda cósmica, da corda que nos ligava ao infinito. Dói a queda no abismo, a retirada do manto do rei, deixando no lugar um homenzinho tremendo de frio.

Cena 1

(Cabral no telefone, orelhão. Clima sombrio, noturno.)

CABRAL — No recado anterior eu disse que te odiava. É mentira, é absolutamente imprescindível que eu veja você, não te vejo há mais de quinze dias, é de você que vem minha força. Eu sou um idiota, sei que você tem direito a suas experiências, afinal estamos separados! Acho que podemos nos entender. O que for pra você, é bom pra mim. Me telefone. Cabral.

(Cabral agora escreve um bilhete na rua, apoiado numa parede.)

"O punhal subiu na treva
procurou direção
veio e cravou...

naquilo que era
o meu coração!
Leito ou abismo tinha eu agora
no centro do peito:
o golpe fora certeiro
tão último quanto primeiro.

Você não telefonou. Não posso entender. Se eu me atrasava quinze minutos você ficava aflita... Terminaram ontem os quarenta dias, precisamos conversar. Tenho coisas a te propor.

(Chega na portaria da casa de Glorinha, quinze, talvez vinte dias depois da cena anterior, no Real. Exibe o papel. Lê.)

CABRAL — *(Com um papel na mão.)* Seu Severino, o senhor estava dormindo? São 3 da manhã. O senhor pode entregar isso para a Glorinha?

VOZ DE SEVERINO, dentro da portaria — Posso, sim, senhor.

CABRAL — *(Vai embora. Volta.)* Ela já chegou em casa?

VOZ DE SEVERINO — Não vi o automóvel entrar, não, senhor...

(Cabral mostra o bilhete para a platéia e diz seu conteúdo.)

CABRAL — Leia essa outra página, é assim que estou me sentindo.

Cena 2

(No teatro: Ricardo, Diogo e Glorinha. Talvez um mês depois. Glorinha bebe de uma garrafa que tem na bolsa e já está bêbada.)

RICARDO — Vocês estão contra a cena do nazismo, contra a despedida de Freud, contra o balé do computador...! Vocês estão contra a peça!

DIOGO — Contra as alegorias grandiloqüentes. Tudo deve ser contado com discrição, através do caso particular. O caminho da grandiloqüência inibe qualquer final mais profundo!

GLORINHA — Ele está certíssimo, Ricardo.

RICARDO — O que que é isso? Frente unida? Vocês concordam em tudo, onde é que vocês combinam? Na cama?

(Mal-estar.)

DIOGO — Nós pensamos sobre o assunto.

RICARDO — Tá bom, eu também vou arranjar uma namorada nova e pensar sobe o assunto.

GLORINHA — Cadê a Maribel e a Roberta?

RICARDO — Estão brigando entre si, não têm mais tempo pra mim. Que horas são?

GLORINHA — Três da manhã.

RICARDO — Nós estamos precisando é trazer umas pessoas pra ver. Pára de beber, Glorinha, fica bebendo o ensaio inteiro, dá mau exemplo... Trazer uma pessoa ou duas pra dar opinião, que nós já estamos perdendo a crítica! Uma pessoa que entenda de dramaturgia, que seja a favor...

(Fica um instante malparado.)

RICARDO — Eu sei que não dá pra chamar o Cabral.

DIOGO — Vamos tentar comer uma coisinha num restaurante, Glorinha, estou com muita fome.

RICARDO — Aberto esta hora, só o Guanabara. Ou o Real.

DIOGO — Lá não podemos ir.

GLORINHA — É território do Cabral.

RICARDO — Como é que ele está?

GLORINHA — Péssimo. Ontem encontrei com ele, de madrugada, na minha portaria. Ele tava bêbado. *(Para Diogo.)* Ainda bem que você me deixou na esquina, senão vocês tinham cruzado. Eu cheguei, ele já tinha entregue outro bilhete ao porteiro, é um poema por dia, cada um mais terrível que o outro. Ele já estava a uns vinte metros... Os olhos pareciam uns carvões acesos no meio da noite, acho que ele está com muita raiva de mim. Outro dia foi na rua, de tarde, no Leblon, rua movimentadíssima. Demos de cara um com o outro, mas ele fugiu e se perdeu no meio das pessoas.

RICARDO — Dramático, tudo isso.

GLORINHA — *(Bêbada.)* Nada, só aumenta a minha raiva! Homem não pode ser fraco assim. Ele me persegue, me manda recados por todo mundo...

DIOGO — Calma...

GLORINHA — Encontrou meu tio outro dia e mandou recado que me amava, e que não conseguia viver sem mim! Eu tô muito preocupada, inclusive com a saúde dele, ele não tem mais idade... Calma porra nenhuma.

RICARDO — Morre não, Glorinha. Cabral é resistente.

DIOGO — Sei que ele cada vez aparece mais nos lugares, e a gente se esconde cada vez mais.

GLORINHA — Não reclama, Diogo, você sabia que eu tinha esse problema! Estamos só evitando de dar de cara com ele *(Grita com ele.)* pra não se aborrecer!

DIOGO — Então hoje eu vou pro meu *apart* dormir, e você vai dormir na casa dos seus pais!

GLORINHA — É, acho que hoje é o melhor que a gente faz.

DIOGO — Tchau.

(Vai. Um momento depois Glorinha corre atrás.)

GLORINHA — Não fica aborrecido, Diogo. Eu bebi um pouco... Eu te amo.

DIOGO — Quem bebeu um pouco fui eu, você bebeu muito. Glorinha, não é só o Cabral, eu também sou um desesperado. Não gosto de mostrar isso, porque soa heróico e me envergonha... mas não esperava muita coisa da vida, antes de te conhecer. Também estou disposto a lutar por você, só não sei como.

GLORINHA — Precisamos resolver.

DIOGO — Teu problema com teu ex-marido e o meu com minha ex-mulher.

(Vai embora.)

Cena 3

(Cabral com Cíntia e Maribel no Real Astoria.)

MARIBEL — Eu medito há muitos anos...

CÍNTIA — ...e foi ela que me levou lá, pai, é um barato.

CABRAL — Fica repetindo de olho fechado o mantra, aí se pega pensando em outra coisa, volta pro mantra... até que não tem mantra nem pensamento...

CÍNTIA — Meditar ia te fazer bem.

CABRAL — Minha filha, você não está entendendo a psicologia atual do seu pai. Hoje, contei na folhinha, faz cem dias que começou o turbilhão. Eu não existo mais, filhinha, é só impressão que eu estou aqui. Sou uma angústia só, um buraco no peito, ou melhor, só o buraco sem o peito. Meu mantra é a Glorinha e meus pensamentos também são a Glorinha...

CÍNTIA — Já pensou em procurar um analista, análise?

CABRAL — Você sabe, meus dois últimos analistas já morreram, né? Então eu telefonei pra Laura, que conhece muito psi, ela se informou e me recomendou um cara feríssima. Eu cheguei lá, só falava que queria voltar pra Glorinha, queria voltar pra Glorinha. Aí o cara me mandou pra casa pensar se eu realmente queria fazer análise.

CÍNTIA — E você?

CABRAL — Mandei ele tomar no cu.

CÍNTIA — E outra namorada, você tá tentando arranjar? É essencial.

CABRAL — Então não estou, filha? Tenho tentado arduamente. Em todas as direções. Teve uma curiosa, tipo filme de terror... mas não vou contar, não, senão a gente não sai daqui hoje. Qualquer dia escrevo um romance ridículo: *As mulheres que tive quando me separei da Glorinha*. Setecentas deprimentes páginas. Eu preciso é reconquistar a Glorinha.

(Fica com lágrimas nos olhos.)

CÍNTIA — Você precisa ficar forte, pai, se quiser reconquistar a Glorinha.

CABRAL — Como é que se fica forte?

MARIBEL — Confiando nos deuses do Amor!

CABRAL — Ela roubou o meu amor.

CÍNTIA — Ela não roubou seu amor! Ela pode não querer, desprezar, jogar no lixo, mas o amor é teu, pai!

MARIBEL — Não importa que ela tenha três, quatro, vinte homens, não importa ela! O amor é seu, Cabral!

(*Silêncio.*)

CABRAL — Obrigado, meninas, isso me anima. O amor é meu.

CÍNTIA — E o que você quer fazer com ele, agora, por exemplo?

CABRAL — Mandar rosas brancas. Com umas propostas que andei pensando durante minhas madrugadas insones. Propostas que ela não vai poder recusar.

CÍNTIA — Como o *Godfather*.

CABRAL — Como o *Godfather*... Eu vou sair dessa, não vou, minha filha?

Cena 4

(*Cíntia e Glorinha encontram-se no teatro, desagradavelmente.*)

CÍNTIA — Te telefonei quatro vezes, atende sempre a secretária. E a secretária diz que você está no ensaio. Resolvi vir até aqui.

GLORINHA — Véspera de estréia, você sabe como é...

CÍNTIA — A peça vira a coisa mais importante do mundo... Papai está louco, está exausto. Você precisa dar uma mãozinha. Vem cá, é sério esse teu caso com o Diogo?

GLORINHA — É.

CÍNTIA — Então, por isso é que vim cá. Diz isso pro papai. Chega de receber rosa branca! Diz! Pra ele se situar e ter uma chance.

(*Glorinha fica calada.*)

GLORINHA — Cabral vai me matar.

CÍNTIA — Duvido que ele tenha forças pra isso. E se você não disser, eu vou dizer, vim te avisar.

GLORINHA — Com que direito você se mete assim na minha vida?

(Diogo aparece, aflito, cumprimenta Cíntia com a cabeça.)

DIOGO — Glorinha, desculpe, mas o Ricardo está insistindo na tua presença, é reunião de elenco.

CÍNTIA — *(Grita com ele.)* Estou falando com a Glorinha um assunto sério, não te mete, seu merda!

(Diogo fica embaraçadíssimo e retira-se.)

GLORINHA — Com que direito você fala com ele assim! Fora daqui!

CÍNTIA — Tenho direito de defender meu pai.

GLORINHA — Em em mim você não pensa? Nunca pensou!

CÍNTIA — Impossível falar com você...

GLORINHA — Tá me chamando de burra?

CÍNTIA — Você não tem e nunca terá o nível do papai.

GLORINHA — E você não gostou nunca de mim, sempre me odiou!

CÍNTIA — Filhas rejeitam as mulheres dos pais!

GLORINHA — Mais respeito, menina, que eu dei muito da minha juventude pra te criar!

CÍNTIA — Fica com o Diogo! Deixa meu pai viver em paz os últimos anos da vida dele!

GLORINHA — Ele não vai morrer tão cedo!

CÍNTIA — E vai logo arranjar um outro amor, se Deus quiser...

GLORINHA — Não é fácil compreender o Cabral...

CÍNTIA — Papai não é difícil de compreender, é difícil de agüentar...

(Silêncio. Não há mais nada que possa ser dito. Glorinha controla-se.)

GLORINHA — Você tem razão. Eu vou lá, Cíntia. Eu vou lá falar com ele sobre o Diogo.

NARRAÇÃO (DIOGO) — Encontraram-se na sala de ensaio. Uma sala de ensaio que sempre tinham usado, no *playground* de um edifício de Copacabana, cujo síndico gostava de teatro. Era um lugar, portanto, cheio de recordações, quieto, mal iluminado, com muito cimento ao redor. Uma sala com bancos e uma mesa larga no meio, para as primeiras leituras.

Cena 5

(Cabral com Glorinha.)

CABRAL — Não acreditei que você vinha.

GLORINHA — Como é que você está?

CABRAL — Lutando.

GLORINHA — Acho que estamos fazendo a mesma coisa.

CABRAL — Você tá tendo a sua vida, suas experiências. Só de curiosidade, ainda são três? Ou já baixou pra dois? Que a tendência é baixar.

GLORINHA — Você não tem tido suas experiências também?

CABRAL — As mulheres não querem saber de mim. Eu sou feio...

GLORINHA — Você sempre foi feio.

CABRAL — Mas estou apaixonado por outra. Isso é imperdoável.

GLORINHA — Cabral, eu estou dividida, tenho de levar até o fim minha experiência.

CABRAL — Experiência é coisa pra rato de laboratório. O que está em jogo, aqui, é a vida de um homem.

GLORINHA — Por que, você vai se matar?

CABRAL — O coração pára sozinho, se Deus quiser. Há também os carros nas ruas e as janelas altas.

GLORINHA — É uma chantagem, isso?

CABRAL — A chantagem é um jogo lícito em certas circunstâncias.

GLORINHA — Eu vou ficar louca.

CABRAL — Você é fria demais pra enlouquecer, Glorinha. Perdão, perdão... Eu não vim aqui para te agredir, e sim pra te fazer propostas. Negociar contigo. Honestamente.

GLORINHA — Não me assusta, Cabral.

CABRAL — Quero te fazer duas propostas justas, aceitáveis, pra resolver nossos problemas: minha paixão e suas culpas.

GLORINHA — Que é?

CABRAL — Vem trabalhar comigo. Criar comigo. Como já fizemos tantas vezes antes. Eu sou um artista, é só a criação que me salva. Eu aceito a sua vida. Aceito seus amores, os dois, os três, os vinte. Fico amigo deles todos, se você quiser. Beijo eles todos na boca. Mas vamos fazer aquele Dostoievski que você adaptou e que estava em nossos planos fazer. Aquele é um grande trabalho. Fazemos juntos, representamos juntos, dirigimos juntos. Tenho certeza de que você me rejeita como homem, não como artista. Nos vemos apenas na hora dos ensaios. Depois babau, cada um pro seu lado cuidar da sua vida. Vamos fazer juntos uma obra-prima. Sem conflitos, ciúmes. Você com seus amores e eu, se possível, com os meus. Separados, mas juntos no palco! Pode dar certo e pode ser bom pra nós dois. Te parece tentador?

GLORINHA — Não vai dar certo, Cabral, não pode dar certo.

CABRAL — Me dá um beijo! Só um beijo. Eu penso dia e noite no seu beijo.

GLORINHA — Não, por favor, Cabral... Pra quê?...

CABRAL — Um beijo, um beijo de amor, o último, pra eu me lembrar como é...

(Beijam-se.
Ficam excitadíssimos.
Cabral, com uma força estupenda, inesperada, coloca ela em cima da mesa.
Glorinha se entrega a ele e gozam longamente.
Depois o clima se acalma. Cabral larga ela e senta no chão.)

CABRAL — Você vai pensar na minha proposta?

GLORINHA — Cabral, preciso ficar longe de você. Senão eu vou me perder. Senão, eu vou voltar pra você. E vou ser muito infeliz.

CABRAL — Você está apaixonada por outro, isso sim, agora tenho certeza! Senão não poderia resistir ao meu amor! Um outro homem te pegou! Quem é? Diogo?

(Silêncio.)

GLORINHA — É o Diogo. Era ele o tempo todo.

CABRAL — Você está apaixonada por ele?

GLORINHA — Muito.

(Silêncio.)

CABRAL — Melhor assim. Agora o demônio tem uma cara.

(Fecha-se em si mesmo, sentado no chão, de tanta angústia.)

GLORINHA — Sai dessa posição, Cabral, sai. Levanta, abre os braços.

CABRAL — Tenho de me segurar, senão eu vou explodir. Vai embora se quiser, eu conto até dez, quando eu abrir os olhos você foi. Você não me ama mais, e nosso filho não vai nascer. E eu preciso deixar que isso aconteça, mesmo que eu morra.

(*E se tranca em si, no máximo da tensão.*
Ela olha aquilo e vai embora.
Portaria da casa de Glorinha.
Ele toca a campainha e entrega a carta ao porteiro, mas depois diz para o público seu conteúdo.)

"Por mais sóis que amanheçam
mais amores que nasçam
mais compreensões que se tenha
saiba, princesa minha, que você me matou.
Por mais sorrisos que tenha a festa
Por mais anjos que entoem um renovado hino
por mais crianças que nasçam com teu rosto divino
saiba, princesa minha, que você me matou
Por mais doce que seja o teu namorado
por mais que o tempo passe
maior o esquecimento
por mais que alguém no meio da rua grite que a guerra acabou
saiba, princesa minha que
você me matou."

IV ATO

**Voz em *off* anuncia, no escuro:
terceira fase – a revolta**

Cena 1

(Cena de Cabral com a filha, na casa de Cabral. Cabral, com dor de cabeça, com uma ressaca enorme, abre a cena debaixo do chuveiro. Sai do banho e se veste durante a cena, com Cíntia olhando para o outro lado e conversando com ele.)

CABRAL — Ele descobriu teu caso com o melhor amigo dele?

CÍNTIA — Não. É uma estória mais triste.

CABRAL — Estórias alegres me irritam.

CÍNTIA — Ele veio falar comigo, me disse que não sabe mentir... e que está perdidamente apaixonado por outra, há três meses. Que encontrou a mulher da vida dele. Três meses, pai, e eu não tinha notado nada.

CABRAL — Por quem que ele está apaixonado?

CÍNTIA — Por minha melhor amiga. Lembra da Gabriela, aquela que eu conheci no colégio? Fez a mala e foi embora, agradecendo tudo que fiz por ele, que afinal ele conheceu a Gabriela através de mim, a esposa fiel que eu fui...

CABRAL — Nós somos ridículos, filha, é uma família ridícula. Vai ver que ele volta atrás...

CÍNTIA — *(Chora muito.)* Que ódio, pai, eu fiz tudo pra não perder ele, eu adoro ele. E ela, pai... era minha irmã, a Gabriela... *(chora.)*... filha da puta!

CABRAL — Ódio não, Cíntia, ódio dói. Senta aqui no meu colo, que ainda cabe. Ódio é o meu departamento. Quer, eu mato eles dois. Tenho de matar o Diogo mesmo, mais dois menos dois, será um prazer. Tenho um amigo que conhece um matador profissional, baratinho, podemos tratar o lote...

CÍNTIA — *(Se controlando.)* Tá com muito ódio da Glorinha, pai?

CABRAL — Se você visse a frieza com que ela me trata. E sempre com um ar bondoso. Me telefona de três em três dias pra saber como é que eu estou. Qualquer dia respondo: "Vou bem, mas morri ontem. Dá pra você ir no meu enterro, que a Cíntia tá lá sozinha?". Se não tiver ensaio, ela vai.

CÍNTIA — *(Chocada.)* Também não é assim, pai, não exagera...

CABRAL — *(Abrindo nova garrafa de uísque.)* O amor tem quatro patas, filha. Quero gravata. Estou insegurérrimo, e quanto mais inseguro eu fico, mais bem-vestido tenho de estar.

CÍNTIA — Vou meditar, que é a única coisa que me acalma.

CABRAL — Mas como, você não vai comigo ao Real Astoria?

CÍNTIA — Não, a Maribel vai. Hoje revezamos. Hoje estou precisando da noite. Marquei de encontrar o Rodolfo pela última vez.

CABRAL — Pra que encontrar, filha, pra sofrer mais?

CÍNTIA — Pra chamar de veado, insensível, sem caráter, homem de merda, traidor dos infernos. Enfim, tentar destruir ele e com isso me destruir também. Não é assim que se acaba um casamento?

Cena 2

NARRAÇÃO (RICARDO) — Toda estréia é um sucesso. Os amigos que gostam exageram nos elogios. Os amigos que não gostaram mentem inescrupulosamente, a platéia está sempre cheíssima. De convidados, naturalmente, que vão lá, na sua maioria, não para ver a peça, mas para exibir-se diante dos colegas e assim, quem sabe, arranjar algum emprego na próxima novela das sete.

NARRAÇÃO (GLORINHA) — Depois da estréia vão todos jantar juntos num restaurante de permuta. E no meio do jantar a peça já foi esquecida, Já reinam outras fofocas, paqueras, comentários sobre as peças que cada um está fazendo e os projetos de trabalhos futuros. É a alegre gente do teatro, não há gente melhor. São crianças fúteis. Mas quem não é?

NARRAÇÃO (MARIBEL) — Dois dias depois da estréia começam a sair as críticas, e Ricardo sempre deu muita importância às críticas. Ele sempre acreditou em jornal, nunca foi partidário da tese de Cabral, que jornal é feito pra embrulhar peixe no dia seguinte.
Ricardo fica ansioso, como se estivesse na Broadway.
O jornal sai às cinco da manhã e Glorinha resolveu ficar esperando junto com ele *O Globo* e o *Jornal do Brasil*, sentados de madrugada na calçada do jornaleiro.

GLORINHA — Mas por que você não me contou antes?

RICARDO — Grávida! Diz que está grávida e que o filho é meu! Isso nas vésperas de uma estréia, não tive cabeça nem de pensar. E a Roberta sabe o que quer... Aí eu resolvi contar pra Maribel, que eu amo é a Maribel...

GLORINHA — Idiota.

RICARDO — Disse que vai largar a peça, disse que nunca mais quer me ver, ainda bem que tem *stand-in*.

GLORINHA — A Roberta te deu o golpe. Não devia estar tomando pílula há mais de um mês. E a Maribel eu telefono, telefono, não consigo falar, sumiu.

RICARDO — O Diogo, também acho ele muito esquisito. No início dos ensaios era presentíssimo; depois que a mulher largou ele, quando eu estava mais precisando, praticamente se desinteressou, essa é que é a verdade. Isso é que dá trabalhar com quem não é do *métier*...

GLORINHA — Está complicado pra nós dois...

RICARDO — Por quê?

GLORINHA — Eu estou exausta. Cabral está péssimo...

RICARDO — Cabral é um obcecado, um doente. Qualquer homem normal já teria te mandado à puta que a pariu há muito tempo.

GLORINHA — Então o que acontece é que eu fico preocupada, com pena, e saio com ele... e tomamos uma garrafa de uísque... e acabamos sempre trepando. Ou num motel, ou no carro... outro dia trepamos na rua.

RICARDO — Porra, Glorinha, tu tá virando uma puta. É bom?

GLORINHA — É que ele me ama tanto! Me quer tanto! Precisa tanto! Impossível resistir. Quando eu vejo já estou com tesão também, e odiando a mim mesma, é uma loucura.

RICARDO — E o Diogo sabe disso?

GLORINHA — Ele não pergunta, eu também não conto. Diogo respeita muito minha liberdade.

RICARDO — Corno manso. Cabral, pelo menos, é corno violento. Quer dizer que você trepa, atualmente, umas doze vezes por semana?

GLORINHA — Doze trepadas infelizes.

RICARDO — Não existem trepadas infelizes, vamos evitar essa mentira? Trepar é bom de qualquer jeito... O amor é uma beleza, não é? Não dá certo pra ninguém. O amor é uma grande separação... *(Levantando aflito.)* Ó lá, chegaram os jornais.

(Vão comprar. Ricardo abre o jornal, procurando a página certa. Acha. Lê. Empalidece.)

RICARDO — Não é possível! Eles estão dizendo aqui que o trabalho é uma merda. "Caça-níqueis de final de ano"...

GLORINHA — Que falta de consideração!

RICARDO — "Cenografia canhestra", "os atores mal sabem o que estão fazendo, mas devem saber que estão fazendo mal"...

GLORINHA — Eles tinham de ter mais respeito pelo artista. Ricardo, não fica tão nervoso, não tem importância...

RICARDO — "o texto revela um total desconhecimento de nossa história e da função do teatro. Parece resultado de uma ausência de pesquisa". Como é que eles dizem uma coisa dessas, sem saber...

GLORINHA — *(Nervosa.)* Ricardo, calma, que sua mão está tremendo. Acaba tendo um troço por causa desses filhos da...

RICARDO — "...excesso de pretensão resulta em esforço inútil".

GLORINHA — Ricardo!

NARRAÇÃO (CABRAL) — Foi quando um fato extraordinário aconteceu. Ricardo caiu no chão, em convulsões e botando até um pouco de baba pelo canto da boca, como se fosse um Dostoievski. Mas não se preocupem, Glorinha levou ele aquela noite mesmo para o hospital, os exames não deram em nada. Foram feitos vários eletros e encéfalos, esses sintomas jamais se repetiram. O incidente serve apenas para registrar, mais uma vez, o perigo dos poderes deletérios da crítica teatral carioca.

Cena 3

(Bar do Real Astoria, Cabral com Maribel. Cabral bebe muito na cena.)

CABRAL — *(Já bastante bêbado e especialmente revoltado.)* Sonhei com a morte. Não com a minha morte, mas com ela mesma, a mítica. Cavalgando veloz, com manto e foice, o ruído tenebroso dos ossos chacoalhando e vindo reto em minha direção. Acordei apavorado, suando frio, é horrível a Morte! Tomei dois Lorax, dormi de novo, e acordei logo que o sol raiou, extraordinariamente triste.

MARIBEL — *(Emocionada.)* Mas por que você se tortura tanto com essas fantasias? Por que insiste tanto numa parada que acha que está perdida?

CABRAL — Você é uma boa moça, Maribel, doce moça. E deve estar triste também. Você gostava do Ricardo, não?

MARIBEL — Ele estava dentro do meu coração, guardado lá no fundo... Mas não me quer, preferiu outra. Meu coração vai ter de aprender. Eu não posso ficar com quem não me quer.

CABRAL — Me explica isso, essa eu tô precisando aprender.

MARIBEL — Se ele não me quis é porque não é meu destino ficar com ele.

CABRAL — Mas não se pode mudar o destino?

MARIBEL — Pode, claro, senão a vida não teria graça. Mas primeiro é preciso obedecer. Acreditar na onda.

CABRAL — Onda?

MARIBEL — Na grande onda que envolve a nós, as bactérias, os buracos negros. O senhor sabe que esse gesto que eu faço aqui, qualquer gesto... *(Pega na mão dele.)* repercute na estrela mais distante? O universo toma conta da gente, ele vai me dizer o que eu devo fazer com esse meu amor pelo Ricardo. Eu vou lhe trazer os florais de Bach, é que minha amiga ainda não preparou. *(Num susto.)* Seu Cabral, não olha lá para fora. Olha pra mim, pros meus olhos! Não tira os olhos dos meus olhos! Jura por Deus, promete!

(Do outro lado do palco surgem Ricardo e Diogo.)

RICARDO — Acho que ela não está por aqui, não, mas vamos embora, que isso aqui é área proibida. Área do Cabral. Não seria nada agradável encontrar ele.

DIOGO — Mas eu preciso falar com a Glorinha hoje. Também gosto dela, também tenho direito de procurar por ela. Ela sumiu, ela não faz isso.

RICARDO — Aposto que está dormindo na casa dos pais, descansar a cabeça.

(Cabral vem de longe, bêbado, copo de uísque na mão, seguido de Maribel, aflita, correndo atrás dele.)

CABRAL — Oi, cães!

(Cabral está fora de si.)

MARIBEL — Seu Cabral, por amor de Deus, volte aqui, vamos embora!

RICARDO — Maribel!

CABRAL — Quem for meu discípulo que não me siga, não foi o que Nietzsche disse? *(Para Diogo.)* Ele não me seguiu, mas tirou minha mulher.

MARIBEL — Seu Cabral, por mim, pela Cíntia...

CABRAL — Pera aí, querida, não se preocupe, somos civilizados.

MARIBEL — Não levem ele a mal, ele está sofrendo muito...

CABRAL — Não adianta falar com eles em sofrimento, Maribel, isso é gente sem coração. Vocês sabem que eu sonhei mil vezes com o que ia acontecer nesta hora. *(Para Diogo.)* Quando eu te encontrasse cara a cara. Com você, Ricardo, eu não contava. Mas aproveitando a oportunidade, saiba, Ricardo, que você é uma figurinha desprezível. Um tipinho invejoso de pequeno burguês. E que não respeita meu amor pela Glorinha não por mal, mas porque não tem a menor idéia de que uma coisa assim possa existir. E você, Diogo, deixa eu olhar bem...

(Silêncio.)

É o grande ladrão, o sujeito que roubou minha vida. Responde, seu merda, não fica aí calado, atrás desses óculos de grau, não. Aliás, acho que são esses óculos que estão atrapalhando você, vamos tirar eles.

(Tira. Joga no chão e pisa em cima.)

CABRAL — Eu já vi essa cena várias vezes em muito filme, nunca tinha feito pessoalmente, é ótimo.

DIOGO — *(Procurando os óculos.)* Eu também já tinha visto. Em vários filmes. Nunca pensei que fosse tão desagradável.

RICARDO — Chega, Cabral, você tá passando da medida. *(Tenta agarrar Cabral violentamente.)*

MARIBEL — Ricardo, pelo amor de Deus!

(Mas é Cabral que se livra dele, com uma violência que assusta o próprio Ricardo.)

CABRAL — *(Num ranger assassino de dentes.)* As medidas foram todas ultrapassadas!

(Maribel chora. Ricardo se transtorna.)

RICARDO — Maribel!

MARIBEL — Du...

RICARDO — Eu não queria te encontrar assim...

MARIBEL — Eu também não queria te reencontrar assim.

RICARDO — Precisamos conversar.

MARIBEL — Tira as mãos de mim, por favor...

(Enquanto isso, Diogo tenta achar os óculos no chão.)

CABRAL — Não adianta, veadão, não sobrou lente nenhuma inteira. Olha pra mim assim mesmo. Que que eu sou pra você? Uma sombra?

DIOGO — Cabral, eu respeito a sua dor, mas...

CABRAL — Tipos como vocês não respeitam nada, nem a si mesmos. Eu te acolho na minha aula, faço de você meu aluno predileto, você diz que me adora, que eu mudei a sua vida... e depois me tira a mulher pelas costas? Você não sabe reconhecer um grande amor, não, rapaz! É cegueira mesmo, porque um grande amor tem o tamanho de uma montanha... O que que você fez pra seduzir ela, me conta?

RICARDO — A iniciativa foi da Glorinha, Cabral!

CABRAL — Pode ser verdade. Mas não é cavalheiresco da sua parte dizer isso... Deixa eu continuar com ele aqui. Diogo, teu problema é com aquela tua família, tanta gente brilhante... Como você vai ser digno de pertencer à tua família!? Só comendo minha mulher. Babaca! Quer escrever um romance, vai ser uma merda tua peça de teatro, você não tem talento nenhum! Você é morno, cinza, e esconde todo tempo uma vontade de morrer... eu conheço teu tipo. Melancolia é a palavra. *(E para Ricardo.)* Vem cá, vocês não vão me dar porrada, não? Olha que eu estou sendo o mais desagradável possível. Por que, Maribel, eles não me dão porrada? São muito mais fortes que eu, podiam me deixar com os ossos quebrados, aqui no chão. Por que não fazem isso? Eu não entendo...

MARIBEL — Chega, Cabral, vamos voltar pro Real! Vamos!

CABRAL — *(Cedendo.)* Vamos! Chega de humilhar os outros. E não precisam ficar humilhados. Sou um velho corno, só isso. Me perdoem. Mas tomem cuidado comigo. Eu não me daria as costas pra mim.

(Vai embora com Maribel.)

V ATO

(Voz em *off* anuncia: quarta fase – a aceitação)

Cena 1

(Casa de Ricardo, escura, Ricardo deprimidíssimo Entra Glorinha.)

RICARDO — Apaga essa luz. Há dois dias que eu não acendo essa luz.

GLORINHA — Virou vampiro.

RICARDO — Deprimido.

GLORINHA — Por causa da crítica.

RICARDO — Porque sou um merda de homem.

GLORINHA — Também estou deprimidíssima.

RICARDO — Por que o Cabral não te deixa em paz?

GLORINHA — Porque eu sou uma merda de mulher.

RICARDO — Então senta aí. O quarto tem quatro cantos, dá pra escolher. Tem três vagos.

GLORINHA — Não me fale em escolher.

(Silêncio. Os dois começam a falar juntos. Param.)

GLORINHA E RICARDO — Você acha que vale a pena a gente falar ou é melhor ficar calado?

GLORINHA — Homens primeiro.

RICARDO — Visitas primeiro.

GLORINHA — Outro dia quase enlouqueci. Minha menstruação atrasou, e olha que eu sou um relógio, meu peito deu uma inchadinha... eu achei que estava grávida. Não tem nada que eu queira mais que ter um filho. E ia ter de tirar. Comecei até a me informar sobre os aborteiros. Eu não sabia quem era o pai, se era o Cabral ou o Diogo...

RICARDO — E aí?

GLORINHA — Menstruei anteontem, graças a Deus!

RICARDO — O Diogo te contou tudo do encontro com o Cabral?

GLORINHA — Sem detalhes.

RICARDO — No final fiquei com pena... Ele me escreveu uma carta pedindo desculpas.

GLORINHA — Ah, é?

RICARDO — Te mostro, é patético. Ele pede desculpas, diz que se envergonha, me deseja muitas felicidades, diz que eu tenho muito talento e que sabe que eu não tenho nada a ver com a separação de vocês. *(Mostra.)* Escreveu outra pro Diogo também, no mesmo tom sinceramente arrependido...

GLORINHA — Diogo não me disse.

RICARDO — Eu li, sei de cor. "Sou seu devedor para sempre, o destino resolverá esta questão para nós: o melhor homem ganhará." Como se fosse um filme de caubói. Aí então, eu achei demais e fui na casa dele!

GLORINHA — Ricardo, você foi na casa do Cabral! Você teve coragem?

RICARDO — Ele estava lá, com a Cíntia.

(Flash-back. Ricardo diante de Cabral e Cíntia. Cabral está mais abatido que nunca.)

RICARDO — Vim cá falar com você. Achei que depois da carta de desculpas eu tinha esse direito. Mas se você quiser me botar pra fora, me bota que eu vou!

CABRAL — Não! Entra e senta. Quer um uísque? Eu não posso, senão entro em *delirium-tremens*.

(Cabral serve o uísque.)

RICARDO — Só vim te dizer umas coisas.

CÍNTIA — Vê lá o que você vai dizer pro meu pai!

RICARDO — Vim dizer que ele é um idiota! Um chato, um fraco, um banana... enfim, que você me decepcionou, Cabral!

CÍNTIA — Com que direito...

CABRAL — Deixa ele falar, Cíntia. Alguém precisa me dizer essas coisas.

RICARDO — Esse tempo todo, desde que você me tomou a Glorinha, eu fui aprendendo a gostar de você, admirar seu intelecto, tua capacidade de trabalho, tua sabedoria! Mas agora, francamente, Cabral!... É um vexame horroroso, me dá arrepios! Porque ninguém pode dar bola pruma mulher como você tá dando pra Glorinha! Inclusive ela detesta isso, mulher não gosta de homem se arrastando, mulher detesta isso, não é, Cíntia?

CÍNTIA — É, pai.

RICARDO — A mulher tá com outro, você não tem orgulho, não?! E eu que achava que você era um mestre, uma referência para a minha geração! Vergonha! Vim cá porque eu achei que tinha obrigação de te falar, de homem pra homem. De homem de teatro pra homem de teatro!

E agora eu vou embora. O uísque vou deixar aí que eu detesto uísque, tchau Cíntia.

(Levanta e vai.)

CABRAL — Obrigado você, Ricardo. *(Levanta e vai até ele.)* Me desculpe tudo isso que eu tenho dito pra você. *A Revista* é ótima, esses críticos é que são umas bestas. Eu vi o espetáculo. Da última fila, sem ninguém me ver. É ótimo, você é o melhor diretor da praça, depois de mim.

CÍNTIA — Deixa ele ir, pai. Foi bacana você ter vindo cá, Ricardo.

RICARDO — Obrigado pela compreensão, Cíntia, mas acho que não adiantou nada.

(Volta a cena onde estávamos, com Glorinha. No quarto.)

GLORINHA — *(Rindo e chorando.)* O Cabral é divertido. Por dois motivos.

RICARDO — Primeiro que ele é doido, segundo porque ele é doido.

GLORINHA — Primeiro porque é um exaltado, capaz de descobrir a filosofia de um palito de fósforo. Fui a quinta mulher dele. As cinco ele amou loucamente. Você se sente numa reprise quando lê as cartas e os bilhetes pras outras mulheres, cheguei a sofrer muito por causa disso.

RICARDO — Qual é o segundo motivo?

GLORINHA — O Cabral trabalha pra caralho, é um desesperado, se parar de trabalhar desmonta. E, se te ama, te mete em todos os trabalhos dele. Ele profissionalizou todas as mulheres que teve. Faz muito bem às pessoas. Nada dá mais tesão no Cabral que vinte horas seguidas de trabalho. Você está um caco, mal consegue abrir o olho, Cabral tá discutindo o final da peça e quer trepar. Quer dizer, é divertido! Você acaba tendo uma vida intensa. Até o dia que descobre que não é a tua vida, é a dele. É interessante viver ao lado do Cabral...

RICARDO — E às vezes você tem medo de com o Diogo a vida ficar chata...

GLORINHA — Não quis me dar um filho, o filho da puta. Isso é imperdoável, mas sabe que até isso eu compreendo? Agora é que a Cíntia tá criada, e ela deu muito trabalho.

RICARDO — Você veio aqui me dizer que vai voltar pro Cabral? Parabéns. Quero ser dama de honra.

GLORINHA — Eu ainda amo o Diogo.

RICARDO — Esse te dá um filho na hora que você quiser.

GLORINHA — Eu sei. E a filha dele vai me odiar, como Cíntia me odeia...

RICARDO — Por falar em filho, a Roberta quer vir morar comigo.

GLORINHA — Ela tem direito...

RICARDO — Vou ter de assumir.

GLORINHA — E a Maribel?

RICARDO — A maior amiguinha do Cabral? É só mais uma paixão que se perde para todo o sempre. Caralho, eu tenho vontade de fugir do mundo!

GLORINHA — Explodir também serve.

RICARDO — O Cabral tá muito em cima de você?

GLORINHA — Superposto. No início, depois da briga de vocês, deixei de falar dele uns quinze dias. Aí soube que ele tinha ido parar num Prontocor com dor no peito. Quem levou foi a Maribel. Aí telefonei. Tinha sido nada, cigarro, né, ele acende um no outro, com a idade dele. Telefonei, ele quer encontrar comigo. Revoltado, louco, acabo indo de novo pra cama com ele e me odiando por isso...

RICARDO — Goza, pelo menos?

GLORINHA — Muito. Desespero é ótimo pro orgasmo. Nenhuma... Tô com dois homens dependendo de mim. E eu, dependo de quem?

RICARDO — Você tá querendo ficar com os dois, é isso?

GLORINHA — Se eu pudesse... eu estou tão cansada que não ficava com nenhum dos dois. Isso seria maravilhoso.

RICARDO — Solução inteligente. Jogar fora as duas crianças junto com a água do banho...

(Riem.)

GLORINHA — Quero fugir, Ricardo. Você não conhece nenhum rabo de foguete passando por aqui?

RICARDO — Paris. Fugir em grande estilo. Lembra da passagem do meu prêmio? Você pede aos teus pais um dinheiro e compra a tua. Eles vão achar ótimo, devem estar preocupados que você já perdeu uns três quilos. Tenho uns amigos em Paris, que a gente pode ficar na casa deles, a gente pode dormir na mesma cama, cada um com os pés prum lado.

GLORINHA — Por quanto tempo?

RICARDO — Um mês. Paris! Paris deve ser sempre Paris. Pra deixar a poeira baixar e as cabeças entenderem alguma coisa. Vamos?

GLORINHA — Vamos! O Cabral vai sofrer muito, vai querer me e te matar, o Diogo vai achar que estou abandonando ele na pior hora, mas vai entender. Vamos. Talvez lá, aquietando a cabeça, eu consiga resolver qual dos dois eu quero, mesmo que o outro morra. *(Bate na madeira.)*

Cena 5

(Cabral no Real Astoria. Ele tem um ramo de flores sobre a mesa. Espera e escreve no papel das flores.)

Off CABRAL — Escrevo por escrever, concorda?
para não ficar sozinho comigo,
me enforco em tua corda
o bar vai ficando cheio, passei do meio.
sou o fim da estória, espero Glorinha
uma hora você vai chegar ou ficarei esquecido no fundo do mar?

(Chama o garçom, bebe muito.)

Sou cabra cega nesta entrega
mulher, seja o que Deus quiser
a rima é banal
mas você hoje não está pontual!
A morte passou por mim, neste momento, como uma
                                                            borboleta
Lamento e me afogo na recordação da tua boceta
Uma e vinte! Passou a hora, extremo acinte
dois mais dois zero
Faz quatro uísques que espero
faço rima sem sentido, compulsória
espero Glorinha
Espalhando meus pedaços pelo Real Astoria.

(Chega Glórinha.)

CABRAL — Ah, você veio, afinal! Te trouxe essas flores, escrevi poeminha... Se não te emocionar pode ser que te divirta.

GLORINHA — Como você me odeia, Cabral. Por que não desiste de mim?

CABRAL — Desistir da mulher mais bonita do mundo? Deixei outra carta na tua portaria. Estão cada vez mais agressivas, perdoe. Estou dinamitando pontes. Mas desistir nunca, o importante é competir.

GLORINHA — O que você tem feito?

CABRAL — Toda vez que vou dormir peço que a manhã não chegue. Quando acordo peço que, por algum motivo, o dia não termine. Essa é minha rotina.

GLORINHA —... e eu tenho uma coisa pra te dizer.

CABRAL — Que está grávida do Diogo?

(Ela não responde.)

CABRAL — Recebeu os teus retratos? Catei, aos prantos, um por um, e mandei para tua portaria.

GLORINHA — Eu recebi.

CABRAL — Pra que você visse bem — e eu visse menos — o mundo que você destruiu. Dinamitar pontes.

GLORINHA — Vou pra fora do Brasil, pra Europa, pra Paris.

(Cabral empalidece.)

NARRAÇÃO (LAURA) — Por aquela Cabral não esperava. A verdade é que seja negando, negociando ou revoltando-se, Cabral alimentava-se daquela luta. A viagem lhe tirava as armas. Gotas de suor surgiram por todo seu corpo, e suas pernas perderam as forças. Ele teria caído se não estivesse sentado. Lembrou-se da única aula de ioga em que Maribel e Cíntia tinham conseguido levá-lo, respirou fundo e conseguiu controlar-se.

GLORINHA — Vou com Ricardo. Ele tem a passagem daquele prêmio e eu...

CABRAL — Por quanto tempo você vai?

GLORINHA — Pouco tempo. Um mês.

CABRAL — O tempo não se mede em minutos, e sim em batidas de coração. Diogo também vai?

GLORINHA — Não.

CABRAL — Me deu uma tonteira. De pensar em você do outro lado do oceano. Quer dizer que se eu... precisar muito de você, mesmo se eu estiver morrendo, não vou poder te ver.

GLORINHA — Já pensei nisso. Tô correndo o risco. Vai ser bom pra todo mundo. De longe se vê melhor as coisas.

CABRAL — É. Talvez.

GLORINHA — Que bom que você compreende.

CABRAL — Quando você vai?

GLORINHA — Depois de amanhã de noite.

CABRAL — Já?

GLORINHA — Meu passaporte ainda tava valendo. Há dois anos passei um fim de semana com minha mãe e minha irmã em Nova York, lembra?

CABRAL — Não dá pra esquecer, fiquei com muita saudade.

GLORINHA — Cabral, aproveita esse mês e bota a cabeça no lugar. Volta a ser o Cabral que eu conheci. Volta a ser feliz. Afasta os ódios, os fantasmas. Quedê a tua bondade, teu gosto pela vida? Teu artista? Foi por ele que eu me apaixonei.

(Riem os dois, sem saber bem por quê.)

GLORINHA — Se você não voltar a ser o homem feliz que sempre foi, como é que eu posso saber se ainda gosto de você?

CABRAL — Quer dizer que você vai mas me deixa uma esperança... Será que se eu ficar feliz de novo ainda vou gostar de você?

GLORINHA — Amar não é querer o bem do outro?

CABRAL — O amor é uma selvageria.

GLORINHA — Assim não pode continuar.

CABRAL — Assim não pode continuar. Mas me telefona antes de você ir, do aeroporto, me dizendo o número do vôo, que você sabe que eu tenho horror de avião. Promete?

GLORINHA — Prometo. E de lá eu te telefono dizendo que cheguei.

(*Estende a mão pra ele, ele aperta a mão dela. Os dois choram sem se abraçar. Cai a luz.*)

Cena 6: O dia da partida

NARRAÇÃO (LAURA) — Cabral sempre teve grande instinto de sobrevivência. Caso contrário não teria sequer sobrevivido aos excessos da sua juventude, do tempo em que ele bebia dois dias e dormia um, dia em que uma amiga, bêbada, passou de carro na casa dele, onde havia outros amigos bêbados, e foram, de madrugada, até Salvador, ou como aquele *réveillon*, que, depois do baile, ele deitou-se no meio da avenida Atlântica, pra ver se os carros realmente passavam por cima ou freavam. E outras molecagens desse tipo. Quero dizer, ele sempre teve bom espírito de sobrevivência.

NARRAÇÃO SOBRE GLORINHA — Talvez esse instinto tenha feito com que, nos dias que antecederam a partida de Glorinha, um diretor amigo lhe oferecesse um cachê de ator, num *happening* sobre a declaração da independência, em São Paulo, ao ar livre, para fazer um conde qualquer, amigo de Dom Pedro primeiro. Sendo assim, foi com roupa de época, quatro conhaques no bucho, entre cavalos e cavalheiros de penacho, deitado num chão de grama às margens do rio Ipiranga, que Cabral viveu o momento lancinante da partida de Glorinha, uma quinta-feira, no vôo para Paris 654, da Varig, Galeão — Orly às 11 da noite. Deitado na grama durante um intervalo da gravação, olhando o céu, que embora fosse São Paulo estava estreladíssimo, Cabral pôde imaginar com uma concretude impressionante, como se estivesse lá: Glorinha fazendo o *check-in* no aeroporto, passando pelo portão detector de metais, no túnel intestinal que leva ao avião, procurando e sentando no seu lugar marcado, atando cinto de segurança, o avião subindo e ela olhando lá pra baixo, praquele mundo onde deixava seus dois amores.

NARRAÇÃO (CÍNTIA) — Olhando o céu estrelado, mal respirando por entre os soluços do pranto, ele viu de repente uma luz atravessar o céu, e teve a certeza absoluta que era o avião dela passando, o avião dela, indo para muito longe, para fora do seu possível alcance, para o além-mar, além-amor.

Embora soubesse que os aviões que vão pra Paris provavelmente não cruzam o céu de São Paulo, Cabral teve certeza disso. E assim despediu-se de Glorinha.

Bêbado e sozinho, no hotel de São Paulo, aquela noite, com uma dor que o rasgava como uma serra elétrica, ele escreveu um poema sobre a saudade. Mas esse não enviou para a Glorinha, de tão íntimo. Botou no bolso, depois trancou na gaveta, até hoje.

CABRAL — *(Numa réstia de luz, para o público.)*

Nunca pensei pudesse um homem sentir tanta saudade
Dizem que a palavra
não tem em nenhum outro idioma
porém meu coração sabe o significado:
A alma procura a outra
no vazio se esgarça
A alma procura a outra
na velocidade do desatino
Não há lugar senão para a busca
nenhuma satisfação que não seja o encontro
nenhum engano possível:
a alma sabe exatamente
qual a outra é.
É aquela em tudo maravilha
que encontrada
seria Uma
no Eterno Abraço

por que não cala o trovão na mente?
por que não seca a lágrima da obsessão?
por que não cessa a falta que enfraquece
esta dor que apenas cresce,
por que não fecha o peito ardente?
Demente!
Não sente o abismo,
presente!
não vê o limite
não ouve o eco dos passos
então cai
eternamente!

Não sei se é verdade
que de saudade também se morre
mas é melhor morrer
que sentir saudade

Cena 7

(Casa de Cabral, ele e Maribel. Cabral fala e chora.)

CABRAL — Acredita, Maribel, que eu vivi 47 anos sem sequer ter conhecido a Glorinha? Vinte e três anos, antes dela ter nascido! *(Controla-se.)* Sabe, Maribel, que meus amigos dos meus 20, 30 anos, dizem que eu tinha uma luz? Tenho saudades de mim também.

MARIBEL — Mas Cabral, você ainda tem!

CABRAL — Muito obrigado por essa comidinha que você tá fazendo. Hoje eu não ia agüentar mesmo ir prum restaurante, encarar pessoas.

MARIBEL — É só uns legumes com manteiga.

CABRAL — Preciso ficar feliz de novo.

MARIBEL — *(Cozinhando.)* A sabedoria da vida consiste em ficar alegre por viver o dia de hoje. E amanhã e depois. E na hora da dor, ainda poder lembrar da alegria, posto que nenhum sofrimento é em vão, todos contribuindo para a purificação da alma. É indecente viver sem agradecer todos os dias o fato de estar vivo. É imoral viver sem alegria... Eu penso assim!

(Cabral fica espantado por um momento com a clareza da formulação. Responde no mesmo tom.)

CABRAL — E pensa certo. Glorinha está do outro lado do planeta e ama outro homem. E eu estou aqui. Preciso me convencer disso.

MARIBEL — Aqui comigo. Também vou beber um uísque, mas se eu disser besteira, não liga, não, que eu não estou acostumada! Apesar de que uma coisa boa seria você parar de beber. Pra poder dormir melhor. E trabalhar, criar... Você é ou não é artista?

CABRAL — Que artista, Maribel!... Fui ser artista pra não ter de acordar cedo todos os dias e ir bater um ponto. Pra agradar às meninas.

MARIBEL — Outra boa coisa era arranjar alguém que pudesse lhe dar carinho. Sem pedir nada em troca.

(Silêncio entre os dois. O clima fica romântico. Maribel tira a blusa com calma, vai até lá e beija Cabral na boca.)

CABRAL — *(Beija de volta mas pára no meio.)* Mas não, não e não! Eu não quero, não posso, porque não mereço.

MARIBEL — Tá bem...

CABRAL — Não há nada de pessoal nisso, viu?

MARIBEL — Tá. Quer mais legume? Esquento no microondas.

Cena 8

(Glorinha em Paris. Hotel vagabundo, quarto mínimo. Frio puto. Muito orelhão no frio puto.)

NARRAÇÃO — Ricardo logo encontra uma amiga francesa que lhes oferece a casa. Começa imediatamente a namorar a amiga francesa — o que obriga Glorinha a ficar mais na rua ainda, fazendo com que ela pegue uma puta gripe.

(Glorinha vive de receber e mandar faxes.)

CABRAL — *(Fax.)* Trabalho muito, conforme suas ordens. Aquela coisa do Grito do Ipiranga que eu te contei fez um sucesso danado, de modo que fizeram uma adaptação e botaram em cartaz no Rio. Estou fazendo sucesso como ator, queria que você visse. Cíntia e Maribel têm me ajudado muito. Cíntia quer fazer, a partir de um diário que ela tem, uma peça sobre a geração dela, estou colaborando. Além disso tudo, ainda me encomendaram uma tradução de Shakespeare, imagine, eu que nem sei inglês direito. Mas como tenho dicionários, aceitei.

Cena 9

(Cíntia na casa de Cabral, que está fazendo a tradução de Shakespeare. Ela sentada ao lado dele no computador.)

CABRAL — ...e aí, pra uma palavra, às vezes, tenho de traduzir com dez frases, e às vezes cinco frases digo com uma palavra. E é o único jeito de traduzir fielmente! Eu não conhecia Shakespeare! É um moleque travesso, um boêmio sensual... Em geral as traduções são tão ruins...

CÍNTIA — Que bom, ver você animado.

CABRAL — Revisão do diário. Tá adiantada? Quando é que a gente começa a ensaiar?

CÍNTIA — Uma semana que nós marcamos, não é isso? Não tenho rendido muito.

CABRAL — Teu ex-marido tá dando trabalho?

CÍNTIA — Rodolfo? Já esqueci. Quero mais ninguém, não, pai, quero ficar sozinha um pouco. Pra ver o que a vida oferece... Você sempre me disse isso quando eu era menina e a gente ia sair sem programa.

CABRAL — De qualquer modo, acho que não ia dar pra começar agora. Glorinha chega daqui a... daqui a sete dias!

(*Lágrimas lhe vêm aos olhos.*)

CÍNTIA — Então praquê essa história de namorar a Maribel?

CABRAL — Não sabia que você sabia. Cíntia, eu resisti uma, duas, três vezes, mas a Maribel é persistente....

CÍNTIA — Ela tá apaixonada, a maluca.

CABRAL — De modo que anteontem eu não resisti... e foi maravilhoso. Foi de repente, nos olhamos, os olhos nos olhos... e aí ficamos falando de vários outros assuntos, papo animado, acho que sobre compras que tínhamos de fazer no mercadinho... Mas os olhos não saíam dos olhos. E conversavam também, sobre outros assuntos... Diziam que se amavam muito, que queriam se abraçar, que tinham um carinho imenso... essas coisas que os olhos dizem. E os ruídos do mundo foram diminuindo, o mundo foi sumindo, nossas próprias vozes se perdendo na distância... até que emudecemos. E, os olhos nos olhos, nos beijamos. Foi sério. Me bateu uma virilidade, minha filha, de dezoito anos, eu nem acreditei.

CÍNTIA — (*Espantada.*) Pai, você está apaixonado pela Maribel!

CABRAL — Não chega a isso. Mas se eu tivesse muitas vidas, dava uma pra ela. Se não fosse a Glorinha... e ela sabe disso!

CÍNTIA — Enfim, a vida é doida, vai ver que é a Maribel que vai te tirar desse buraco, quem diria! E, de qualquer modo, deve ser no mínimo bom, pra você, tirar mais uma namorada do Ricardinho.

CABRAL — Meu Deus, que chato, sabe que eu não tinha nem pensado nisso?

(*Entra Maribel. Mais mulher que antes.*)

MARIBEL — Oi, gente. Eu trouxe um bolo de mel que eu mesma fiz e umas frutas. Tá em pé o programa desta noite?

CABRAL — Tá.

CÍNTIA — Vocês vão fazer o que?

CABRAL — Ficar vendo *tape*.

MARIBEL — Ele alugou no Politeama uns filmes que quer me mostrar.

CABRAL — Quais?

MARIBEL — *Roma cidade aberta* e *La strada*.

CÍNTIA — Na mesma noite? Você vai morrer.

CABRAL — Ela não conhecia nenhum dos dois, achei que...

MARIBEL — Tô doida pra ver.

CÍNTIA — Papai gosta de mostrar coisas, é o que ele sabe fazer.

MARIBEL — E eu gosto de ver.

CABRAL — Ontem Maribel leu para mim trechos do Bagadavita até tarde. Fascinante, eu nunca tinha tido o saco de ler.

CÍNTIA — Então eu vou embora, que eu quero arrumar meus armários, que estão uma bagunça. Tchau! Se cuidem, crianças!

(Cíntia sai. Ficam sozinhos Cabral e Maribel.)

MARIBEL — Sentiu saudades minhas?

CABRAL — Você alegra a casa...

MARIBEL — Posso te dar um beijo?

CABRAL — Pode.

MARIBEL — E dois beijos, posso?

(Beijam-se, pondo fim à cena.
Corta para um fax de Diogo.)

DIOGO — Então pensei uma coisa sensacional. Deixo todos os problemas para trás, desço uns dólares e vou aí! Já tomei todas as medidas práticas e, se você quiser, posso chegar até o fim da semana. E andaremos juntos pelas margens do Sena, e tomaremos nosso porre, comendo ostras no "Deux Magots" e falaremos em francês e faremos amor em Paris, que sempre disseram ser a cidade do próprio. Que acha?

GLORINHA — *(Fax.)* Por favor, não venha! Se Cabral descobre que você veio, sei exatamente o que faria. Pediria dinheiro emprestado a Deus e ao mundo e estaria aqui num piscar de olhos. Já pensou que terror, nós três na cidade do Amor? Tua Glorinha.

NARRAÇÃO — Glorinha lembra então do filósofo francês, o mais simpático de todos, aquele que escrevia nos bares: "Viver é escolher a cada instante uma entre um milhão de opções e passar o resto da vida lamentando ter perdido as outras 999.999". Só que no caso dela era bem mais difícil: duas opções é mais difícil de fazer que 999.999.
Glorinha então faz compras, presentes para todos. Para Diogo um belo casaco de couro do Mercado das Pulgas; para Cabral, uma cópia em vídeo do Barry Lyndon e uma coleção de discos do Nino Rota. Enfim, é como diz meu amigo Joaquim Assis: "Quando você tem minhoca na cabeça não adianta viajar, que as minhocas viajam junto".

Cena 10

(Em Paris. Ricardo e Glorinha, deitados numa cama, cada um virado para um lado.)

RICARDO — Tô chateadíssimo. Chateadérrimo. Você também vai ficar.

GLORINHA — Não me assusta.

RICARDO — Vou descendo o metrô, feliz da vida, dou de cara com quem? Com o Joãozinho! O Joãozinho Jogo Rápido, do Vidigal, que está sempre ali no baixo, um que é meio avião, meio olheiro, meio amigo nosso...

GLORINHA — O que que aquele cara tá fazendo em Paris?

RICARDO — Não é da minha conta. Mas conversa vai, conversa vem, peço as últimas fofocas, ele sempre conhece todas... e ouço o que eu não queria ouvir. Glorinha, sabe quem a Maribel tá namorando? Que foram vistos no Real Astoria, abraçadinhos?

GLORINHA — Tenho a menor idéia.

RICARDO — Maribel. Isso é perseguição! O Cabral realmente quer me matar! Filho da puta!

GLORINHA — Calma, Ricardo. *(Pensativa.)* Cabral e Maribel, é? Pode dar certo. Ela é muito jovem, sensível, delicada, boa pessoa. Ela é como eu, quando Cabral me conheceu.

RICARDO — Você ficou com ciúmes?

GLORINHA — Sentimentos misturados. Como se diz em inglês. Uma ponta de ciúme aguda. Se você visse o fax que ele me mandou hoje! Pura paixão. Ricardo, Cabral está me esperando.

RICARDO — Antes assim...

GLORINHA — E eu estou doida pra voltar. Preciso resolver minha vida.

RICARDO — Pera aí, Glorinha, nossa passagem de volta, que é daqui a três dias, dá direito a Nova York. E nós combinamos passar uma semana lá!

GLORINHA — Tô descombinando.

RICARDO — Vai perder essa, Glorinha, *the aplle?*

GLORINHA — Meu aniversário é sábado, daqui a quatro dias, quero estar no Rio no dia do meu aniversário. Prometi pro Cabral que era um mês, que eu ia chegar no dia do meu aniversário, prometi o mesmo ao Diogo, se eu pudesse ia hoje.

RICARDO — Eu tinha esquecido teu aniversário. Quantos anos?

GLORINHA — Trinta e seis. Vai fazer um ano que esse turbilhão começou.

RICARDO — Tá bom, porra, então eu vou sozinho pra Nova York, que merda de companheira você, hein? Já jogou o seu cara e coroa?

GLORINHA — O dia inteiro... Toda vez que eu decido voltar pro Cabral, imediatamente começo a sofrer porque quero ficar com o Diogo. E vice-versa. É só eu decidir alguma coisa que logo quero o contrário. E a única idéia que me alegra é voltar.

RICARDO — Fica com o Diogo! Ele tem todas as vantagens!

GLORINHA — Quais?

RICARDO — Ele é mais jovem; segundo, é mais rico — vai dizer que isso não conta? Dá uma segurança — E terceiro que ele é novidade. Além disso, lá você é a artista do casal, quer mais?

GLORINHA — Se você fosse mulher e estivesse no meu lugar, com quem ficaria?

RICARDO — Eu? Ah, com o Cabral, o filho da puta! É mais teatral.

GLORINHA — Não me enlouquece, Ricardo!

RICARDO — Despedida de solteiro, sozinho, em Nova York.

GLORINHA — Nada mal.

RICARDO — Vou casar, Glorinha, fazer tudo como a Roberta quer. No fundo, tenho vontade de ter um filho. Vai ser bom pra mim, tô muito solto na vida. E a Roberta... A Roberta sabe o que quer. Talvez eu aprenda com ela. Mas quem eu amo mesmo, isso fica entre nós...

GLORINHA — *(Séria e pensativa.)....* é a namorada do Cabral.

RICARDO — Filho da puta!

GLORINHA — Vamos até a agência de viagem, marcar as passagens?

(Levantam da cama.)

NARRAÇÃO DE GLORINHA — Glorinha estava delirante com a sua incapacidade de decidir. Foi chegando na agência de viagem que ela urdiu e cismou um plano insólito, que não era absolutamente do estilo dela: Não queria voltar no dia esperado! Se arranjasse passagem, iria dois dias antes, planejou! Dois dias no Rio, incógnita, sem ninguém saber que ela estava lá... Dois dias no Rio, invisível, para olhar de longe seus dois amores. Talvez assim ela conseguisse resolver. Perguntou na agência se tinha passagem. Tinha.

Cena 11

(Cabral vai visitar Laura.)

CABRAL — Visita de um velho amigo.

(Abraçam-se.)

CABRAL — E parabéns!

LAURA — De quê?

CABRAL — Você não casou? Pelo menos é o que está todo mundo dizendo...

LAURA — Ah, o Sikamov! Aquele era um velho caso meu, mas outro dia nos reencontramos numa festa, ele está viúvo. Menino, foi uma loucura...

CABRAL — Você curte um psicanalista velho.

LAURA — Os velhos artistas não querem nada comigo... Quer um chá?

CABRAL — Chá com bolo. Glorinha chega daqui a três dias.

LAURA — E você?

CABRAL — Sou uma espera.

LAURA — Puta que o pariu, Cabral! Enquanto não aparecer uma boa moça pra tomar conta de você...

CABRAL — Apareceu. Eu estou apaixonado. Isso é que anda me salvando. Uma amiga da Cíntia, você conheceu ela uma vez no Real Astoria... 22 anos.

LAURA — Perto dessa a Glórinha é uma velha.

CABRAL — *(Sério à beça.)* Mas se a Glorinha decidir voltar pra mim...

LAURA — E o que que você vai dizer pra ela quando ela chegar?

CABRAL — Nada, só vou fazer perguntas.

LAURA — Tipo?

CABRAL — Tomei nota pra não esquecer nenhuma. *(Tira um papel do bolso e lê.)* Vamos ao Leblon, na sessão das oito? Você não quer me ensinar frescobol?

(Laura acha graça. Mas ele continua, compulsivamente, até Laura cair de rir. Depois se recobra, depois fica séria de novo.)

CABRAL — Vamos ter um filho? Vamos escolher o nome dele? Deixa eu te alegrar quando você estiver triste? Te ninar quando você estiver cansada? Vamos foder o dia inteiro? Deixa eu te fazer uma massagem com creme? Vamos aprender piano?

Vamos botar uma cozinheira boa e dar sempre um jantar para os amigos num dia certo da semana? Vamos foder o dia inteiro? Deixa eu ajoelhar e beijar tua mão? Vamos ser tão felizes que fiquemos calmos? Tão calmos que fiquemos fortes? Tão fortes que possamos ajudar todos os amigos que precisarem? Vamos foder o dia inteiro? Vamos aceitar tudo que o outro é? Defender tudo que o outro é? Amar tudo que o outro é? Vamos provar para o mundo que o Amor vale a pena? Vamos foder o dia inteiro?

LAURA — Cabral, você é foda... Não amor, você tende para a *overdose*. O Sikamov não diz nem eu te amo.

VI ATO

Voz *off* anuncia: última fase – Agonia ou estado de graça

Cena 1

NARRAÇÃO SOBRE GLORINHA — Doce e divina Glorinha, veio sozinha num avião que partiu ao anoitecer e que, graças a Deus, estava vazio, de modo que ela pôde deitar-se em três bancos, depois de tomar todos os vinhos e champanhes de bordo.

Curioso desta viagem foi também o quase romance que ela teve ali. Um comissário de bordo, rapaz tranqüilo, alto e bonito, belga e louro, paquerou desavergonhadamente Glorinha todo o tempo da viagem. O que foi ótimo para distraí-la. Foi esse comissário que trouxe o melhor champanhe a bordo, que arranjou os travesseiros, disse que ela era linda e aqueceu-a com seus olhares românticos todo o tempo da viagem. Glorinha correspondeu a todas as atenções, só de futilidade, delirando sobre como seria bom esquecer ao mesmo tempo Diogo e Cabral e fugir com aquele belga para alguma distante montanha, ele louro e ela loura, tendo filhos louríssimos, correndo por colinas como aquelas da *Noviça Rebelde*.

Quando saiu do Galeão era uma manhã chuvosa, como se não fosse o Rio. Manhã da véspera do aniversário. Pensou em desistir do plano, telefonar imediatamente para seu pai, sua mãe, Diogo, Cabral... mas controlou-se. Deixou as malas guardadas no aeroporto e hospedou-se no Hotel Paissandu, no Flamengo, que era a coisa mais incógnita que ela podia imaginar. Caiu na cama e desmaiou por algumas horas. Depois, lembrando que Cabral chamava-a de detetive, botou diante do espelho óculos escuros, lenço na cabeça.... e saiu. Em busca de si mesma.

Eram quase seis da tarde. Ela foi primeiro para a porta do escritório de Diogo e esperou. Protegida no meio do milhão de pessoas que saem dos seus escritórios a essa hora, viu Diogo aparecer na portaria, Diogo lindo, despedindo-se do sócio. Tomou um táxi e seguiu-o, com todo cuidado para não ser vista, igualzinho como nos filmes policiais. Diogo não foi para seu novo apartamento, e sim para o antigo, de onde saiu minutos depois em companhia da filha e da ex-mulher Dorothy. Não pareciam dar-se mal. Dorothy saltou esquinas depois, Diogo continuou com a filha e Glorinha sentiu-se exausta. Resolveu parar por ali. Mesmo porque chorava o tempo inteiro e estava vendo cada vez menos, os postes e faróis brilhando muito através dos óculos escuros tão cheios d'água.

Mandou o táxi seguir para o hotel. Mas no meio foi acometida de uma inesperada vitalidade. Mudou de idéia e gritou para o chofer: Barra! Rumou para a casa de Cabral, diante da qual ficou ridiculamente escondida atrás de um poste. Louca, Glorinha, grotescamente escondida atrás do poste, pobre Glorinha, que não havia sido educada pra isso. Não teve de esperar muito. Logo viu Maribel chegar saltitante, com aquele vigor e brilho na pele que somente os apaixonados têm. Viu ela tomar o elevador, viu quando a luz da sala acendeu, ouviu quando a vitrola foi ligada, viu Cabral quando ele veio à janela. Dez minutos depois, Maribel veio cuidar de um gerânio que tinha nascido na varanda. E ela quase pôde ouvir a conversa dos dois...

Cena 2

(Cabral com Maribel na varanda do apartamento, Glorinha atrás do poste. Cabral vem com um regador, regar as azaléias.)

MARIBEL — Olha como estão bonitas essas azaléias! Cabral, nós compramos o vaso há quinze dias, lembra, no florista da madrugada? Tinha três abertas, agora são sete. Se ainda fosse num jardim, mas numa varanda de apartamento...

CABRAL — Azaléia é assim mesmo. Na primavera, quando Cíntia era pequena, em Teresópolis, o apelido dela era exatamente capitão azaléia.

MARIBEL — Você ri quando fala nesse tempo!

(Debruçam-se na amurada e continuam conversando.)

CABRAL — É tua alegria, que me fez bem...

MARIBEL — Meu amor...

CABRAL — Alguém disse: "Não adianta você se esconder no quarto escuro, fechar a janela e os olhos, trancar as portas e apagar as luzes. A vida entra pelas frestas, vai lá te pegar..."

MARIBEL — Me dá um beijo. Hoje eu quero... *(Fala no ouvido dele.)* ...até você não querer mais...

(Beijam-se com gosto.)

CABRAL — Senti um vento frio...

MARIBEL — Eu não senti não.

CABRAL — Como se alguém estivesse nos vendo. Que bobagem minha, eu sinto muita culpa, Maribel, de... estar gostando de você. De estar gostando de alguém de novo.

MARIBEL — Por causa da Glorinha.

CABRAL — Ela chega amanhã. E por mais que eu me sinta bem aqui com você, meu coração está lá com ela o tempo todo. Por mais que eu esteja aqui com você... é a Glorinha que eu amo. Você sabe disso, não?

MARIBEL — Você já me disse dez vezes. Cabral, não se preocupe! Eu não estou sendo enganada. Você me dá um telefonema só. Não precisa falar muito. Diz: "Glorinha vai ficar comigo". Sabe de uma coisa? Eu vou ficar contente! Pode ser que eu chore, mas vou ficar contente!

CABRAL — Eu te amo também, Maribel.

(Riem carinhosamente.)

MARIBEL — Então vamos pra cama? Que que você quer que eu bote no som do quarto? Beethoven ou John Lennon? Posso escolher hoje?

NARRAÇÃO SOBRE DIOGO — Quando chegou, exausta, em seu quarto desolado do Hotel Paissandu, Glorinha sentou na beira da cama. Depois dormiu subitamente, ainda sem resolver nada. No dia seguinte, acordou num pulo, como se estivesse sendo eletrocutada.
Tinha esquecido a janela aberta, de modo que a luz invadia o quarto de modo insuportável. Glorinha não se moveu. Ali, naquele espaço irreal, lembrou-se de tudo o que tinha feito no dia anterior. Olhou o relógio e viu que era quase a hora em que ela deveria estar chegando de Paris, se não tivesse vindo antes. Que agora todos a esperavam.
Entrou num chuveiro frio, embora de poucas gotas, porque o hotel era antigo. E então sentiu um imenso alívio. Compreendeu que aquela água modesta estava lavando mais que seu corpo. Ela tinha resolvido, finalmente, entre Diogo e Cabral.
Numa quase esquecida sensação de paz, pegou o celular e telefonou para seus pais, para que não fossem ao aeropor-

to. E depois para Diogo. Marcou encontro num restaurante. No Real Astoria, por que não? Em seguida telefonou para Cabral, que disse que tinha preparado 36 presentes para ela. Marcou com ele às seis da tarde, alegando que estava cansada e ia dormir um pouco na casa dos pais... e foi ao encontro de Diogo.

Cena 3

(Glorinha e Diogo na mesa de um restaurante. Longo silêncio, de mãos dadas sobre a mesa.)

GLORINHA — Tua mulher? Tua filha?

DIOGO — Agora está melhor, mas foram dias terríveis. Chegamos aos gritos e até aos tapas. Foi horrível, uma noite eu fiquei tão nervoso que passei mal, sozinho no *apart*. Dor no peito, enjôo. Acabei tomando um táxi e indo ao Prontocor, por precaução. Mas lá eles examinaram tudo e não... Nervosismo, sabe como são essas coisas...

GLORINHA — Sei, sei. *(Entregando.)* Trouxe um presentinho para sua filha e olha, toma, esses aqui são todos os livros de filosofia que você me pediu, menos um, que não encontrei...

DIOGO — Obrigado, quanta coisa, você é um anjo. Além disso, larguei o escritório, não quis te contar por carta, surpresa.

GLORINHA — Mas largou mesmo, de vez?

DIOGO — Já completei o acordo com meu sócio, fechamos as contas, tudo.

GLORINHA — E agora vai fazer o quê?

DIOGO — Dar aula e escrever, como eu sempre quis. E eu tô alugando um apartamento novo que você vai gostar, contratei até um decorador amigo meu... mas ainda não decidimos a cor das paredes.

(Silêncio.)

GLORINHA — Diogo, eu vou voltar pro Cabral. Ele ainda não sabe disso. Quis falar com você primeiro. Meu coração está partido, eu te amo, queria ter um filho teu, uma vida contigo... mas vou voltar pro Cabral.

DIOGO — Se é isso que você quer, não posso interferir. O amor não pode ser conquistado, somente dado. Eu sempre soube que ia acabar assim.

GLORINHA — Você está chorando?

DIOGO — Estou. Como se minha alma fosse partir em pedaços. São salgadas as lágrimas. Eu já tinha esquecido isso.

(Ele chora longamente. As lágrimas pulam-lhe do rosto impassível.)

GLORINHA — (Impressionada.) Não sabia que você me amava tanto.

DIOGO — Não se preocupe comigo. Isso passa. Eu vou ficar bem.

(Depois de um momento, Glorinha sai.)

Cena 4

(Casa de Cabral.
Os 36 presentes empilhados num canto.
Sentado no chão, num canto, Cabral espera.
A campainha toca. Ele se levanta de imediato.)

CABRAL — Pode entrar, a porta está aberta.

(Glorinha entra. Cabral não deixa ela falar.)

CABRAL — Fica com os dois, eu aceito. Aceito qualquer coisa, minha Glorinha.

GLORINHA — *(Ri.)* Você quando cisma...

CABRAL — Queria também te dizer que, depois de muito tentar, arranjei uma namorada. É uma pessoa, doce, boa, tem muita vontade de aprender tudo... e me trata com muita consideração e respeito. Gosta do meu artista, eu acho. Ela tem 22 anos. Você tem ciúmes?

GLORINHA — Tenho. Gosta mais dela que de mim?

CABRAL — *(Ri.)* Eu gosto de você acima de tudo. A verdadeira liberdade de um homem não é seguir seus impulsos, é seguir suas escolhas.

GLORINHA — Vim pra ficar, Cabral.

(Silêncio. Cabral pega o telefone e fala.)

CABRAL — Maribel, meu anjo. É Cabral. Ela quer voltar pra mim. E eu fiquei de te telefonar se isso acontecesse. Obrigado pela compreensão e por todo o resto. Jamais vou te esquecer. Te cuida. Adeus.

(Olha a Glorinha. Beijam-se.
Glorinha começa a chorar. Abraçada com ele. Cabral não se surpreende com aquilo. Tenta olhar nos olhos dela e fala com carinho.)

CABRAL — Meu amor, eu não nasci ontem, sei o quão infeliz você está. Escolher entre dois amores... *(Ele está falando dele também.)*... é uma coisa tão triste quanto morrer. Mas eu vou te amar tanto, tanto, que um dia essa dor vai passar. E então seremos felizes.

(Enxuga-lhe as lágrimas e dá-lhe um outro beijo.)

GLORINHA — É tão bom estar aqui de novo. Eu tô precisando de calma. Casa, é bom estar de novo em casa. Como eu estou cansada... Você me bota pra dormir?

(Luzes se apagam e acendem para a platéia.)

NARRAÇÃO (LAURA) — Glorinha nunca soube exatamente o motivo pelo qual voltou para o Cabral. Vai ver que essas coisas não são mesmo pra saber.
O fato é que aconteceu exatamente como Cabral tinha previsto. Depois de quase um ano de angústias conflitos e dúvidas, que incluiu encontros e até ocasionais trepadas com Diogo, as coisas começaram a acalmar.
E foi preciso que se passasse mais um ano para que Glorinha dissesse um dia, sem querer, em voz alta e em meio a um assunto qualquer, que ela nunca ia largar o Cabral mesmo, até o fim de sua vida.
Tinha voltado a amá-lo, talvez até mais do que antes.
Cabral, por sua vez, permaneceu apaixonado por Glorinha, dedicando-se inteiramente àquela reconciliação.
E nunca mais olhou para mulher nenhuma.
Verdade que isso prejudicou a sua libido, acostumada às infidelidades, mas nada grave, nada que o amor não resolvesse.

CÍNTIA — Sempre trabalhando com Cabral, Glorinha tem feito muita coisa boa no palco, como atriz.
Agora está fora de cena. Cuidando do bebê.
Eles conseguiram ter um filho depois de três anos de tentativas. É o Julinho. Júlio César, Cabral escolheu o nome.
Com a gravidez, o sexo dos dois aumentou muito em freqüência e ardor, coisas do amor.

NARRAÇÃO SOBRE RICARDO — A Roberta, com quem Ricardo havia casado porque estava grávida, lembram-se? Acabou fugindo de casa com um ator americano, famoso, que passava por aqui, para atuar numa co-produção. Ela sempre soube o que queria.

NARRAÇÃO DE CÍNTIA — Isso coincidiu com uma fase em que Cíntia estava solteira. Ela encontrou com Ricardo uma noite, por acaso, no Cinema Roxi, e foram jantar juntos, num bar de Copacabana.

NARRAÇÃO DE RICARDO — Tomaram um vinho italiano, falando de Cabral e do ódio que Ricardo mantinha por ele por causa daquela coisa da Maribel, e também sobre uma comédia de Moliére que Ricardo estava dirigindo.

NARRAÇÃO DE CÍNTIA — Depois da quinta garrafa, custou uma fortuna, e lá para as três da manhã, foram para a cama... onde descobriram que tinham sempre se amado, que eram feitos um para o outro, que sempre tinha sido assim, só que eles não percebiam. A vida às vezes age assim, despudoradamente, como uma comédia de Moliére.

NARRAÇÃO DE RICARDO — Cabral adorou a união. Além de recuperar a amizade de Ricardo, que prezava muito, Cabral viu nessa união uma certa demonstração de harmonia nas travessuras de Cupido. Afinal, ele tirara de Ricardo uma mulher e quase duas. Nada mais justo que lhe desse em troca a filha.

NARRAÇÃO DE DIOGO — Diogo tentou voltar para a antiga mulher, mas não conseguiu, ela já tinha arranjado outro.

Dois ou três anos depois começou a namorar uma mulher muito bonita e três anos depois casou-se com outra, menos bonita.

Quanto ao romance sobre a sua família, na solidão do abandono de Glorinha, ele conseguiu escrevê-lo. Não propriamente um romance, uma monografia, preferiu chamar assim. Atualmente Diogo constrói casas cada vez mais bonitas, num estilo muito pessoal, afinal ele é ótimo arquiteto. O escritório agora ocupa dois andares e ele passou a usar lentes de contato.

MARIBEL — Quanto a Maribel, Glorinha logo chamou-a de volta ao convívio, poucos meses depois. Continuaram amigas também. Maribel é um anjo. Só ela sabe o quanto foi duro para ela desapaixonar-se do Cabral; afinal, foi sério o que houve entre eles, foi um cometa brilhante que atravessou o céu. Mas de vez em quando é necessário trocar um amor por uma grande amizade, e Maribel sabia disso.

LAURA — Ah, sim. Laura casou com o Sikamov e poucos anos depois ficou viúva dele, podendo retornar a sua condição de solitária convicta, o que fez com grande felicidade.

GLORINHA — Quando Glorinha ia fazer 39, Cabral quis dar-lhe um único presente significativo, em vez de trinta e nove. Então respirou fundo e telefonou pessoalmente para Diogo, sem Glorinha saber.
Disse que tinha lido e gostado muito da monografia, pediu desculpas de qualquer coisa, de qualquer coisa mesmo.
Em seguida, explicou-lhe, emocionado, sua teoria de que aqueles que se amaram têm de permanecer amigos, e convidou Diogo e sua mulher para um jantar em casa.
Diogo hesitou muito, mas, diante de uma insistência sincera por parte de Cabral, terminou por aceitar.
Durante o jantar, agradabilíssimo, falou-se muito de filosofia e Cabral chegou a ter ciúmes da felicidade de Glorinha e da grande, incomparável cumplicidade que ela tinha com Diogo. Mas não deixou ninguém notar.

LAURA — E no dia em que fechou o Real Astoria, uns dois anos depois, foram todos jantar lá. Na última noite.

Todos os fregueses habituais fizeram o mesmo, havia uma multidão lá.
Chegaram cedo e ficaram até o bar fechar.

Meio sem querer, meio de propósito, sentaram-se na mesma mesa onde tudo tinha começado. Sem ninguém tocar, evidentemente, no assunto.

Cena final

Voz em *off* anuncia: a noite em que o Real fechou, março de 1995.

(*Mesa do Real. Estão sentados todos os personagens, como no início.*)

CABRAL — E a Maribel me arranjou na internet um livro supermoderno de arqueologia, sobre umas escavações que o pessoal de Harvard andou fazendo nos fins de 1987, em solo da antiga Caldéia...

RICARDO — Caldéia!

CABRAL — ...E descobriram um texto, gravado em pedra, que conseguiram decodificar, que parece ser do século sexto antes de Cristo, misterioso século sexto...

GLORINHA — Cabral, você tem cada uma!

CABRAL — Não, é curtinho. Posso ler pra vocês? Não enche o saco, não.

RICARDO — É sobre o quê?

CABRAL — Sobre o homem lúcido, que é como os sacerdotes se chamavam, na Caldéia. É de uma atualidade impressionante, achei que vocês iam gostar, trouxe. Saiu uma reportagem enorme no penúltimo *National Geographic*...

MARIBEL — É lindo, eu já li.

RICARDO — Lê, Cabral!

CABRAL — *(Lendo.)* "O homem lúcido sabe que a vida é uma carga tamanha de acontecimentos e emoções, que nunca se entusiasma com ela, assim como não teme a Morte. O homem lúcido sabe que viver e morrer são o mesmo em matéria de Valor, posto que a Vida contém tantos sofrimentos que a sua cessação não pode ser considerada um mal."

(Passa o texto para Diogo.)

DIOGO — *(Continuando a leitura.)* O homem lúcido sabe que é o equilibrista na corda bamba da existência. Sabe que, por opção ou acidente, é possível cair no abismo, a qualquer momento, interrompendo a sessão do circo. Pode também o homem lúcido optar pela Vida. Aí então, ele esgotará todas as suas possibilidades, passeará por seu campo aberto e por suas vielas floridas."

(Passa para a Cíntia.)

CÍNTIA — *(Continuando a leitura.)* "Saberá ver a beleza em tudo. Terá amantes, amigos, ideais. Urdirá planos e os realizará. Resistirá aos infortúnios e até às doenças. E, se atingido por algum desses emissários, saberá suportá-los com coragem e mansidão. Morrerá o homem lúcido de causas naturais e em idade avançada, cercado por filhos e netos que seguirão sua magnífica aventura. Pairará então sobre sua memória uma aura de bondade. Dir-se-á: 'aquele amou muito e fez bem às pessoas'. A justa lei máxima da natureza obriga que a quantidade de acontecimentos maus na vida de um homem iguale-se sempre à quantidade de acontecimentos favoráveis. O homem lúcido que, optou pela Vida, com o consentimento dos Deuses, tem o poder magno de alterar esta lei. Na sua vida, os acontecimentos favoráveis estarão sempre em maioria. Esta é uma cortesia que a Natureza faz aos homens lúcidos."

(*Palmas. Enquanto o texto era lido, os contra-regras, vestidos de garçons, botaram várias cadeiras arrumadas em cima de mesas.*)

RICARDO — Gente, o Real vai fechar mesmo, é incrível! Só cantando a valsa de despedida. "Adeus amor, eu vou partir..." Alguém sabe a letra?

(*Cada um sabe um pedaço, achando muita graça. E finalmente conseguem cantar, como no início da peça. As pessoas de fora da cena, outras mesas e pessoal do Real Astoria, cantam também. Aquilo pega. Eles cantam e brindam, com muito esporro. Enquanto as luzes vão se apagando...*)

Adeus amor, eu vou partir,
ouço ao longe um clarim.
Mas onde eu for eu irei sentir
Os teus passos junto a mim.
Estando em luta,
estando em paz,
Não te esquecerei jamais.
Perto ou longe,
aonde for
ouvirei a tua voz.
A luz que brilha em teu olhar
a certeza me deu
de que ninguém pode afastar
o meu coração do teu.
No céu, na terra,
aonde for
Viverá o nosso amor...

(*Fim da peça.*)

DADOS BIOGRÁFICOS

Domingos Oliveira nasceu no Rio de Janeiro em 1936 e começou sua carreira artística no início dos anos 60, no teatro amador. Engenheiro formado pela Escola Nacional de Engenharia, nunca exerceu a profissão, mas trabalhou por uns tempos como professor de Física e Matemática. Em 1962 escreveu sua primeira peça, *Somos todos do jardim da infância* — posteriormente renomeada como *Era uma vez nos anos 50* e *Os melhores anos das nossas vidas* —, que estreou em janeiro do ano seguinte na varanda de sua casa, sob sua direção, fazendo em seguida uma temporada no Teatro da Praça. Concebido como uma "crônica" dos tempos em que fez o vestibular, o texto se baseia em recordações da adolescência, registradas com bastante ternura. A segunda peça, *A história de muitos amores*, foi representada pela primeira vez no White Barn Theatre, em Pittsburgh, em julho de 1964, com o título *Portobello Circus*. Em janeiro de 1965, dirigida pelo próprio autor, estreou no Teatro da Maison de France, no Rio de Janeiro.

A boa acolhida que tiveram as duas peças levou a Editora Brasiliense a publicá-las num dos volumes da "Coleção Teatro Universal", em 1968. Nesse ano, porém, o nome de Domingos Oliveira já havia extrapolado o âmbito teatral. Em 1967 ele havia escrito o roteiro e dirigido o filme *Todas as mulheres do mundo*, lançando Leila Diniz ao estrelato e obtendo enorme sucesso e vários prêmios no Festival de Brasília — melhor direção, melhor roteiro e melhor direção pelo júri popular.

O cinema fisgou o homem de teatro por uns tempos. Ao primeiro filme seguiram-se outros cinco: *Edu Coração de Ouro* (1968), *As duas faces da moeda* (1969), *A culpa* (1971), *Teu tua* (1976) e *Vida viva* (1977). Simultaneamente às atividades de cineasta, Domingos Oliveira trabalhou na TV Globo, onde, a partir de 1971, coordenou a série *Caso Especial*, para a qual escreveu, adaptou e dirigiu. Em seguida criou a série *Ciranda, cirandinha* e *Aplauso*, além de colaborar com outros programas.

De volta ao teatro como atividade principal, o autor conquistou expressiva vitória em 1977, no *IX Concurso de Dramaturgia – Prêmio Serviço Nacional de Teatro*. A peça *Do fundo do lago escuro* ficou em primeiro lugar na categoria "Melhor Texto de Comédia" e despertou o interesse de vários artistas. Coube a Fernanda Montenegro e Fernando Torres a iniciativa de montá-la em outubro de 1980, no Rio de Janeiro, com direção de Paulo José, sob o título *Assunto de família*. A peça ganhou o Prêmio Molière de melhor texto teatral.

Ao longo da década de 80, Domingos Oliveira consolidou seu prestígio como dramaturgo e encenador, atividades às quais acrescentou mais uma: a de ator. Escreveu dois livros, *Do tamanho da vida (reflexões sobre o teatro)* e *2 ou 3 coisas que sei dela, a vida*, e peças marcantes, como *A volta por cima* — em parceria com Lenita Plonczynski —, *No brilho da gota de sangue* e *A primeira valsa*. As duas primeiras foram encenadas por ele mesmo com sucesso, em 1981 e 1983, respectivamente. A terceira só subiria à cena em 1996. Como ator, destacou-se em *O tiro que mudou a história*, sob a direção de Aderbal Freire-Filho e, desde a montagem de *O inimigo do povo*, de Ibsen, que dirigiu em 1983, passou a conciliar o trabalho de encenador e intérprete.

Em 1992, Domingos Oliveira colaborou na adaptação teatral do diário de sua filha Maria Mariana. O sucesso de *Confissões de adolescente* foi retumbante, dando-lhe a idéia para um espetáculo que dirigiu no ano seguinte, *Confissões de mulheres de 30*, baseado em textos das atrizes em cena. Em 1994, assumiu a direção do Teatro Planetário, onde permaneceu até 2001, realizando nesse período treze espetáculos autorais, com destaque para duas peças que escreveu, com colaboração de Priscilla Rozenbaum: *Amores* e *Separações*, representadas em 1996 e 2000, respectivamente. Ambas ganharam o Prêmio Shell e o Prêmio Estado do Rio de Janeiro de melhor texto. E ambas transformaram-se em filmes, pelas mãos competentes do próprio autor.

Ao longo da sua carreira, Domingos Oliveira foi muito solicitado para escrever peças, fazer adaptações e dirigir espetáculos. É uma vida toda dedicada ao teatro, uma extraordinária folha de prestação de serviços ao teatro brasileiro. Para que o leitor deste volume tenha uma noção exata da sua volumosa produção artística, a Editora Global pediu-lhe uma lista de suas realizações, que segue transcrita abaixo.

OBRAS

Originais para o Teatro

Complicações (1 ato).
A primeira valsa.
A volta por cima (co-autoria com Lenita Plonczynski).
Algemas (inédito, 1 ato).
Amores (co-autoria com Priscilla Rozenbaum).
Causa da liberdade.
Da dificuldade de ser homem.
Do fundo do lago escuro.
Doppleganger.
A história de muitos amores.
Mulher de amigo, 1 ato.
No brilho da gota de sangue.
O triunfo da razão (inédito).
Os melhores anos das nossas vidas.
Separações (colaboração de Priscilla Rozenbaum).
Todo mundo tem problemas (parceria com A. Goldin).

Baseados em obra alheia

A odisséia.
Antígona e Nietzsche.
As luzes do paraíso (co-autoria com Priscilla Rozenbaum).
Escola de mulheres.
Guerreiras do amor
O grande inquisidor.
Ouro sobre azul.
Rosa.
Testemunhas da criação.
Um coração fraco.

Traduções Livres

Adorável Júlia.
A morte do caixeiro viajante.
Disque M para matar.
Ensina-me a viver.
O caso que eu tive quando me separei de você.
O inspetor geral.
Testemunha de acusação.

Direções para o teatro

1962 *Sétimo céu*, adaptação livre de um filme mudo de Frank Borzage.

1963 *Somos todos do jardim da infância*, original contando memórias dos tempos do vestibular de Engenharia.

1964 *A história de muitos amores*, original, comédia onírica ambientada num circo decadente.

1965 *As testemunhas da criação*, original, dramatização da História da Astronomia.

1976 *Dinheiro pra quê dinheiro*, original completando uma peça inacabada de Martins Pena (*O usurário*).

1977 *Era uma vez nos anos 50*, original, segunda versão do *Somos todos do jardim da infância*.

1981 *Ensina-me a viver*, de Colin Higins.

1982 *Amor vagabundo*, de Felipe Wagner, Teatro Vanucci.

1982 *A volta por cima*, parceria com Lenita Plonczynsk.

1983 *Adorável Júlia*, de Maugham/Sauvajon, co-direção com Marília Pera.

1983 *No brilho da gota de sangue*, original, Teatro Glaucio Gil.

1983 *Testemunha de acusação*, de Agatha Christie, com Henriette Morineau, Teatro BNH. Adaptação livre do filme.

1983 *O inimigo do povo*, de Ibsen.

1984 *Escola de Mulheres*, de Molière.

1984 *Irresistível aventura*, coletânea de 4 peças de 1 ato (Garcia Lorca, Tennessee Williams, Tchekov e Artur Azevedo).

1984 *Conversas íntimas*, coletânea de textos ligados por pensamentos sobre o teatro. Teatro Planetário.

1985 *Ouro sobre azul*, baseado em Martins Pena.

1985 *A fonte da eterna juventude*, de Tiago Santiago.

1985 *Do amor*, coletânea de textos.

1986 *A morte do caixeiro viajante*, de Arthur Miller.

1987 *Os prazeres da vida*, original sobre Jorge Dória.

1988 *O grande inquisidor*, de Dostoievski.

1988 *O caso que eu tive quando me separei de você*, adaptação livre de *Dois na gangorra*, de Wiliam Gibson.

1988 *Rosa*, de Joaquim Assis.

1989 *Guerreiras do amor*, adaptação da *Lisístrata*, de Aristófanes.

1989 *Inspetor geral*, de Gogol.

1990 *As testemunhas da criação/90*, original sobre a História da Astronomia.

1990 *Antígona e a origem da tragédia*, sobre Sófocles e Nietzsche.

1990 *Corpo a corpo*, de Oduvaldo Vianna Filho.

1991 *Luzes do paraíso*, baseado em *Pobre gente*, de Dostoievski.

1992 *O duplo*, de Domingos Oliveira.

1992 *Confissões de adolescente*, de Maria Mariana.

1993 *Confissões das mulheres de 30*, retirado de textos das atrizes.

1994 *Pequena história do mundo para 100 atores*, coletânea de pensamentos célebres.

1996 *Amores*, de Domingos Oliveira e Priscilla Rozenbaum.

1997 *Cabaret.filosófico*, de Domingos Oliveira.

1996 *A primeira valsa*, de Domingos Oliveira.

1997 *Proibido amar* (*Lost in yonkers*), de Neil Simon.

1998 *A alma boa de Setsuan*, de B. Brecht.

1998 *Fábrica de dramaturgia*, textos sociais oriundos de um curso de dramaturgia.
1998 *Espetáculo deslumbrante (Cabaré 2)*, de Domingos Oliveira.
1999 *O princípio e o fim*, Dostoievski.
1999 *Para quem gosta de mim (Cabaré 3)*.
2000 *Separações*, de Domingos Oliveira, colaboração de P. Rozenbaum.
2000 *Todo mundo tem problemas*, de Domingos Oliveira e Alberto Goldin.
2001 *Cabaré*.
2001 *A festa*, de Domingos Oliveira.
2001 *Arpad &Vieira, estória de um amor*, de Domingos Oliveira.
2001 *Buda*, de Clarice Niskier.
2002 *Os melhores anos das nossas vidas*, de Domingos Oliveira.
2003 *Sergio 80*, original sobre Sergio Britto.
2003 *Complicações*, de Domingos Oliveira.
2003 *Confissões das mulheres de 40*, de Clarice Niskier.
2003 *A casa dos budas ditosos*, de João Ubaldo Ribeiro.

PRINCIPAIS PRÊMIOS

Teatro

Prêmio de melhor texto de comédia com *Do fundo do lago escuro*, concurso SNT, 1977.

Prêmio Molière de melhor texto com *Do fundo do lago escuro*, 1980.

Prêmio Molière como melhor diretor com *No brilho da gota de sangue*, 1983.

Prêmio de melhor cenografia com *No brilho da gota de sangue*, 1983.

Prêmio Molière como diretor por conjunto de obras, 1984.

Prêmio Mambembe de melhor direção, *O inimigo do povo*, 1984.

Prêmio Shell, melhor texto com *Amores*, 1997.

Prêmio Estado do Rio de Janeiro de melhor texto com *Amores*, 1997.
Prêmio Shell, melhor texto com *Separações*, 2000.
Prêmio Estado do Rio de Janeiro de melhor texto com *Separações*, 2000.

Cinema

Prêmio de melhor direção no Festival de Brasília com *Todas as mulheres do mundo*, 1967.
Prêmio de melhor roteiro no Festival de Brasília com *Todas as mulheres do mundo*, 1967.
Prêmio de direção do júri popular no Festival de Brasília com *Todas as mulheres do mundo*, 1967.
Prêmio de melhor diretor, Coruja de Ouro, filme A *culpa*, 1971.
Prêmio do júri popular no Festival de Gramado, *Amores*, 2001.
Prêmio da crítica no Festival de Gramado, *Amores*, 2001.
Prêmio de melhor direção no Festival de Gramado, *Amores*, 2001.
Prêmio de melhor ator no Festival Internacional de Mar del Plata, *Separações*, 2003.
Prêmio de melhor filme do Festival Internacional de Mar Del Plata, *Separações*, 2003.
Prêmio de melhor roteiro do Festival Latino de Los Angeles, *Separações*, 2003.
Prêmio de melhor direção no Festival de Vina Del Mar, *Separações*, 2003.

TV

Prêmio Estácio de Sá pelo conjunto de obras realizadas na TV, 1977.

BIOGRAFIA

João Roberto Faria é professor de Literatura Brasileira na Universidade de São Paulo, onde concluiu p Mestrado, o Doutorado e a Livre-Docência. Entre 1991 e 1993, fez pós-doutorado no Centre de Recherches sur le Brésil Contemporain, em Paris. No primeiro semestre de 2000 foi Tinker Visiting Professor na Universidade do Wisconsin, em Madison, Estados Unidos. É autor dos seguintes livros: *José de Alencar e o Teatro; O Teatro Realista no Brasil: 1855-1865; O Teatro na Estante* e *Idéias Teatrais: o Século XIX no Brasil*.

ÍNDICE

Do fundo do lago escuro 23

A primeira valsa 123

Amores 171

Separações 241

Impresso nas oficinas da
Gráfica Palas Athena